本书获得山西传媒学院校级青年基金科研项目"媒介融合背景下的电视艺术发展研究"资助

九州文库

大众传媒文本中『年轻化』审美的生产系统研究

吴亭静 — 著

九州出版社
JIUZHOUPRESS

图书在版编目（CIP）数据

大众传媒文本中"年轻化"审美的生产系统研究 /
吴亭静著 . -- 北京：九州出版社，2023.7
ISBN 978-7-5225-2056-8

Ⅰ.①大… Ⅱ.①吴… Ⅲ.①大众传媒—审美—研究
Ⅳ.①G206.3

中国国家版本馆 CIP 数据核字（2023）第 152261 号

大众传媒文本中"年轻化"审美的生产系统研究

作　　者	吴亭静　著
责任编辑	周红斌
出版发行	九州出版社
地　　址	北京市西城区阜外大街甲 35 号（100037）
发行电话	（010）68992190/3/5/6
网　　址	www.jiuzhoupress.com
印　　刷	唐山才智印刷有限公司
开　　本	710 毫米×1000 毫米　16 开
印　　张	14.5
字　　数	193 千字
版　　次	2023 年 7 月第 1 版
印　　次	2023 年 7 月第 1 次印刷
书　　号	ISBN 978-7-5225-2056-8
定　　价	95.00 元

序

这个课题是吴亭静阅读了大量的文化研究理论著作的选择,是长期关注中国电视媒体和网络媒体之后形成的思考。她最初的学术意向是做一个文化研究视阈下的中国媒体症候研究——媒体表征的"年轻"问题,这个问题事实上是一个内隐的媒体意识形态,是人们习以为常的内化的集体价值认同。

当我用到"意识形态"这个概念的时候,许多读者的脑子里很快就反应为他们在大学甚至中学政治老师给予的标准答案。这个答案甚至也是一些大学教授、博士生导师的固化答案。这是对文化研究理论的陌生。1980年代中国人文学术界兴起美学热,1990年代一批年轻学者赴欧美留学、访学,他们以为那里的人文学界在讨论着更加具有时代性的更加形而上学的美学理论,但是他们遇到了陌生——文化研究理论。他们发现美学在欧美学术界只是哲学界的部分学者在关注,其他人文学界很少关注。人文学界普遍使用的是一种叫做"文化研究"的理论,这个理论也不具有相互隶属的系统性,它们是大众文化理论、女性主义理论、意识形态理论、后现代主义理论、后殖民理论等一系列并行存在的理论体系。它们与美学无关,约翰·菲斯克甚至指出"文化这个术语,当被用于短语'文化研究'之中时,既不是强调其美学也不是强调其人文主义意义,而是政治性的"。当时中国的年轻学者很快适应了这种理论跃迁，并把这些文化研究理论著作翻译成汉语在中国出版。中国老一代学者曾经一时无法适应这一理论资源的巨大变化，因此后来演化出了"审美文化"这一范畴，并在一段时间内论证和激烈地讨论。"审美文化"范畴似乎意在使老一代学者的美学与年轻一代的文化研究作出妥协和融合，但是最终又引发了新的争论。现在的诸多教授、博导是在这种学术语境中成长的，加之部分学者没有系统地阅读文化研究著作，没有深入理解汉语字面后的英语、德语的文化研究语义，没有懂得文化研究从根本上和体系上是一种批评理论、批判理论，是超越了文化艺术文本的社会批判理论，是超越种族、国界的媒介批判理论。不是欣赏性理论。

在传媒学界还存在着很大一批注重行业研究的学者，从他们讨论问题的话语看，他们阅读文化研究理论著作很少，美学理论也没有多少阅读量。他们没有意识到他们的研究成果就是行业研究报告，或者媒体节目赏析、评论杂文。他们不知道学术研究和行业研究的巨大差异，不知道文化研究理论不是美学理论，更不是文化学理论。教师的混乱给在读的传媒学子带来了困惑：美学——文化研究——文化学——行业研究混合使用、杂交一体，学生们的思路也处于混乱和分裂状态。他们的论文往往从汉语语义出发，借用文化研究的部分词语（比如：意识形态、建构、宏大叙事、现代性等），将其理解为一种欣赏意义、赞美意义或者中性词，希望自己的论文显得有些理论性。这样的论文阅读起来就很困难，内在逻辑混乱，我们需要猜测他们想说什么。

吴亭静的博士论文就是在这样的语境中形成的，一方面她非常希望坚持自己的学术研究，用西方的文化研究理论来讨论中国媒介问题。她的阅读量和思辨能力也能够支持她完成这样的论文。但是在经历开题答辩、中期考核、通信评议等环节后只好放弃学术理想，面向获得学位的实际，把文化研究的批判性尽力降低，将行业研究的特点突出出来。这不仅是这位博士的无奈，也是导师的无奈，学术研究的无奈。论文是给不同学者看的。当初我的硕士生也经历过同样的问题，她对媒体呈现的女性的"美丽症候"进行了深入的剖析和批判，但是最终为了无法预测的通信评议只好忍痛放弃掉已经写好的几万字，为此这位同学痛苦了好多天，最终重新选题。我们学院有几位博士生就遇到了同样的遭遇，一篇篇颇有学术深度的论文被通信评议拿下。其他导师给我们看那些通信评议的评语，我们觉得很可笑。我们几位博导只能感叹人文学术危矣。

我们希望人文学者尽快系统地补读文化研究理论、美学理论、文化学理论、哲学理论等理论著作，做一个真正的学者。做行业研究的也应该知道学术界应该做什么，我们是大学教授。

王黑特

2023 年 8 月 30 日

（王黑特，中国传媒大学教授、博士生导师）

目　录
CONTENTS

绪 论

一、研究缘起

案例一：2020 年 5 月 30 日，由爱奇艺制作并推出的年轻偶像选秀综艺《青春有你》第二季迎来了总决赛。108 位唱跳功底俱佳、心怀梦想的青春少女们在进行了 3 个多月的练习生训练与数次舞台公演后，终于迎来了激动人心的成团夜。被命名为 THE 9 的 9 位练习生，经过网友为期一个月的投票助力，以汇集 9000 多万票的成绩成功出道。全场唯一一个穿裤装出现的中性风格选手刘雨昕"C 位"① 出道，她从中国选秀 1.0 时代的全民偶像李宇春手中接过奖杯，完成年轻偶像代际传承。自 2018 年年轻偶像元年开启，在短短两年里，近 500 位年轻的练习生参与到年轻偶像内容矩阵当中，日韩练习生式的选秀模式进入疲累期。《青春有你》第二季沿用真人秀的综艺思维，以凝练年轻人的成长故事线、突出年轻活力与拼搏精神作为吸引受众着力点。

案例二：2005 年播出的电视剧《暗算》与 2009 年播出的《潜伏》成为迄今为止谍战剧中难以逾越的两座高峰。随着台网融合的深度发展，国产影视剧的市场导向与受众圈层年轻化凸显。"高颜值"代替"高智商"成为大多数谍战剧深化年轻态表达、拥抱年轻受众的道路捷径。一批美女

---

① 2018 年度十大网络流行语之一，指团队的中心位，通常身处这个位置的人地位比较重要。

花旦与"小鲜肉"① 代替"老戏骨"② 们进军谍战剧领域，前有《胭脂》与《麻雀》，后有《惊蛰》和《秋蝉》。

案例三：一个账号名为"末那大叔"的 vlogger（视频博主）在 2018 年入场抖音平台，短短两年间积累粉丝一千三百多万。博主"末那大叔"的主理人杨楷携手自己的父亲"北海爷爷"③，以父子档形式出现在短视频里，突显仪式感与年轻的生活方式。"北海爷爷"原名杨北海，自称 74 岁的年轻人，杨楷也曾用时髦的老青年来形容自己的父亲。考究的穿着与精致的护肤品是他打造网络自我形象的利器，他将"生活要有仪式感，年龄只是个数字"作为抖音账号的博主简介。网络短视频并没有传统纪录片对于视频内容精品化的生产要求，因此只要有独特的个人风格，就有机会成为网络红人。对于银发"红人"群体来说，时尚化、年轻化就是他们异于其他网红的个性化标签。北海爷爷与孙子同穿背带裤，脖子上挂着儿童泡泡机，烫青年人的发型……全方位的年轻打造成为新媒介时代对其个人 IP 打造的赋权。

从以上三个案例可以发现，"年轻化"审美是大众传媒文本生产领域里较为显著的审美趋向，正在广泛生成于众多审美文本中，并逐步被形塑成文本生产的实践规范，触及文本生产系统的各生产环节与生产要素。作为当代大众传媒语境中现行的一种审美范式，"年轻化"审美不仅是新兴网络媒体着力"网生"内容的生产策略，而且是传统主流媒体在生存危机下自我施救的文化改革——紧贴年轻受众的审美习惯、生产"年轻化"审美对象、占据以"年轻化"主导的公共话语空间，成为各媒体平台吸引年轻用户的新业态和提升市场竞争力的生产新思路。随着"年轻化"审美在多元媒介中的下沉，海量的、奇观式的审美对象层出不穷，不断激发受众

---

① "小鲜肉"指年轻、帅气的男性，逐渐专指演艺圈中较年轻但演技弱的男演员。
② "老戏骨"与小鲜肉的意思相反，多指演艺明星中的演技派。
③ "北海爷爷"是杨楷为父亲杨北海所起的网名。

的审美欲望，兴起"年轻化"审美的视听潮流。受到"年轻化"风格剪裁的审美文本不仅能吸引年轻群体，而且能使绝大部分受众成为文本生产中的潜在观众。就台网同播的电视（网络）剧市场而言，各剧作单位深谙减龄之道。《隐秘而伟大》《叛逆者》《瞄准》《剧中人》等一批主旋律电视（网络）剧在"高颜值"年轻偶像的赋能下，令文本内容的"年轻化"审美趋势愈加明显，不仅是传统电视台实现"年轻化"表达、拥抱年轻受众的文化融合捷径，更成为网络视频平台竞相采购的重点项目。随着"年轻化"审美的文本生产逐渐向历史剧、年代剧、军旅剧中广泛渗透，"年轻化"叙事成为文化的主流话语，综艺节目的文本生产也纷纷向日益"年轻化"的圈层受众作出回应。如，面向历史文化爱好群体的文化类综艺《朗读者》《国家宝藏》《中国诗词大会》《上新了，故宫》，贴合粉丝文化的才艺比拼类综艺《声临其境》《我是歌手》《我就是演员》《跨界冰雪王》，面向青年群体的潮流文化选秀综艺《中国好声音》《我为喜剧狂》《乘风破浪的姐姐》等，"年轻化"的多圈层发展正在影响着电视原创综艺节目的制作模式、传播模式以及发展格局。

在移动互联网端口，网络视频平台的制作方对"年轻化"审美的网络文本产出更加肆无忌惮，多平台对"年轻化"内容的垂直深耕，让网络文艺的文本生产同样呈现出较强的"年轻化"审美趋向。"爱、优、腾、芒"① 四大视频播放门户均展开"年轻化"平台布局以争抢市场份额。自2018 年起，以表达年轻态度、打造年轻潮流符号、引领年轻流行文化为主旨的偶像养成类综艺，成为泛娱乐时代最具代表的大众文化样式。《偶像练习生》《这就是偶像》《创造101》等同类型节目相继出现，并奠定了节目迭代的基础，同时也让爱奇艺、优酷和腾讯出现三台对垒局面。历经三年的时间，各平台相继摸索出一种偶像养成运作模式，让"饭圈"② 文化

---

① 指爱奇艺视频、优酷视频、腾讯视频、芒果 TV 四大头部互联网视频播放平台。
② 网络用语，是粉丝圈子的简称。

进入了大众视野。2021年9月，国家广播电视总局全网叫停了偶像养成类综艺，然而平台成熟的商业运作模式已在偶像养成过程中获得红利，这些年轻的练习生们正在被经纪公司重新包装，向演技类、舞蹈类、音乐类等其他专业比拼类综艺节目里输送，在资本市场里继续书写着各自的年轻故事。以青年文化形态出现的综艺节目锁定年轻群体轮番上演，如，说唱类综艺《中国有嘻哈》《中国新说唱》《说唱新世代》《你好说唱将》，街舞类综艺《这！就是街舞》《热血街舞团》，乐队竞演类综艺《乐队的夏天》，语言类综艺《奇葩说》《吐槽大会》《听姐说》《一年一度喜剧大赛》，等等。不同审美对象的"年轻化"审美基因已经成为最为流行的个性化标签。芒果TV以"天生青春Young"为内容导向，开创了一批紧贴年轻群体的情感观察类和"烧脑"游戏类综艺节目，如《女儿们的恋爱》《我家那闺女》《密室大逃脱》《明星大侦探》等，逐渐将关注的视角投向年轻群体的情感世界。自制综艺在网络头部平台的成熟化发展，使平台间逐渐形成平行的"年轻化"审美格局，承载着"年轻化"价值观念及生活态度的节目如雨后春笋般涌现。当大众传媒通过文本生产整合受众，并形成以"年轻化"审美为主流话语的场域时，他们的认知思维、审美习惯甚至生活方式都会随着"年轻化"审美的话语主导发生变化，隐性的审美意识形态就此引入文本的生产系统。

在大众传媒的笼罩下，受众走入一场时代性的"年轻"焦虑，并对"非年轻"有意回避。作为一种生产性的精神产品，"年轻化"审美本身附带一种积极的价值。随着社会的现代化发展，越来越多的社会价值要靠年轻人创造，但是媒体过度鼓吹和宣扬"年轻化"价值，通过"贬老崇小"的文本话语编织相应的知识体系，这套话语体系在传媒文本的主要消费主体——女性群体中尤其受用。在资本和媒体不谋而合的生产运作下，年轻成为吸引眼球经济的支柱，年轻的偶像和明星们在滤镜下显得吹弹可破的年轻肌肤、超乎正常体态的纤瘦身材被赋予真理的价值论调，不断引发女性观众的欲望投射。另一方面，在审美意识形态的掩盖下，"年轻化"作为一个能够引起广泛共识的审美判断，一个正向的、带有绝对化意义的崇拜对象，并让自身的价值覆盖了其他生命阶段的价值，引发了人们对年龄的焦虑感以及恐慌感。

由"年轻化"审美而造成的社会文化排斥与区隔问题也令人深思，这在网络媒体视域下表现得更加明显。作为"网生"一代的年轻群体对网络媒体技术具有天然的适应性，他们是网络用户的主要构成要素。如果说这些年轻人在行为认知、语言表达、穿着服饰等方面具有接受"年轻化"审美的主动特性的话，那么，在非互联网语境中成长起来的社会中老年群体对"年轻化"审美趋向则具有非故意的拒绝特性。互联网主导的现代传播手段和新媒体技术是推动"年轻化"审美趋向的主要内在动力。新媒体以其操作壁垒会将一部分人挡在门外，他们大多是无法运用新媒体软件的中老年人和手部精细动作未能达到协调的婴幼儿。可见，当今的"年轻人"正在以青年群体为中心，不断呈现出向年龄轴两端泛化的动态趋势。数字媒介时代的文化断裂与审美代沟推动着文化反哺的行进速度，这为"年轻化"审美的广泛认同和崇拜造就了合法性以及合理性。

探究大众传媒文本中"年轻化"审美的生产系统是本书选择的研究命题。作为一个社会文化命题，"年轻化"审美不仅仅与文本生产、传播与分配、受众消费及再生产密切相关，更与表征修辞、动力机制、生产策略、文化意义唇齿相依。作为一个美学命题，要从本体论视角对大众传媒领域中的"年轻化"审美进行时代性的多维度阐释。唯有如此，才能更为全面地掌握并揭示"年轻化"审美的时代性本质及深层内涵。

二、概念辨析与研究对象

（一）概念辨析：理解大众传媒语境中的"年轻化"审美

1. "年轻"与"青春"的概念辨析

本书首先要引入与"年轻"概念极易混淆的"青春"概念，从行为模式与文化内涵两个层面对其展开辨析，以证明使用"年轻"概念在学术研究中的合理性。同时，明确"年轻化"概念在当代大众传媒视域下的使用边界。

"青春"是儿童向成年过渡的一段人生经历，人们通常将这段成人化的发展期称之为"青春期"。由于这个时期的特殊性，人的生物特征和心理结构较之前具有明显变化。首先，从生理意义上看，在经历过青春期后，人的生理结构趋于稳定，明显的两性特征成为生理发展并定型的标志。其次，从心理意义上看，包含着性别意识与人格意识的自我意识在这段时期被初步确立并逐渐走向成熟，但复杂的社会经济结构、文化语境背景使"青春"这个概念充满矛盾和不确定性。因此，人们通常用广义的"青年"概念形象化地表征正在经历青春期的人群，以防止"青春"概念在社会学领域中的进一步泛化。1978 年 10 月通过的《中国共产主义青年团章程》将中国青年的划分区间定在了十四周岁到二十五周岁，但在 2008年对章程重新修订后将青年的划分区间扩大为"十四周岁到二十八周岁的中国人"。① 随着时代变迁，青年成为逐渐扩大的社会子集，青春虽因青年概念外延的扩大，其内涵也被进一步扩大，但相对稳定的青年属性以及相对清晰的青春性特征仍然赋予"青春"这一概念较为清晰的年龄段界说。在中国的文艺理论中，"青春"是一个类型范畴。如青春文学、青春电影、青春剧等。以青春剧为例，以青年形象为主要人物，注重青年的心理特

---

① 中国共青团.中国共产主义青年团章程［A/OL］.中国共青团网，2018-07-02.

征，展现青年群体生活状态，表达青年人群的价值观念的电视剧是广义理解下的青春剧类型。张智华教授在《电视剧类型》中将青春偶像剧看作是中国电视剧的一种类型。他认为："青春偶像剧受众主要是青年人……青春偶像剧是商业化运作的结果，它的市场定位是青少年，是为满足青少年对偶像的崇拜心理而制作出来的电视剧。它的核心在于对剧中构想的塑造，以激励人心。"① 作为一种电视剧类型的表现形式，青春剧的受众定位明确、文本内容特征突出，能够满足特定人群对大众文化产品的消费需求。

　　与"青春"不同，"年轻"是一个相对概念，只有在比较中才能彰显意义。例如一个十岁的孩子在一个二十岁孩子面前是年轻的，一个五十岁中年人可以在一个八十岁的老人面前自称年轻人。这说明"年轻"的概念在生理意义上不具有"青春"相对稳定的年龄结构，它与年老之间存在适度的比例关系，而年轻与年龄之间的捆绑关系越来越松。相比生物年龄是"青春"的绝对变量，年龄在衡量"年轻"时是一个具有弹性的控制变量，并能够对年轻化程度起到调节作用。当其他变量参照系与人的年龄轴形成交叉时，年轻成为能够滑动的相对概念。首先，年轻的相对性特征随着不同的职业区分而凸显。一般来说，从事体能消耗较大或对容貌要求较高的职业的人，"年轻"存在于他们身上的时间会比较短，譬如体育运动员、演艺明星、舞蹈演员等。相反，像教师、医生、律师等从事脑力行业的工作者，他们的年轻期相对较长。随处可见超过三十岁的运动员就会被叫作"老将"，但四十岁的外科医生却会被称为年轻精英。可见，当职业作为一条制约年轻的变量轴切入时，职业生涯的长短让"年轻"概念体现出相对性。其次，"年轻"的宽幅会在性别区分轴中发生变化。在当代社会中，男性的年轻期较女性更长，女演员的中年危机总比男演员要早许多，这不仅与性别在生理机能上的差异相关，而且与男性在特定时代背景中占据社

① 张智华. 电视剧类型［M］. 北京：北京师范大学出版社，2012：14.

会话语权有紧密联系。因此,"年轻化"程度会因性别作为区分范畴而有所不同。在以年龄为主导变量,考察青春与"年轻"的词义区别时能够发现,"年轻"的意义外延比青春更驳杂,青少年、中老年群体都可以随着变动着的参照系而被称作"年轻人"。青春是以对年龄绝对性依附为基础的,而"年轻"能够从年龄中松绑,实现所指的滑动性位移。

从上述对"青春"与"年轻"概念的对比中发现,"青春"概念具有较强的自然生物属性,强调个体意识,并与类型范畴联系紧密,在文化研究中通常以主题形式出现。"年轻"概念具有较强的社会建构属性,在文化研究中以审美趋势面貌出现,便于深挖文化的深层肌理及其背后的权力关系。"年轻"在本书中的出现并不作为某个具体年龄或年龄段,它指的是一种审美倾向和一个具有特殊时代特征的传媒文本生产症候。

2. "年轻化"审美在本书中的概念内涵

本书从广义和狭义的多重视角,全面界定"年轻化"审美的概念内涵。从广义上来讲,"年轻化"审美是在大众传媒文本的生产、消费以及再生产过程中表现出的审美趋向。这种审美趋向的产生是在年轻人的审美话语带动下,并在绝大部分文本受众的共同参与中完成形塑的时代性审美范式。"年轻化"审美作为当代大众传媒语境中的审美理想、文化趣味、价值认同,使得任何年龄段的社会主体都有可能被不由自主地带进"年轻化"审美的认知情境,因而在大众传媒领域中的"年轻化"审美具有审美意识形态的隐蔽性特征。就狭义而言,"年轻化"审美是对应于社会中的年龄焦虑和厌老情绪,在大众传媒的文本生产中呈现的一种审美价值取向。在以市场需求为导向、以资本增值为逻辑的大众传媒语境中,"年轻化"审美作为文本生产的策略,旨在通过受众的解读来获得解困现代焦虑的洞见和希冀,以此来修饰与掩盖消费主义意识形态的建构。

3. 超越感性之维的当代"年轻化"审美

"审美的"一词译自英文单词"aesthetic"。根据雷蒙·威廉斯

（Raymond Henry Williams）在《关键词：文化与社会的词汇》一书中考证的，英文"aesthetic"的词源最早可追溯到希腊单词"aisthesis"，意指"感官的察觉"。"在希腊文中，aisthesis 的主要意涵是指可以经由感官察觉的实质东西，而非那些只能经由学习而得到的非物质、抽象之事物。"① 至此，"审美的"被赋予一个形容词最基本的含义，即：与感官察觉有关的。"aesthetic"的普遍使用与"美学"作为一门独立学科的正式命名有关。德国哲学家鲍姆加登于 1750 年出版的著作《美学》中，首次以拉丁文的形式创立了一门新学科——"美学"，英文为 Aesthetics。鲍姆加登通过"aesthetic"强调主观的感性活动以及人类特有的艺术创造力。"在鲍姆加登那里，美学的原义就是一门研究人的感性学科。感性，也称感觉，指人的感觉、情感、欲望、想象、幻想和直觉等活动。而审美与艺术在那时正被认为同这些感觉活动紧密相连。"② 在鲍姆加登的研究中，美学与当时研究知识的逻辑学以及研究意志的伦理学不同，美学作为一门独立的学科专门研究人的感性体验，因此优美与崇高、悲剧与喜剧、荒诞与丑皆可是审美活动，皆可作为西方美学的重要范畴。感性是诱发审美活动的核心机制，因而感受性经验与审美体验具有天然同构性，二者互相共存。在特殊社会条件以及文化语境下，不同的感性经验会产生对审美体验的不同理解与提炼。鲍姆加登称审美是"感性认识的非常完善"，康德称之为"无目的的合目的感官印象"，黑格尔则称其为"绝对理念的感性显现"，总而言之，对审美的认识即是对感性的认识。

中文将"aesthetic"一词翻译为"美的""审美的""美学的"。词义的多样性，造成部分学者对审美研究的歧义理解。当初中国学者王国维与日本学者中江兆民译将"Aesthetic"一词译为"美学"，意在东方以美的

① 雷蒙·威廉斯. 关键词——文化与社会的词汇［M］. 刘建基，译. 北京：生活·读书·新知三联书店，2005：1.

② 王一川. 美学教程［M］. 上海：复旦大学出版社，2004：5.

角度阐释审美，即美学是研究美（beauty、beautiful）的学问。德国美学家莱辛将美作为美学的研究对象，他在阐释古希腊雕塑《拉奥孔》时明确指出："美是造型艺术的最高法律……凡是为造型艺术所能追求的其他东西，如果和美不相容，就需让路给美；如果和美相容，也至少服从美。"① 西方传统美学的主流研究是美而不是丑，尤其是艺术家常常将美的观念与善的观念相融合，故而雕塑《拉奥孔》不去表现痛苦与扭曲的身形以避免与恶联系起来。根据莱辛记载，忒拜城的法律规定："不准表现丑，否则就要受到惩罚。"② 这便充分证明希腊人以完满的美作为审视艺术活动的标准。自莱辛之后，以康德（Immanuel Kant）、歌德（Goethe, J. W. V.）、席勒（Schiller, F. C. S.）、黑格尔（Hegel, G. W. F.）为代表的德国古典美学家均将审美研究的中心聚焦于美的感觉、想象与判断等，对后世的审美导向影响颇深。相较于这种美论美学，鲍姆加登的感性论美学具有更为宽阔的学术视野，无论美丑、不计悲喜，凡与人的感觉有关的感性、感觉以及情感相关的审美体验都可以进入美学的研究范畴，成为其研究对象。这对研究现代社会人的感性体验意义深远，不仅让以狭义的美、崇高、悲喜剧为代表的传统美学范畴进入到审美中，人们日常生活中影视文化、广播文化、图像文化、网络文化等更为宽泛的审美对象也能够被合理地纳入审美范畴。

审美体验的特殊之处就在于它是依靠瞬间直觉来感知意义。人的视觉、听觉、味觉、嗅觉、触觉等多重感觉能力是审美体验的先决条件。中国古典美学格外重视人的审美体验，如：唐代诗人柳宗元"千山鸟飞绝，万径人踪灭。孤舟蓑笠翁，独钓寒江雪"的诗中描写的群山、绝迹的飞鸟、孤舟、蓑笠翁、寒江雪等意象，是人运用视觉与听觉的协同构筑的，从而形成了万籁无声的审美世界，在这个世界里充满了诗人孤寂却不屈的

---

① 莱辛·拉奥孔［M］.朱光潜，译.北京：商务印书馆，2016：15.
② 朱立元.西方美学范畴史：第3卷［M］.太原：山西教育出版社，2006：356.

情感。宋代诗人苏轼"横看成岭侧成峰，远近高低各不同"描写的是在视觉作用下对庐山的不同感受。宋代诗人王安石"墙角数枝梅，凌寒独自开。遥知不是雪，唯有暗香来"是嗅觉对视觉的补充等。可见，人的诸多感觉之间协作与补充构成他们对世界的审美感知体验，然而这种直觉性感知不能被纳入先验范畴。人凭借感觉来认识周遭，作为审美认知，人对颜色、声音、味道、气味的感性体验形塑于长期的社会实践，因而审美体验是一种认识论。马克思曾经指出："社会的人的感觉不同于非社会的人的感觉……因为不仅是五官感觉，而且所谓的精神感觉，实践感觉（意指，爱等等）——总之，人的感觉，感觉的人类性——都只是由于相应的对象的存在，由于存在着人化了的自然界，才产生出来的。五官感觉的形成是遗忘全部世界史的产物。"①

作为一种精神性的实践活动，审美活动的目标和对象在当代社会的文化层面均发生不同程度的位移，导致无功利的审美之维正在面临被窒息的感性危机。一方面，日常生活的审美化倾向令审美活动不再承担对某一精神时刻的象征性隐喻，取而代之的是成为日常生活中的一个结构性环节，更有甚者以成为生活本身为目标。另一方面，审美活动一直被当作突围传统精神的另一种表达，但这种突围关系在现代社会被逐步修正。在今天，虽然以艺术承载的审美文化仍是对精神突围的阐述，但阐述的对象已然不再是对精神的求索，而是如何通过审美活动获得资本增值。在日常生活日益审美化和审美活动愈发消费化的双重夹击下，"年轻化"审美作为一种由视觉引发的、能够激起消费欲望且能使人沉迷的强刺激，以拒绝深度、拒斥理性、由视觉向多重感官的延伸等感性体验为内涵，使得审美话语面临着某种既定的意识形态压力。面对这样的审美存在，我们不得不从审美

① 马克思，恩格斯.1844 年经济学哲学手稿.马克思恩格斯全集：第 42 卷 ［M］.中共中央马克思、恩格斯、列宁、斯大林著作编译局，译.北京：人民出版社，1979：79.

现代性的视野，探析当代历史赋予"年轻化"审美的意义张力。

首先，"年轻化"审美的陌生化建构拓展了日常生活的审美化潜能。现阶段的大众传媒文本主要通过对大众日常生活的陌生化建构激发其深层潜力，让镜头下的生活片段能吸引观众的眼球，例如吃播、鬼畜视频、生活类慢综艺等，它们利用陌生化的形式和手法增加观众的感受时长和难度，从而更新观众原本对熟悉事物的看法。当大家的感知系统在"年轻化"审美的感性经验中被延迟，这意味着他们进入到对日常生活陌生化的认知路径中，然而陌生化路径并未使受众重新产生对事物本质的审视和认知，而是被由惊愕充斥的感官刺激和新奇引起的心理满足代偿。因此"年轻化"审美依旧停留在以新形式、新内容、新形态造成的审美认知阶段，并未进入到对事物本质的认知领域。如此看来，"年轻化"审美超越了自在的感性范畴，它作为一种审美话语，是人们感性欲望的表达。可以说，它在大众传媒语境中的兴起是以透过艺术文本传达的"年轻化"感性经验为基础的，借助直观的视听文本让观众对"年轻化"审美方式产生普遍的认同感，从而个性的、新鲜的感性体验便配合了社会意识形态的统治秩序，继而成为审美意识形态。

其次，"年轻化"审美是审美生产资本化的产物和延续。作为特殊的艺术产品，以电视艺术与网络文艺为主导的"年轻化"审美生产，在今天具有较强的文化生产属性，它以生产性作为此类艺术产品的最本质特征。也就是说，这类作品在精神价值与生产价值的不平衡关系中更加肯定并追求后者的价值。正如马克思所说："当艺术生产一旦作为艺术生产出现，它们就再不能以那种在世界史上划时代的、古典的形式创造出来。"前者是艺术不发达时期的精神创造，被赋予精神价值，后者是文化工业的创造的剩余价值。"年轻化"审美艺术具有后者狭义的"艺术生产"特征，其审美文本成为资本再生产的工具，而"年轻化"审美本身也带上了审美意识形态的性质，表现为当代大众传媒语境对"年轻化"审美趣味的生产。

趣味是能够产生社会区隔的审美偏好，强调了趣味在文化区隔中的关键作用。反之，一种审美判断是否能够产生社会区隔，与定义趣味可形成互证关系。"年轻化"审美作为现代社会的大众"美学"，作为以消费为目的的实践活动而出现，其审美的功利性是主导趣味产生的内在精神和动力：一方面激发消费者的消费需求，另一方面则以建构"年轻化"区隔的方式，排斥没有消费能力的受众。因而，"年轻化"审美趣味彰显灵活多变的特性，它可以是热情的、励志的、聪明的，同时它也可以是叛逆的、颓废的、冲动的，等等。至此，"年轻化"审美超越了纯粹的美学维度，成为大众传媒文本生产中的建构概念。

（二）研究对象：界定本书中的大众传媒文本

1. 大众传媒的文本属性

媒介是传承人类文明最重要的载体。媒介（medium）一词大约出现于19世纪末20世纪初。一般来说，媒介是指事物之间发生关系的介质或工具。从口语到文字再到图像，人类文明经历了几十万年的演进，媒介也随之进行了变迁和演进。如今的媒介越来越被定义为技术性媒介。正如约翰·费斯克（John Fiske）所言："媒介是一种能使活动得以发生的中介性公共机构。具体点说，媒介就是拓展传播渠道、扩大传播范围或提高传播速度的一项科技发展。"① 因此，媒介有时被用来指涉一般的传播方式，如印刷媒介、广播媒介、电视媒介等，但更被频繁用于指涉上述方式成为现实的技术形式，如报纸、电视机、电影等，这在一般媒介成为大众媒介时体现得更加明显。随着人类社会的进步，信息需求量不断增大，知识和信息的传播开始超出少数人垄断的范围，走向大众群体。除此之外，媒介技术的突飞猛进极大地颠覆着人们先前对世界的认识，特别是网络媒介兴起

---

① 约翰·费克斯. 关键概念：传播与文化研究辞典［M］. 李彬，译. 北京：新华出版社，2004：161.

后，新兴技术极大地增强了媒介与受众之间的互动性，为传播者和广大受众架起了一座沟通的桥梁。所谓大众传播"就是在现代化的印刷、银幕、音像和广播等媒介中，通过公司化财务产业化的生产、国家化的管制、高科技、私人消费化的产品等形式，向某种未知的受众提供休闲式娱乐和信息的过程与产品。"① 这是在说大众传播的传播过程和产品一道成为现代传播中介，向受众传递信息并提供媒介服务。今天的大众传媒不仅指向大众传播的渠道，还指向渠道的内容，大众传媒的文本本身自然被包括在内。

大众传媒作为现代社会的神经中枢和形塑文化的力量源泉，它不仅能够反映社会、解释社会，还会以其特殊的价值标准影响社会，甚至建构社会。诚如托夫勒（Alvin Toffler）在《第三次浪潮》中所言，大众传媒揭开了一个属于多样化媒体的时代，令人们在形象化的感知中完成革命性的自我转变，例如对世界的体会、认知和领会世事的能力等。② 面对如此强大的媒介力量，当今社会和文化正在被改变，人们的工作方式、生活方式、外观及心理特征也正在被重塑，这种将传媒当作文化本身的研究视角，得益于文化研究者的理论性开拓。文化研究学派一般认为，大众传媒有一种"赋予意义"的特殊功能，它通过对信息的选择、加工、结构化等一系列实践活动，赋予社会事物以特殊的文化意义，但他们同时也认识到，"赋予意义"的活动并不是客观中立的，其背后有利益左右和意识形态驱动。就这一认识而言，文化研究学派是在受到 20 世纪初的俄国形式主义、20世纪 50 年代兴起的结构主义和后结构主义的影响下，将传媒看作包含着符号系统的特殊文本来展开研究的。这样一来，以文本为中介，传媒文化的生产者与受众便构成互动关系。后来文化研究者将其研究的触角伸向杂志、电影、电视等媒介渠道的文本内容，并将他们看作是不同的文本形态

---

① 约翰·费克斯. 关键概念：传播与文化研究辞典 [M]. 李彬，译. 北京：新华出版社，2004：160.

② 阿尔文·托夫勒. 第三次浪潮 [M]. 黄明坚，译. 北京：中信出版集团，2018：167.

展开文本分析，至此确定了文本在文化研究中的核心地位。

2. 本书中的大众传媒文本

当符号学进入艺术研究领域，研究对象就从作品演变为文本。研究者开始用语境一词更迭背景，这是学术界语言学/符号学转向的重要标志。对于文化研究者来说，对文本的分析和研究有一个重要前提，即文本是一个携带着文化基因的符号系统，并被深刻地打上了社会生活的烙印。秉持着这样一种文化观念，文化研究学者格外注重对贴近日常生活的大众文化和大众传媒的研究，并探索不同的文本形态及其表征。可以说，文化研究的中心是大众文化，大众文化的研究中心则是大众传媒。时至今日，大众传媒仍然是人们生活中的重要组成部分，电视、报纸、网络等大众传媒渗透进社会生活和人际交往的肌理，正因为电影、广告、电视（网络）剧、电视（网络）综艺节目、网络短视频等作为大众传媒的内容，以其特殊的文本形态而存在，才使得抽象的传媒变得如此具体而生动。而它们作为文本同时也是被生产、传播、消费的文化符号，其特殊的承载意义成为人们认知的重要凭借。因此，在符号的意义生成上如何介入"年轻化"审美的形塑是本书在认识论层面的研究进路，这便涉及在文本内部讨论意义的还原问题。

"年轻化"审美作为一种审美文化现象和审美认知体验，它深深隐藏在社会实践之中，因而只有透过对大众传媒内容，即文本的分析，才能描述进而阐释这种文化现象，并尝试揭示现象的本质。本书对"年轻化"审美的研究将从大众传媒文本出发，把电视艺术和网络文艺主导的文本形态作为主要的研究对象，如电视（网络）剧、电视（网络）综艺节目、网络短视频等，试图通过对文本生产系统的全面研究，探索"年轻化"审美的内涵与本质，并尝试以此为切入口，更加深入系统地研究大众传媒审美文化。

三、理论梳理：马克思艺术生产理论及其当代阐释

艺术生产理论是马克思美学体系中的核心议题，是马克思立足于唯物史观，探究文化生产中资本运作机制的集大成之作。本书以马克思文化生产理论为本书论述的方法论指引，并将其视作审美问题的总体分析框架，同时兼顾理论的现当代阐释。

（一）马克思论艺术生产

"艺术生产"作为一套成熟的理论体系，它首次被提及可追溯至马克思写于1857年的手稿《〈政治经济学批判〉导言》，该手稿于1939年在莫斯科正式出版。在手稿中，马克思深入论及政治经济学的研究对象和方法，为之后的《资本论》奠定核心的理论基础。在这部经典巨著中，马克思不仅艺术生产概念，并且阐明了艺术发展与社会物质基础的一般关系以及包括艺术生产在内的社会生产与消费之间的辩证关系，这构成了马克思"艺术生产"理论的基本内涵。虽然"艺术生产"作为正式的理论范畴在1857年才出现，但艺术作为一种特殊生产活动的思想在马克思那里已酝酿多时。马克思早在《1844年经济学哲学手稿》中已提出："宗教、家庭、国家、法、道德、科学、艺术等等，都不过是生产的一些特殊的方式，并且受生产的普遍规律的支配。"① 为艺术确是一种特殊的生产活动而正名。

1. 马克思对艺术生产的"生产性"剖析

关于艺术生产的"生产性"探究是马克思艺术生产理论的立论基础，尤其是当艺术实践从一种精神性活动逐渐演变为政治经济学意义中的"生产劳动"时，艺术活动具有一般生产劳动的性质，成为艺术生产。相应

---

① 马克思，恩格斯.1844年经济学哲学手稿.马克思恩格斯全集：第42卷［M］.中共中央马克思、恩格斯、列宁、斯大林著作编译局，译.北京：人民出版社，2018：78.

地，精神性的创作者因与行业资本的雇佣关系能够被定义为一般社会劳动者。马克思认为："一个演员，哪怕是丑角，只要他被资本家（剧院老板）雇佣，他偿还给资本家的劳动，多于他以工资形式从资本家那里取得的劳动，那么，他就是生产劳动者；而一个缝补工，他来到资本家家里，给资本家缝补裤子，只为资本家创造实用价值，他就是非生产劳动者。前者的劳动同资本交换，后者的劳动同收入交换。前一种劳动创造剩余价值；后一种劳动消费收入。"① 可见，由雇佣关系而产生的剩余价值是定义生产活动的基本衡量标准。马克思不但看到了雇佣劳动是生产性劳动的基础，也由此揭开了以剩余价值为特征的资本秘密，这表现在劳动者创造的财富越多他们反而更加贫穷，越发成为廉价的劳动力。② 由此，马克思发现确认生产关系中的物质属性是衡量艺术生产性的关键性因素。"作家所以是生产劳动者，并不是因为他生产出观念，而是因为他让出版他的著作的书商发财，也就是说，只有他作为某一资本家的雇佣劳动者的时候，他才是生产的。"③ 马克思对艺术生产的阐释维度已经超越了一般社会的经济生产，他看到了精神劳动特殊的生产性本质。当歌女在街头卖唱而得到路人的打赏时，她的劳动直接与金钱交换，在这时她还不是个生产劳动者。但当歌女被剧院老板所雇佣来到剧场演出，她在舞台上为观众演出领到了薪水，但绝大部分以剧院门票形式换走的劳动却装进了老板的腰包，她创造了远比老板支付给她的薪水更多的剩余价值，老板将这些剩余价值投入剧场的扩建和雇佣剧场演员等再生产中，那么剩余价值就转化为了资本，起初在街头卖唱的歌女就变为生产性的劳动者了。

---

① 马克思、恩格斯. 马克思恩格斯选集：第 33 卷 [M]. 中共中央马克思、恩格斯、列宁、斯大林著作编译局，译. 北京：人民出版社，2004：141-142.
② 马克思，恩格斯. 马克思恩格斯选集：第 3 卷 [M]. 中共中央马克思、恩格斯、列宁、斯大林著作编译局，译. 北京：人民出版社，1995：40-41.
③ 马克思，恩格斯. 马克思恩格斯选集：第 33 卷 [M]. 中共中央马克思、恩格斯、列宁、斯大林著作编译局，译. 北京：人民出版社，2004：141-142.

2. 艺术生产的本质特征

艺术生产作为精神性生产劳动具有其宝贵的精神价值，这也是由精神生产主导的艺术生产与一般物质生产的本质区别。因此，艺术生产的特别之处是要同时兼顾生产性劳动和非生产性劳动。例如对于剧院老板而言，他虽看中的是通过歌女的劳动为其生产的剩余价值，但剩余价值的实现是以歌女将自身才艺卖给剧场观众作为前提的，那么在这里歌女的劳动是非生产性劳动。① 马克思艺术生产理论中所揭示出的生产价值与精神价值的矛盾特性在当代艺术生产领域也是具有深刻意义的。一方面，资本宰制集团要尽可能地通过生产性劳动者以剩余价值的最大化来实现对生产价值的追求，而另一方面，观众与欣赏者则不断要求演员与艺术家实现超越性的精神价值。由此可见，精神价值与艺术价值的双重属性是艺术生产的第一重本质特征。

生产特殊的艺术产品是艺术生产的第二重本质特征。马克思认为包括艺术生产在内的精神性生产劳动的产品有以下两种不同的形式：一种形式是以物质为艺术载体的劳动产品，这种艺术产品与一般物质性生产中的产品类似，是具有物质性特征的艺术产品。例如编剧、导演与演员们创作的影视作品，他们可以脱离创造主体而独立存在。另一种形式是以产品与生产行为的共时性原则为特征的劳动产品，比如医生、牧师、舞台剧表演家，作为不能脱离艺术家而独立存在的艺术作品，当他们的劳动行为结束后，其劳动产品随之消失。② 然而无论艺术产品是以何种形式出现，艺术生产与一般商品生产都存在着极大的差异。其实质在于资本主义的生产方式不适用于艺术产品的生产过程，这也是马克思对艺术生产持批判态度的原因。所谓资本主义的生产方式是社会化大生产的流水化作业的为特征的

---

① 马克思，恩格斯. 马克思恩格斯选集：第 33 卷 [M]. 中共中央马克思、恩格斯、列宁、斯大林著作编译局，译. 北京：人民出版社，2004：159.
② 马克思，恩格斯. 马克思恩格斯选集：第 26 卷 [M]. 中共中央马克思、恩格斯、列宁、斯大林著作编译局，译. 北京：人民出版社，1972：443.

现代化生产，因此具有快速及高效的生产特性。然而艺术的生产却是个体性的、独创性的生产，即使具有局部的协作过程，但依旧不能改变艺术家们创造非生产性劳动——艺术的本质。① 马克思曾用两个"艺术生产"定义了不同历史时期的艺术生产概念，那么对"艺术生产一旦作为艺术生产出现"的理解就显得尤为关键。前一个"艺术生产"作为广义的精神生产活动，是艺术家们通过独创性加工而产出的艺术作品。后一个"艺术生产"作为狭义的生产性劳动，是通过直接与资本交换而创造剩余价值。从历史时期看来，前者广义的艺术生产与马克思的"艺术发展的不发达阶段"相对应，而后者狭义的艺术生产则对应于商品经济支配或制约的艺术生产阶段。下图所示为"艺术生产"的发展演变史。

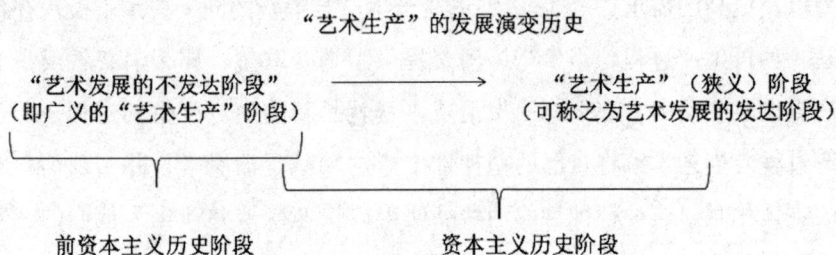

图 0.1 "艺术生产"的发展演变史图例②

3. 艺术生产的内在机制

马克思通过揭示艺术生产与消费的同一关系构成了艺术生产理论系统研究，马克思对一般性生产与消费的关系论述主要分为以下三点：

第一，生产为消费提供材料和对象，因而生产创造消费。

第二，生产不但为消费提供材料与对象，还为其提供消费的主体和方式。

---

① 马克思，恩格斯．马克思恩格斯选集：第 2 卷 [M]．中共中央马克思、恩格斯、列宁、斯大林著编译局，译．北京：人民出版社，1995：28.
② 李益荪．马克思艺术生产理论研究 [M]．成都：巴蜀书社，2010：121.

第三，生产不仅为消费提供材料和对象，还为消费提供消费需求。①

在艺术生产领域，艺术的生产与消费同样存在上述同一关系。首先，艺术家在创造艺术作品的过程所消耗的脑力与体力被转化为产品消费的材料，那么消费者消费艺术品的过程伴随着艺术家的生产过程。更为特殊的是，这类生产消费过程里，原本的物质消费品在这里被直接转化为满足个人精神需求的消费对象。正如马克思所说："没有生产，就没有消费，但是没有消费，也就没有生产，因为如果没有消费，生产就没有目的。"② 其次，对于艺术的生产与消费来说，生产不但要满足消费的需要，还要不断地刺激消费欲望。"这种消费的意义还在于，它不但满足了消费主体的需求，而且自觉和不自觉地提高、发展了消费水准，创造出他的消费方式、能力以及更高的需求，等等。"③ 最后，生产与消费的同一关系就表现在消费是一种再生产过程。当生产为消费提供了消费欲望，那么消费就反身为生产提供生产动力，那么每一次消费本身就是新的生产产生的过程，即再生产过程。当艺术家将自己的精神性生产内涵赋予消费者，并实现消费对象的主体化时，这种精神性的消费品便得以快速凝聚并转化为他们的艺术生产动力，这便是艺术生产与消费同一关系的最终体现。

马克思在资本主义经济体制下筑起艺术生产理论系统，随着时代的发展，他的后继者们沿着这条思路不断开疆拓土，推动并发展了对艺术生产理论的深入研究，如本雅明的艺术生产的政治取向、阿多诺的文化工业、阿尔都塞的意识形态质询、约翰·费斯克的文化经济生产等。它们不仅是马克思艺术生产理论的当代阐释，同时是艺术生产系统论中的重要环节。

---

① 马克思，恩格斯．马克思恩格斯全集：第46卷上［M］．中共中央马克思、恩格斯、列宁、斯大林著作编译局，译．北京：人民出版社，1979：27.
② 马克思，恩格斯．马克思恩格斯全集：第46卷上［M］．中共中央马克思、恩格斯、列宁、斯大林著作编译局，译．北京：人民出版社，1979：28.
③ 李益荪．马克思艺术生产理论研究［M］．成都：巴蜀书社，2010：127.

（二）法兰克福学派与艺术生产批判

作为马克思主义的继承者，马克思的艺术生产理论是法兰克福学派思想中重要的理论资源。不同的成员对文化生产理论的研究各有侧重，但他们都有着大致相同的逻辑起点，即对非自律艺术的批判。这种一以贯之的批判视角自马克思时代的艺术生产理论便已存在，下面对法兰克福学派在艺术生产理论中的开拓性研究做概略性阐述。

1. 本雅明（Walter Benjamin）与复制时代的艺术生产

思想的断裂和异质是本雅明理论研究中的重要特征，这表现在他在不同的人生时期透露出不同的研究方向与理论判断。受到马克思的影响，他的思想从一种神秘的救赎观转向现实政治，寄希望以一种审美的政治化策略去抵抗当时法西斯政治化的审美现实，这种思想倾向在《作为生产者的作家》和《机械复制时代的艺术作品》两部著作中均有体现。他曾在《机械复制时代的艺术作品》中这样说道："人类的自身异化已经如此严重，以至于人类将自己的毁灭作为最高级的审美享受来经历，这便是法西斯主义的政治审美化，共产主义对此所作的回答是艺术政治化。"① 本雅明从艺术的政治意识性展开对机械复制时代艺术生产的批判。在本雅明看来，独一无二的原真性成就了艺术真理的神性特征，令其产生艺术的膜拜价值，工业化生产时代的艺术是阉割了艺术真理后的艺术生产，大机器时代的生产方式抹杀了艺术的原真性，导致艺术的神性光环就此消失，那么艺术的灵韵也便失落了。②

本雅明吸收了布莱希特的生产美学，将灵韵的消失归咎于工业技术对艺术生产的殖民。一方面，现代艺术生产企图通过占有艺术的复制品表达

① 瓦尔特·本雅明. 机械复制时代的艺术作品 [M]. 王才勇，译. 杭州：浙江摄影出版社，1993：44.

② 瓦尔特·本雅明. 机械复制时代的艺术作品 [M]. 王才勇，译. 杭州：浙江摄影出版社，1993：57.

无限逼近艺术本真的效果，这便造成了艺术与审美的日常化与消费化。另一方面，属于静观艺术的审美体验被一种"惊颤"的心理体验所取代。本雅明对惊颤的解释来自波德莱尔的启发，波德莱尔在《给一位交臂而过的妇女》写到自己在街上与一位法国妇人交臂而过的惊颤经历，那是一种在身体触碰的瞬间觉察到的惊颤体验，本雅明认为在现代人群中感受到的惊颤与机器旁边的工人所感受到的体验是一致的。① 现代艺术反复制造的惊颤体验意在强化一种对真正惊颤的抵御机制，抚平社会现代化过程中可能遇到的心理恐惧或创伤，这也意味着传统艺术在惊颤体验如此频繁的现代社会必然走向衰落。

2. 阿多诺与文化工业

"文化工业"是阿多诺（Theodor W. Adorno）与霍克海默（Max Horkheimer）在《启蒙辩证法》中使用到的概念，他们意识到了文化工业时代出现的倒退萌芽，即反启蒙趋向，尤其是在电影、广播等现代传媒的传播与渲染下，体现着特殊的意识形态内涵。阿多诺用"文化工业"的概念代替了在草稿中所使用的大众文化的概念，以期强调工业化生产对大众文化的侵入程度。艺术生产作为当时典型的大众文化生产，同时体现着文化工业的特征，主要表现在以下两个方面。

第一，文化工业弥合了高雅艺术与通俗艺术之间的鸿沟，既破坏了属于高雅艺术的严肃性，同时消弭了通俗艺术的抵抗性特征，致使文化工业的产品带上了同一化、同质化、标准化的特征。第二，文化工业以其特有的意识形态使艺术品"伪个性化"。他说道："在文化工业中，个性就是一种幻象，这不仅是因为生产方式已经被标准化。恶人只有与普遍性完全达成一致，他才能得到容忍，才是没有问题的。虚假的个性就是流行：从即兴演奏的标准爵士乐，到用卷发遮住眼睛，并以此来展现自己原创里的特

---

① 瓦尔特·本雅明. 发达资本主义时代的抒情诗人 [M]. 王才勇，译. 南京：江苏人民出版社，2005：138.

立独行的电影明星等，解释如此。个性不过是普遍性的权力为偶然发生的细节印上的标签，只有这样，它才能够接受这种权力。"① 阿多诺吸收了马克思的意识形态理论，将带有统治集团意识倾向性的工业文化视作意识形态的复制品"具有整体表现性的艺术，在各个细枝末节上都效仿科学，并重新迎合着世界，成为意识形态的复制品，成为一种温顺的再生物。"② 宰制集团总是有意无意地将自己的意识观念合法化，将其道德化来强制支配这种观念的合理性，将其称为永恒的、美好的以及理想的状态，对其他观念进行有意识遮蔽，这造成了意识形态来源的虚假性。

（三）艺术生产与大众文化消费

1. 约翰·费斯克与文化商品消费

约翰·费斯克认为电视是大众传媒的通俗艺术，他通过对比文化商品中金融经济与文化经济文化的交换与流通过程来实现对马克思艺术生产理论的拓展。在费斯克看来，电视节目作为一种文化生产就意味着它与直接的物质生产具有某种相似的内在结构。这种相似结构体现在文化商品如一般物质商品一样能够在金融经济中流通，同时它还能够在另一种平行的经济中生产与销售，即文化经济。这恰恰体现了文化工业商品的特殊性，既有实用价值，也有文化价值。费斯克认为："演播室生产出一种商品，即某一个节目，把它卖给经销商，如广播公司或有线电视网，以谋求利润。对所有商品而言，这都是一种简单的金融交换。"③ 这时节目作为金融流通中的商品从生产者/演播室流通到了消费者/经销商那里。然而电视节目同时作为文化工业的商品，受众需要从金融经济中的商品转化为文化经济中

---

① 马克斯·霍克海默，西奥多·阿道尔诺. 启蒙辩证法 ［M］. 渠敬东，曹卫东，译. 上海：上海世纪出版集团，2006：140.

② 马克斯·霍克海默，西奥多·阿道尔诺. 启蒙辩证法 ［M］. 渠敬东，曹卫东，译. 上海：上海世纪出版集团，2006：13.

③ 约翰·费斯克. 理解大众文化 ［M］. 王晓钰，宋伟杰，译. 北京：中央编译局出版社，2006：32.

生产者才能实现文化产品的流通，但作为一种特殊的商品，意义和快感成为生产与消费资料，并参与再生产过程。约翰·费斯克用文化经济来颠覆法兰克福学派对文化工业的批判立场，他用快感与意义作为文化商品的论述赋予大众文化以抵抗性内涵，证明大众具有法兰克福时代的大众所不曾拥有的艺术抗争精神。

2. 鲍德里亚（Jean Baudrillard）与符号消费

基于马克思艺术生产理论，鲍德里亚从符号学角度出发，对视觉转向之后的艺术生产存在做出进一步阐释，他认为消费逻辑已然席卷一切，但这种消费并非建立在切实的物质基础之上，而是被符号化了，能指和所指相脱离的情况使得消费实际上承载着更多的社会意义，具体表现在符号的自我指涉现状令人们的消费不再聚焦于物质产品之上，也不再关注其使用价值，而是集中在以物质为载体的形式之上，符号消费与形象消费代替物质消费成为文艺消费的主流，消费社会的历史语境应运而生。

另一方面，对商品形式的过度关注让审美生产与商品生产结合起来，商业的消费逻辑贯穿了艺术生产的全过程，消费深入到艺术创作的每一个环节，这便是艺术的泛商品化。相应的，商品的泛艺术化也是在此中语境下产生，当商品与艺术本身相重合，审美就会显得如此重要。大到家具摆设小到日常用品都要以一种审美的艺术视角为其正名，用以积聚消费者的眼球经济，艺术消费遂主导艺术生产成为现代社会的文化生产特性。

四、文献综述与研究思路

（一）研究现状

截至 2022 年 1 月 1 日，著者在包括中国国家数字图书馆、中国知网、万方等数据库中进行全面检索，并未发现与本书重名的文献及专著。在以"'年轻化'审美"为篇名以及主题的搜索中仅发现一篇文献，即《网络综艺的"年轻化"叙事及审美趋向的思考》。若以"'年轻化'审美"为摘要进行检索，则相应出现文献180篇。进一步扩大文献检索范围，以"年轻化""年轻态"等相近关键词进行检索时发现千余篇检索信息。在对这千余篇文献进行学科以及研究方向的筛选与整理后发现，国内学术界对"年轻化"审美的研究虽未形成规模性探讨，但已在大众传媒领域，从不同的研究视角呈现出对"年轻化"命题的探索趋势，它们大多出现在2019年后。有些研究成果虽未明确"年轻化"审美的概念，但从具体研究内容与视角已能洞悉"年轻化"审美的部分内涵。

1. 关于提出"年轻化"审美的研究

截至目前，学界对"'年轻化'审美"一词的正式提及并不频繁，将"年轻化"审美视作问题意识所针对的研究对象与研究视角也不尽相同，并多数处在针对文本的个案研究。例如吴斯在《性别僭越与年龄迟滞——〈王者荣耀〉中的身体拟像研究》一文中以热门网络游戏《王者荣耀》作为研究文本，以文本中出现的身体拟像为研究对象，他主要从性别研究的视角考察游戏生产中的"年轻化"审美。具体来讲，游戏文本《王者荣耀》中的"年轻化"审美主要表现在对游戏人物身体的"年轻化"塑造，尤以中老年角色在游戏中的缺失为突出表征。在一个以年轻大学生、年轻白领（用户占比分别为21.8%和45.3%）为主要用户的游戏里，青少年形象占据游戏人物总形象的82.2%，中老年形象仅占17.8%，而游戏里为数不多的中老年形象皆为男性。吴斯认为游戏对中老年形象的驱逐是游戏用户对死亡焦虑的本能反应，这对女性的影响尤其明显，"永远的少女"夸张地表达出社会对其年轻身体的价值肯定，然而中老年女性的价值却被抹杀。同样从年龄焦虑问题对当下"年轻化"审美展开批判的研究还有曾一果、肖英的文章《从"年龄焦虑"到"圈姐文化"——〈乘风破浪的姐姐〉的中年女性困境及其解围之路》，他们认为全球化的消费语境以及媒体一味的鼓吹加剧了整个社会的"年轻化"审美趋势，年轻女性作为消费品市场的主导力量，自然会被视作媒体迎合的对象。近几年来火热的"她综艺"渲染了社会的厌老情绪，为女性制造年龄的焦虑，也令女性进一步走入男权话语主导的思维认知。

有学者从电影文本的表达对"年轻态审美"展开正面分析。在张斌发表于 2021 年 7 月的文章《陌生化·类型性·年轻态——〈1921〉的三重创新与新主流电影的美学扩容》中，他认为"年轻态审美"，是指"影视作品在思想传达、艺术表达、情感触达等方面与青年观众审美需求形成的显在或潜在的协调沟通方式与能力。它不仅仅是在故事构造和情节语言等具体手段上采用年轻人喜欢的方式来进行艺术创作，更重要的是通过精巧的艺术构思营造能与青年观众进行精神对话的综合性艺术空间。"在电影《1942》的观众画像中，青年与青少年群体占据观影总体的 72.2%，因此主旋律电影的年轻态审美表达就是如何激起这些年轻观众对建党初心的共鸣。在这部电影的创作中，青年的人物塑造、热血的情感传递、明星的正面流量效应成为其"年轻态"审美的显著表征。①

也有学者从网络综艺入手，对"年轻化"审美问题进行本体研究。例如梁岩在《网络综艺的"年轻化"叙事及审美趋向的思考》一文中从亚文化的视角对网络综艺文本中的"年轻化"问题展开分析。他认为"年轻化"作为审美现代性的一种趋向，其生成以网络化语境为基础。在网络综艺节目中主要以虚拟的游戏体验、粉丝的猎盗文化、商业趋利的泛娱乐化表达为典型特征。在文章中，他还对此网络综艺的叙事特点进行分析，首先，网络综艺将现实空间与网络空间利用互联网技术作为中介融合在一起，令电视中的人成为受众自己的投射，扩大了青年亚文化的传播场域。其次，圈层化的叙事语言设置了"年轻化"的门槛，能够让圈里的青年通过垂直式的文化解码实现文化认同。最后，网络综艺突出互联网思维，形

---

① 张斌.陌生化·类型性·年轻态——《1921》的三重创新与新主流电影的美学扩容 [J].传媒观察，2021（7）：13-17.

成碎片化的叙事方式，不断促进从艺术生产到再生产的资本循环。①

从整体看，在大众传媒领域直接对"年轻化"审美开展研究的文献数目不多，对"年轻化"审美的概念既缺少从当前文本生产维度对"年轻化"审美的系统性认识，也缺少从本体维度出发对"年轻化"审美的完整探究。为准确把握研究命题，本书进一步以"年轻化""年轻态"为篇名进行检索，在检索文献进行整理后发现，相关学科的国内学者对"年轻化"问题的研究主要集中在以下两方面：一是将"年轻化"作为迎合年轻群体的文本表达和传播策略；二是围绕"年轻化"为表征的文化现象与文本创作特点而展开的批评类文章。"年轻态"在部分文章中作为"年轻化"的相近概念而出现。

2. 关于"年轻化"问题的其他相关研究

以"年轻化"为主题在多平台进行搜索，共发现 4144 篇相关的期刊论文以及硕博学位论文，与本课题相关的研究成果共计 46 篇。以在中国知网（CNKI）的数据检索状况为例，国内学者开始将"年轻化"作为大众传媒领域的学术命题进行研究大都出现在 2019 年之后。（具体数据见下图）

在 2019 年之前，国内学界对"年轻化"问题的探索处在较为初始阶段，对"年轻化"的具体所指未曾有过深入讨论，多数文章对其相关问题大都一笔带过。例如在王宋于 2016 年发表的论文《新时期电视节目发展的年轻化回归探索》中，对新时期电视综艺节目的"年轻化"表达曾有论述。他认为电视节目的老龄化使年轻受众流失，因此要从电视节目的内容定位、节目形式以及播出平台等方面考虑适合年轻人的收视习惯以及审美品位，然而节目具体应如何实现"年轻化"发展并未具体说明。② 王金琰

---

① 梁岩. 网络综艺的"年轻化"叙事及审美趋向的思考 [J]. 当代电视, 2020（9）：94-99.

② 王宋. 新时期电视节目发展的年轻化回归探索 [J]. 新闻研究导刊, 2015（10）：117.

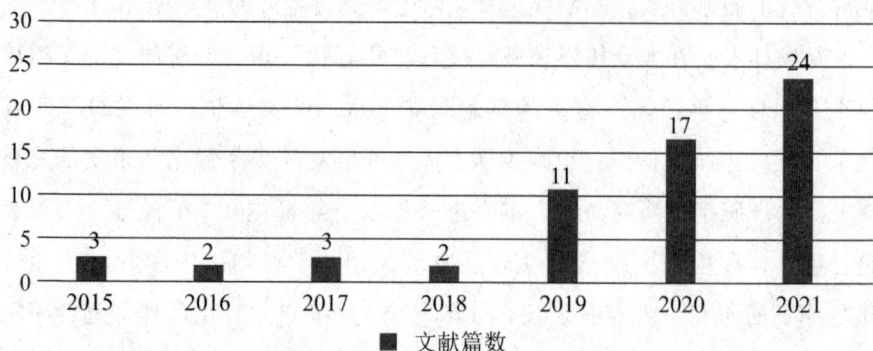

图 0.2 中国知网以"年轻化"为检索目标的本学科文献统计

于 2016 年发表的期刊论文《当下国产电视剧的大制作与年轻化》认为拥有大制作的电视剧是能够吸引年轻受众的方式，并开始从制作方、播出方，以及广告的播出等层面有意迎合具有一定消费能力的年轻受众，如从满足年轻群体多元化的审美品位以及娱乐需求、在制作过程中精益求精、在电视剧题材选择上向年轻受众倾斜等，但电视剧的大制作与"年轻化"之间的逻辑阐述不紧密，令"年轻化"问题在文章中被边缘化。① 何天平与王晓培发表于 2018 年的期刊论文《"正剧"的年轻化传播：一种考察受众解码电视剧的新视角》从传播策略的视角对"年轻化"问题予以学术讨论。两位学者观察到，取自不同题材的"正剧"于 2017 年开始大规模回归电视荧屏，如历史题材正剧《于成龙》《军事联盟》《大明王朝 1566》，年代题材正剧《白鹿原》，以及当代题材正剧《人民的名义》等。这些正剧的回归非但没有导致年轻观众的流失，反而受到了他们的追捧，这是因为这些电视剧在某种程度形成了"年轻化"的电视文化景观。在他们看来，正剧得以年轻化传播的基础在于互联网语境为受众提供了足够的解码空间，观众正是以一种参与式身份对电视文本进行去中心化、去深度化的

---

① 王金琰. 当下国产电视剧的大制作与年轻化 [J]. 西部广播电视，2016 (8)：108-110.

个人解读，这种观点符合受众在互联网背景下产消一体化的受众现状。①

2019 年之后，对"年轻化"问题的研究广泛出现于新闻传播学领域，大部分学者聚焦"年轻化"的新闻传播策略研究。如闫爽的论文《共情共振共识——总台疫情报道传播年轻化策略分析》认为中国广播电视总台在 2020 年初新冠疫情的报道中有意识地采用"年轻化"策略，譬如主动拥抱哔哩哔哩视频网站，拓宽与青年群体进行对话的渠道。在内容供给层面采用沉浸式的、交互式的报道方与年轻人实现情感共鸣。利用接地气的 vlog 短视频代替传统纪录片拉近与年轻受众的距离，同时在新闻剪辑、配乐、内容筛选等方面优先考虑年轻用户的接受习惯。② 攻兆恩《主播说联播——短视频时代〈新闻联播〉的年轻化创新之径》一文讨论媒体融合的环境下，"年轻化"路径成为《新闻联播》捕捉年轻用户的新契机。针对短视频对年轻受众的收视以及生活习惯的强适应性，将新闻联播的"主播说联播"环节作为短视频栏目上传至快手、抖音等短视频社交平台，将议程设置的话语权交给受众，尤其是年轻受众；同时颠覆传播的新闻表达传统，融入网络流行语，激发年轻观众的对主流新闻的社会讨论。③ 同类研究还有邹鹏的论文《康辉的 Vlog：主流媒体的年轻化表达》，他认为主播形象的"年轻化"表达同样能够令主流新闻话语吸引年轻受众，他以央视新闻主播康辉的主播形象为例展开论述。康辉以"Vlog"形式报道传统的主流新闻打开了年轻化的传播路径，以短视频与年轻受众天然的临近性为观众制造出媒介参与感，同时他自身的亲和形象为传统新闻在新媒体时代

---

① 何天平，王晓培."正剧"的年轻化传播：一种考察受众解码电视剧的新视角［J］. 中国电视，2018（7）：66-70.
② 闫爽. 共情共振共识——总台疫情报道传播年轻化策略分析［J］. 电视研究，2020（3）：41-44.
③ 攻兆恩. 主播说联播——短视频时代《新闻联播》的年轻化创新之径［J］. 西部广播电视，2020（6）：70-71.

的传播增添年轻动力。① "年轻化"现象在新闻传播领域的出现并由此体现出明显趋向是以基于互联网技术的新媒体与智媒体在大众传媒中广泛应用作为前提的。上述研究虽与本命题并非同一学科,然而艺术传播作为广播电视艺术学的其中一条学术范式,其成果对本命题仍旧有宝贵的借鉴价值。

2020 年之后,一部分文献将"年轻化"的传播策略与文本发展方向引入艺术学领域,包括广播、戏曲、纪录片、电视剧以及综艺节目等不同文本类型。罗武、梁永诗的《媒体深度融合背景下广播形态年轻化的探索——以大湾区之声〈揾食大湾区〉为例》以中央广播电台的一档名为《揾食大湾区》的节目为个案,分析在媒体深度融合的背景下如何令广播节目吸纳年轻用户,同时促进港澳与内地青年群体的身份认同。文章认为,互联网语境整合了不同地域青年群体的节目偏好以及习惯,模糊了地域差异性。广播节目利用新媒体作为平台依托实现了年轻群体的交互式传播,同时以"用户"的中心化思维颠覆传统的广播节目的生产模式,将"快、简、特"作为节目的制作原则,实现信息快速、有效地传播。② 郭明杰的论文《传统文化的年轻化表达——以纪录片〈历史那些事〉为例》以哔哩哔哩平台的视频用户自制的视频《历史那些事》为案例分析其"年轻化"表达。《历史那些事》是网友将历史文化纪录片重新编排后形成一个新的审美性文本。郭明杰认为纪录片采用二元对立的话语方式引导年轻受众的价值认知,同时利用故事化的叙述引导受众走入纪实性的镜头,悬念的故事结构帮助历史信息故事化。多元化的叙事风格在插入话外解说以

① 邹鹏 . 康辉的 Vlog:主流媒体的年轻化表达 [J]. 新媒体研究,2020 (12):103-104.
② 罗武,梁永诗 . 媒体深度融合背景下广播形态年轻化的探索——以大湾区之声《揾食大湾区》为例 [J]. 海河传媒,2020 (12):60-63.

及小剧场，用"年轻化"的方式呈现了传统文化。① 宋盼盼的期刊论文《从〈如果国宝会说话〉看纪录片"年轻化"发展路径》从视听语言、叙事语态以及营销策略三个层面论述纪录片《如果国宝会说话》的"年轻化"发展方向。她认为"年轻化"的视听层面是网络化语言以及精美影像包装协同作用的。微视频对纪录片的改造、交互式的网络空间助力纪录片的年轻化传播。融合媒体的跨平台、多平台发展是"年轻化"营销的主要方式。通过以上论文的比较能够发现学者针对"年轻化"传播的两点普遍共识：一是互联网语境是"年轻化"内容及信息的流通空间，融合媒介背景加速了"年轻化"信息的传播速度；二是互联网用户的交互式沟通为"年轻化"传播提供了受众的认同渠道。苍粟的文章《年轻态纪录片：〈水果传〉的叙事策略与传播模式》从拍摄的角度对"年轻态"进行阐释，他认为特殊的镜头场面调度是"年轻化"的表达方式，例如对水果进行大量的特写，就能够拍出新鲜水果的灵动感。同时高速运动镜头、延时摄影、微距摄影的同时也能够表达"年轻化"。②

对电视剧以及综艺节目文本的"年轻化"论述在 2020 年逐渐增多。牛梦迪、刘慧在同年 12 月发表的论文《从〈月上重火〉看新武侠剧的创新与年轻化表达》将年轻化视作解决传统武侠剧背离年轻观众的革新性策略。她们认为武侠剧的年轻化需要"向网而生"。其中中国传统美学与二次元的融合是《月上重火》年轻化的成功尝试，需要在资本运作、内容生产、后期制作等方面打破传统武侠剧的叙事方式，体现出新的时代价值。③徐子颖在 2021 年发表论文《主旋律影视剧的年轻化路径——以电视剧

① 郭明杰. 传统文化的年轻化表达——以纪录片《历史那些事》为例 [J]. 新闻研究导刊, 2020 (19)：118-119.

② 苍粟. 年轻态纪录片：《水果传》的叙事策略与传播模式 [J]. 新视界, 2018 (9)：81-83.

③ 牛梦迪, 刘慧. 从《月上重火》看新武侠剧的创新与年轻化表达 [J]. 中国电视, 2020 (12)：33-36.

〈觉醒年代〉为例》中从电视剧中的人物塑造、演员选择、多媒体宣发以及 IP 打造等方式阐述主旋律电视剧的"年轻化"发展策略。① 刘忠波、李毅达于 2021 年 11 月发表论文《〈中流击水〉：历史叙事与审美表达》，他们认为电视剧在人物塑造方面呈现出"年轻化的质感"，通过对毛泽东、周恩来等领导人的青年群像刻画展现出那一代年轻人特有的精神面貌与热血活力，能更加贴近新媒体时代年轻受众的接受方式以及审美趣味。②

著者在对上述文献进行梳理时发现，多数文献对"年轻化"的阐述停留在个案研究，通常将"年轻化"视作对传统文化以及传统媒体的改革和创新手段。对"年轻化"问题的讨论在近两年呈现上升趋势说明了本命题的可行性，但大部分论文是在做行业领域的专业分析，这些论文虽可为学术研究提供珍贵的文本素材，但在探讨中缺少批评视角，难以对"年轻化"问题形成全面的、客观的判断，具有一定的学理局限性。

著者再次以"年轻态"为主题进行文献检索，排除重叠后共发现期刊论文 104 篇，与大众传媒相关的文章共 30 篇。（具体数据见下图）

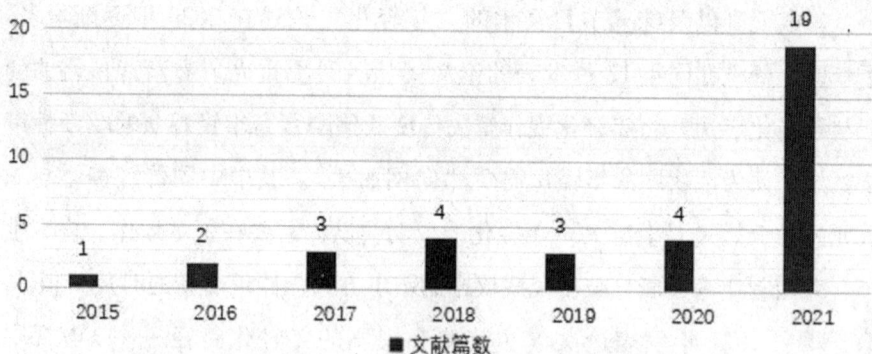

图 0.3 中国知网以"年轻态"为检索目标的本学科文献统计

---

① 徐子颖．主旋律影视剧的年轻化路径——以电视剧《觉醒年代》为例 [J]．散文百家（理论），2021（10）：156-157，160.

② 刘忠波，李毅达．《中流击水》：历史叙事与审美表达 [J]．中国电视，2021（11）：34-37.

在文献梳理时著者发现，早年对"年轻态"的研究并不是针对年轻受众的心理分析，恰好相反，是立足老年群体的心理诉求、弥合代际冲突的研究。如《年轻态：广播老年节目的新诉求》认为，在许多广播节目中针对老年人的广播节目已经在呈现出一种"年轻态"趋势，如在节目中不断出现网络新词拓宽老年人的认知；一些节目利用老年人与青年群体的互动，消弭两代人之间的代际差；还有一些节目利用互联网论坛提供老年人们的网络互动，满足他们的交流需求。① 文章《浅议〈快乐老人报〉的五种年轻态》的作者表示在传统媒介尤其是报纸媒介式微的今天，《快乐老人报》这份为老年人办的报纸在市场拓展、营销模式、品牌宣传、内容编辑以及题材的选择都具有年轻态的特征，并将其视作纸媒发展的新思路。② 陈卓贤在《融媒互动，创造老年广播的"年轻态"——以老年广播品牌〈老友记〉为例》表示老年广播的年轻态是融媒时代深耕公共服务的方式之一。他以广播节目《老友记》为例，分析该节目在潮流环节设置、跨媒介互动、网络视频的引入等内容生产，阐释该节目的年轻态呈现。③ 除此之外韩宇平的论文《浅谈老年广播节目的定位与发展》（2011）、张彩的论文《美国老年广播的"非老年化"呈现》（2007）都是针对老年广播节目中的"年轻态"呈现做出的探讨，但由于这类传媒文本本身的式微，学术探讨也不再对此类问题进行过度关注。

2019 年之后，对"年轻态"问题的研究也逐渐增多，多数文献将其视作特殊的文本特征或文本传播内容予以探讨。在张斌、李智发表于 2021 年 7 月的文章《理想与青春的颂歌——重大主题电视剧〈理想照耀中国〉的年轻态表达》中，他们认为电视剧通过"年轻态"表达实现了对当前年轻观众的思想以及审美引领，电视剧打破了连续剧的传统形式，将多个青春

---

① 陈月罡. 年轻态：广播老年节目的新诉求 [J]. 新视界，2012（5）：103-104.
② 罗华琛. 浅议《快乐老人报》的五种年轻态 [J]. 出版参考，2015（1）：34-35.
③ 陈卓贤. 融媒互动，创造老年广播的"年轻态"——以老年广播品牌《老友记》为例 [J]. 视听，2019（8）：32-33.

故事凝结为 40 个历史片段,作为单元剧进行文本创作,并借助互联网平台实现青年用户的"参与式生产"。在剧集排播方面利用当下流行的"盲盒"的营销逻辑随机播放,迎合年轻观众的好奇心理。在演员阵容方面利用青年明星的号召力,启用"老戏骨"搭配"小鲜肉"的配置方式,激活粉丝效应。① 顾春龙、王嘉政于 2021 年 10 月的文章《新媒体语境下党史传播年轻态的话语表达现状与前景探析——以建党百年现象级献礼片〈百年百篇留声复兴之路〉为例》中以《百年百篇留声复兴之路》系列专栏短视频为研究对象,主要从传受主体和传播形式两方面论述该系列作品的"年轻态"表达。② 此外,在业内人士的专访文章以及传媒机构的评论性文章里,"年轻态"与"年轻化"一词出现的频率越来越高。例如,在电视指南与业内人士贺晓曦的对谈中,贺晓曦将年轻态视作喜剧类综艺节目的底层运作逻辑。③ 骨朵网络影视撰文《主旋律和年轻化双向赋能,浙江影视集团新时代精品战略从〈瞄准〉起航》,评论主旋律电视剧《瞄准》将严肃的国剧的语境进行年轻化表达。④

　　著者在梳理文献时发现,学者们对"年轻态"问题所秉持的学术态度褒贬不一,部分批评类文章开始关注"年轻态"文本中出现生产与文化问题,例如牛梦迪的文章《从〈青春斗〉看年轻态现实题材电视剧的三大要素》,她认为在青春题材电视剧中出现的"年轻态"现象是青年亚文化在新媒体时代的媒介缩影,通常表现为对生活现状感到麻木但却装作视而不见。多元化的人物塑造使电视剧呈现年轻态的面相,具体表现在设置颠覆

---

① 张斌,李智. 理想与青春的颂歌——重大主题电视剧《理想照耀中国》的年轻态表达 [J]. 艺术评论, 2021 (7):111-120.
② 颜春龙,王嘉政. 新媒体语境下党史传播年轻态的话语表达现状与前景探析——以建党百年现象级献礼片《百年百篇留声复兴之路》为例 [J]. 新闻研究导刊, 2021 (19):1-3.
③ 封亚南. 专访贺晓曦:做正确的事情,年轻态喜剧一直是坚守的赛道 [J]. 电视指南, 2020 (11):58-61.
④ 骨朵网络影视. 主旋律和年轻化双向赋能,浙江影视集团新时代精品战略从《瞄准》起航 [EB/OL]. 骨朵微信公众号, 2021-12-15.

传统的典型人物，对完美人设进行否定。她认为"主导价值"与青年文化的融合是当代青春剧年轻态的另一呈现层面。① 梁岩在《网络综艺的"年轻化"叙事及审美趋向的思考》中认为某些网络综艺的泛娱乐化特征作为"年轻化"审美的明显趋向，致使丧失了综艺节目应该对审美的追求。彭文祥在《"年轻态"艺术创作生产的审美迷误与价值复位》一文中表示广播电视等文艺作品都在互联网时代向年轻受众靠拢，然而在内容生产层面出现多方"症候"，首先表现在对年轻受众审美价值以及收视偏好的误判，一厢情愿地滥用"年轻态"的生产内容；其次，悬置历史真实，以娱乐的视角违背内容的严肃性；第三，资本对"年轻态"的侵蚀严重，有违创作初衷；第四，某些"年轻态"呈现扭曲了主流价值，造成文艺"雷剧"与"神剧"；最后，过度宣扬以"年轻态"为模式的内容创新，因标新立异而误入歧途。② 这对文本的研究具有重要的启示意义。彭文祥、王万玲在2021年4月发表的论文《年轻态：艺术创作生产的风格趋向和价值取向评析》中表示"'年轻态'已渐成艺术创作生产的一种风格基调。"③ 在文艺生产中，"年轻态"不仅作为网络文本的主导话语，同时在传统文艺生产中呈现泛化特征。他们认为互联网发展、产业兴盛、新兴媒介生态、数字与智能以及文化的变迁等因素成为"年轻态"风格的主要动力。

3. 国外相关研究

在文献检索过程中并未发现有针对"年轻化"审美做出的直接论述，但在某些学者的专著中将"年轻化"视作一种时代性的社会文化现象进行阐述，这从侧面肯定了本书思考问题的逻辑方向。例如美国学者罗伯特·伯格·哈里森（Robert Pogue Harrison）从历史与文化层面对人类与人类社

① 牛梦迪. 从《青春斗》看年轻态现实题材电视剧的三大要素 [J]. 中国电视，2019（7）：35-38.
② 彭文祥."年轻态"艺术创作生产的审美迷误与价值复位 [N]. 中国艺术报，2020-12-2.
③ 彭文祥，王万玲. 年轻态：艺术创作生产的风格趋向和价值取向评析 [J]. 中国文艺评论，2021（4）：74-83.

会的年纪进行哲学思考。他观察到二战后的西方社会出现了"返老还童"的文化倒退现象，这种倒退不仅体现在人不会随着其生物年纪的逐渐成熟显露出与之匹配的身体老态，对此他说："反观今日的第一世界居民哪怕照样会随年纪而萎缩却始终有一张嫩脸蛋，不会出现见于其他文化或历史时代的强烈老态。造成各种差异的原因不只是我们有较好营养、较佳医疗保健和较少受到风吹日晒，还因为一个整体的生物文化转化业已把一大部分人类变成了一个"年轻"物种——外观上年轻、行为上年轻、心智上年轻、生活方式上年轻，以及（这是最重要的）欲望上年轻。"① 并且社会在随历史车轮前行之时，社会文化正在被电影、电视与计算机等占据着思考空间，历史的纵深与密度也被同时掏空，人们正在被前所未有的年轻世界所接管，因此这个社会的历史与文化的年纪越来越呈现出两极发展之势。

部分学者将"年轻化"审美引向后现代社会以及消费意识形态视域，身体成为"年轻化"审美实践的载体，并被其视作问题的研究对象，例如美国学者迈克·费瑟斯通（Mike Featherstone）在《消费文化中的身体》一文中提到媒体对年轻身体的利用，"我们的时代是一个痴迷青春、健康和肉体之美的时代。电视、电影、占主导地位的可视媒体制造出大量坚持不懈地昭告人们要铭记在心，优雅自然的身体和美丽四射的面庞上露出的带酒窝的微笑是开启幸福，甚至是开启幸福实质的钥匙。"② 让·鲍德里亚在《消费社会》中也提及年轻的身体。他从消费主义的视角出发，认为当今的身体遵循着一种新型的商品消费逻辑，背后隐藏的是社会的消费意识形态。"把本属于女性的提供给女性消费，把本属于青年的提供给青年消费……"两位学者同时肯定了大众文化及其媒体在年轻身体中的渲染作

① 罗伯特·波格·哈里森. 我们为何膜拜青春：年龄的文化史［M］. 梁永安，译. 上海：三联书店，2018：4.
② 迈克·费瑟斯通. 消费文化中的身体［M］//汪民安，陈永国. 后身体：文化、权力和生命政治学. 长春：吉林人民出版社，2011：331.

用，身体在消费的格局下被迫与灵魂割席，它被赋予美丽与年轻的意义，继而在广告、时尚与大众文化的包裹下成为最闪耀的物品。他们的论述为研究中国"年轻化"审美问题拓展了国际化视野，并提供了一定程度的理论支撑。

在上述梳理中能够发现，对当代传媒语境中"年轻化"问题的总体研究的成果数量较少，对命题缺少研究系统性，同时未曾看到有将"年轻化"审美正式作为主要问题所进行的深入研究。由此可以判断，中国学术界对"年轻化"审美的生产研究仍处在浅表层面，而且往往将行业研究与学术研究混杂在一起，学术定位不够纯正。具体来说：第一，对"年轻化"的研究大都聚焦于以此作为扩大受众影响的策略以及节目运作的制作逻辑，并未将其放置社会文化层面探究其意义本质。在此研究基础上，"年轻化"和"年轻态"理所当然地成为制作机构及传媒从业人员从文本生产角度所做出的努力，故而"年轻化"问题在大多数研究中被赋予了绝对积极的传媒价值导向，未能看到由"年轻化"现象的进一步泛滥而出现在大众传媒领域甚至整个社会文化层面的消极影响。第二，从系统化角度对"年轻化"文本表征探索仍不足，大多数研究成果停留在个案研究，多数体现在以某剧集或某综艺节目的具体文本上，尤其是对"年轻化"审美的概念还未形成规模性的学术讨论。故而，以《大众传媒文本中"年轻化"审美的生产系统研究》立论，可开拓的研究层次更多、纵深更广，探讨空间充足。

（二）研究思路

本书主要从以电视艺术与网络文艺作品为主导的大众传媒文本出发，将马克思艺术生产理论作为重要的理论框架，对当代"年轻化"审美的文本生产现状作辩证性思考，并围绕"年轻化"审美这一核心概念，以四个问题意识为发端，引入对命题的研究和分析。

一是何为"年轻化"审美?"年轻化"审美在大众传媒语境中的内涵与本质又是什么,并体现出怎样的时代特征?

二是此类文本在生产过程中如何实现受众的普遍认同和交流,并如何进入"年轻化"审美的再生产环节?

三是随着"年轻化"审美的进一步泛化,将会产生怎样的文化后果?

四是透过对"年轻化"审美的框架搭建,是否能够尝试找到一条针对当代大众传媒审美文化的认识论进路和一条针对当代视听艺术批评的方法论进路?

针对这一系列问题,本书将按照"厚重描述"与"理论阐释"相结合的研究方法,试图从文艺批评出发,兼顾对"年轻化"审美的理论构建,在对"年轻化"审美予以本体论分析的同时,将其带入更为广阔的社会文化视野进行阐释和揭示,这也是本书的创新点。"年轻化"审美是一个社会文化领域的文化研究命题,本书意在透过审美文本的生产表征、运作逻辑、内在动力等层面,对"年轻化"审美的生产机制、话语权力以及再生产过程予以阐释,始终将政治与经济、社会与文化融合作为本书的逻辑指引,按照系统学的理论进行问题研究。

1. 重视理论内涵的系统性继承

用马克思主义艺术生产理论解析中国当代大众传媒文本中的"年轻化"审美问题,既遵循了传统经典理论阐释的规律,又呈现出新的规律与特征,这体现在新的"年轻化"审美趋势、审美风格以及审美潮流中。为此,深刻理解马克思关于艺术生产理论本身的系统性内涵以及挖掘后继学者对艺术生产理论的继承与吸收,都对本书的形成具有现实的理论价值和实践意义。辩证地梳理与看待艺术生产理论的思想内核,重视其理论的动态发展过程,是本书需要深入研究的首要论题。

2. 聚焦研究思路的系统性发散

从宏观视角来看,"年轻化"审美属于社会上层建筑,具有审美意识形态的本质特性，普遍而广泛地隐藏在社会集体意识中。"年轻化"审美作为特殊历史时期所产生的审美趋向，随着社会现代化与都市化进程日益受到人们关注。这是一个颇具现代性指向的学术命题，它的产生得益于互联网技术、资本运作、社会文化转型的形塑。从微观视角来看，"年轻化"审美作为一种文本生产实践，随着传媒经济的发展和市场体制的转变，"年轻化"审美进入了文本批量化生产的阶段，并由此进入生产、消费、再生产的循环系统。

鉴于此，本书结合艺术生产理论，从不同维度去探讨当代中国"年轻化"审美的生产问题。从艺术审美生产维度探索"年轻化"审美的时代性特点，并从风格与流行趋势的角度，思考"年轻化"审美为大众传媒文本生产所制定的秩序与标准；从文化审美生产维度审视"年轻化"审美的消费属性，尤其是在视觉文化的背景下，审视其作为一种非物质形态的视觉符号；从政治审美生产维度理解"年轻化"审美的形成过程，特别是在精英文化式微的环境下，小众文化被不断挖掘、主导文化和大众文化相互制约的文化格局中思考文化权力的运作逻辑。

3. 关注研究视野的系统性开拓

本书主要聚焦中国当前的历史语境，以审美文化认同为核心问题，对传媒审美文本呈现中的"年轻化"审美追求展开分析与阐释。然而，在全球化的大背景下，对中国本土的审美探索也需要一个更加广阔的视角，注重全球性与地域性审美的交流和对话显得尤为重要。因此，在全球化语境下分析"年轻化"审美生产也是本书格外关注的问题。

（三）研究方法

本书采用多种研究方法，在众多大众传媒文本中选取一定量的代表性文本，紧贴当前的社会背景和文化语境进行定性研究。

1. 文献研究法

本书针对自己的研究命题收集并整理一手和二手文献材料，这不仅包括公开发表的学术期刊、以专著形式出版的书籍以及学术会议和学位论文，也包括由官方机构、权威组织定期汇编的行业年鉴和研究报告，还包括新媒体平台公开发布的统计数据和白皮书等。通过文献资料间的相互验证力求文献效度，在此基础上不断验证并完善数据，以确保本研究的可信度。为更加准确掌握受众行为，本书还将文献收集的视角聚焦网络民族志，借助微博评论、直播评论、弹幕、自媒体短视频等互联网新形式，观察并记录用户反馈，体察文化参与者的文化实践，并以此为探索路径寻找不同主体对"年轻化"审美的对话和理解。

2. 文本分析法

本书采用文本分析法，对众多大众传媒文本进行详细研读，在此基础上理解"年轻化"审美的文本内容，利用符号学分析、精神分析、话语分析等文本分析方法不断挖掘文本的潜在意义。另外，本书有针对性地结合个案分析深入命题，兼顾问题的普遍性和特殊性探究。

3. 跨学科研究法

本书以唯物史观为思想指引，从美学、艺术学、传播学、媒介学等多学科交叉的跨学科研究视角，为命题提供多重学理性的探索视角，并从不同研究领域开拓思辨的空间。

第一章

大众传媒文本中"年轻化"审美
的生产与表征

"年轻化"审美是当代大众传媒艺术生产实践的表征趋向，通过不同的审美文本对"年轻化"审美生产给予解释，才能使它从一种文本的艺术表达逐渐演变为一套社会共享的审美价值体系。表征作为文化循环中的关键要素，它同文化的生产和消费关系密切，与自我认同的实现以及社会行为规范互为因果。正如斯图亚特·霍尔（Stuart Hall）所说："正是通过我们对事物的使用，通过我们就他们所说、所想和所感受的，即通过我们表征它们的方法，我们才给予它们一个意义。在某种程度上，我们凭我们带给它们的解释框架给各种人、物及事以意义。在某种程度上，我们通过使用事物，或把它们整合到我们的日常实践中去的方法给事物以意义。"① 本章将聚焦"年轻化"审美的文本表征，在多重文化意指实践系统中探析"年轻化"审美典型的表征特点。

第一节　"年轻化"形象的文本生产

艺术形象的"年轻化"塑造，是近几年电视艺术与网络文艺生产中较为突出的文本编码特征。从不同的维度实现对艺术形象的"年轻化"塑

---

① 斯图尔特·霍尔. 表征——文化表征与意指实践 ［M］. 徐亮，陆兴华，译. 北京：商务印书馆，2013：4.

造，既是传媒语境中视觉符号信息的传递过程，也是"年轻化"审美意识形态被植入文本的过程。

一、"萌"形象的童稚化塑造症候

2019年，一部叠加了甜宠与励志元素的网络言情剧《亲爱的，热爱的》在互联网视频平台播出，成为当年的现象级剧集。《亲爱的，热爱的》讲述了电竞俱乐部教练与女研究生意外邂逅并相爱的故事。女主角名叫佟年，取"童年"的谐音，是一位读少年班的研究生，从这个人物形象的身上让人看到了"萌文化"的影子。佟年在剧中的出场往往是用宽大卫衣隐藏女性的凹凸身材，带有立体猫耳朵的裹耳式耳机成为她的头饰。害羞时用手捂住涨红的脸、惊讶时张大的嘴巴，以及一紧张就有些结巴的语言都很容易让受众感受到人物形象的可爱特征。该剧仅上映19天便拿下双台破1的成就，热度高居各排行榜的首位，并将第二名远甩身后。

"萌"作为一种亚文化形态，最早起源于日本的御宅族的二次元文化。随着日本动漫产业的发展，"萌"指代御宅族在二次元世界创造出的可爱之物。20世纪50年代左右，"萌文化"借由互联网以及社交媒体传入中国，"萌文化"的实践主体主要是青少年女性，通过外部衣饰与粉嫩的装扮使自己尽显得单纯、幼稚、娇嫩。当代"萌文化"随着网络全球化的发展在中国本土快速渗透，"萌"在中国成为一种新的"少女感""少男感"的深层所指。萌化的视觉形象迎合了当代受众的审美趣味。曾经以双眼皮、高鼻梁、尖下巴、白皙的皮肤、天鹅颈、流水肩、A4腰、蜜桃臀等作为女性形象塑造核心的视觉实践已经改变，取而代之的是一种可爱的，能够激发异性甚至是同性保护欲的可爱形象。因此脱胎于"萌文化"的"萌"特征成为当前阶段艺术形象塑造较为突出的视觉趋向。

（一）示"萌"：艺术作品中的萌系主角

郭沛沛以社会学的研究方法总结出面部"萌"表情的具体呈现方式，

如欣喜、惊讶、委屈、悲伤、害羞等。

表 1.1 "萌"的表情及其呈现方式①

表　情	呈现方式
欣　喜	微笑是其主要特征：瞪大眼睛、嘴角上扬，或者眯着眼睛、抬起下巴，同时嘴角泛起微笑，再用经典的"剪刀手""比心"等动作半遮住眼睛或面颊；或双手托腮、直瞪镜头，同时选择"嘟嘟嘴"的动作
惊　讶	"既惊又喜"的机灵形象：瞪大眼睛、张大嘴巴或是用手捂嘴，同时眼珠左右晃动
委　屈	双眼微垂、眉头微锁、嘴唇微翘、鼻头微拧，同时吸气让脸颊形成"气鼓鼓"的样子
悲　伤	在"委屈"的基础上，抽搐鼻子、抖动肩膀，或用手揉眼睛、假装擦眼泪等
害　羞	紧闭双眼或目光低垂，抿嘴或轻咬嘴唇，耸肩歪头、微笑、脸红等

　　从文本塑造的形象来看，以"萌"为突出特征的人物形象并不聚焦于青春期女性的性特征，而是借助服装道具、面部表情、肢体动作极力展现儿童化的未发育状态。甜宠剧②作为传统言情剧的细分类型，是网络时代才出现的题材，发展至 2020 年，甜宠剧已经从野蛮生长走向精品化制作阶段，成为纯网剧的一种独立类型。与悲剧式的虐恋不同，甜宠剧以高甜度的爱情叙事为底色，都市爱情类、古装言情类、青春校园类都是甜宠剧较为青睐的文本题材。根据骨朵数据统计，2017 年 1 月至 2021 年 6 月共有

---

① 郭沛沛，杨石华."萌"的表现性实践：社交媒体中 90 后女性青年的身体表演和媒介使用［J］. 中国青年研究，2020（7）：87-95.
② 截至目前，学界未曾对"甜宠剧"这一概念有清晰界定，根据骨朵网络影视在《甜宠网剧报告》中给出的定义，"甜宠剧"是以男女主角的爱情为主要看点，以颜值为第一生产力，剧中含有大量甜蜜爱情情节，故事结局走向为欢欢喜喜大团圆的一类剧集。

多达 256 部甜宠剧在互联网平台上线。① 在骨朵热度排行榜中,甜宠剧与悬疑剧成为 2020 年度表现最佳的类型。经过短短数年的市场打磨,甜宠剧从故事内核、人物塑造到目标受众的审美贴合以及互联网市场营销均脱离了言情剧的发展模式而"自成一派"。其中,以"萌"示人的主角塑造成为甜宠剧较为明显的创作特征。

表 1.2　部分热播剧中具有"萌"特征的女主角形象

剧　名	外形特征	性格特征	习惯表情动作
何以笙箫默 (赵默笙)	马尾辫、宽松纯色裙装	善解人意、执着、善良	瞪圆眼睛、嘟嘴巴
杉杉来了 (薛杉杉)	丸子头、粗眉毛	热情开朗、倔强善良、积极向上	瞪圆眼睛、张大嘴巴
亲爱的,热爱的 (佟年)	齐耳短发、宽松纯色连衣裙	活泼主动、善良、积极	双手捂脸、嘟嘴微笑
你是我的荣耀 (乔晶晶)	黑色长发、宽大的毛衣、长裙	积极向上、善良、顽皮	委屈嘟嘴、瞪圆眼睛

上述表格梳理了部分现实题材甜宠剧中的女主角形象,"萌"特征首先透过人物形象的外形特征予以刻画及表达。可爱的打扮取代身材性感成为她们的共性特征,宽大不显身材的服装、黑色长发、齐刘海、圆眼睛,配合丰富的面部表情,如表示开心时露齿微笑,表示委屈时嘟起嘴巴、习惯性皱眉,表示惊讶时瞪圆眼睛等。另外使用指示性的肢体动作,如习惯性托腮、抚摸头发等。这些是构成人物形象引起"萌"态的"萌"元素。《你是我的荣耀》自 2021 年暑假开播起便刷新了腾讯视频近两年的各项收视纪录。女主角乔晶晶是娱乐圈的当红明星,但相比起美丽与性感,剧中更多地突出了乔晶晶憨态可掬的可爱一面。宽大的毛衣搭配拖地长裙强化

---

① 骨朵编辑部. 甜宠剧"数据史记":"小美好""宠妃""女熠人"后,未来在哪?[EB/OL]. 骨朵微信公众号,2021-07-14.

了人物纯净又略带顽皮的形象。她时常在思考问题时用双手托腮，表示疑惑时则皱紧眉头，一系列面部表情都是在配合人物外貌表现出稚童般的"萌"模样。

"萌"的人物形象逻辑还鲜明地出现在古装甜宠剧中。自2015年仙侠题材古装剧《花千骨》热播以来，女主角花千骨可爱的古装少女造型被古装甜宠剧延续下来。随着女性受众的占比大幅度提升，在女性精神独立的受众诉求下，古装甜宠剧的女主角除了具有"萌"系外表外，其内在性格也成为创作要求的焦点，以开朗活泼、自由不羁、古灵精怪为主的多种"萌"形象迅速受到互联网用户的追捧，见表1.3。

表1.3　部分古装甜宠剧中的"萌"系女主角形象

剧　名	女主角名	形象设置
花千骨 （2014）	花千骨	身份设定：后蜀少女 性格特征：活泼可爱、聪明伶俐
少主且慢行 （2020）	田三七	身份设定：年轻女仵作 性格特征：天赋异禀、机智过人
传闻中的陈芊芊 （2020）	陈芊芊	身份设定：花垣城三郡主 性格特征：刁蛮任性、个性独立
玲　珑 （2020）	玲珑	身份设定：宿川少女 性格特征：疾恶如仇、正义独立
师爷请自重 （2020）	谭铃音	身份设定：古代富家女 性格特征：古灵精怪、天真烂漫

然而随着"萌"系女主形象的火速流行，女性形象在外貌以及性格呈现出的同质化趋向更加明显。天真烂漫、迷糊可爱、调皮捣蛋、古灵精怪成为这些女主角的共性特征，而中分披肩发型与倔强神情成为这些年轻女主角的形式化标配，似乎只有这样的人物配置才能符合长久以来观众对年轻少女形象塑造的审美偏好。将这些作为主要收视目标的女性受众有时也将"萌"特征投射在男性形象的塑造中，见表1.4。

表 1.4 部分热播剧中的"萌"系男主角形象

剧 名	男主角名	人物设置
大约是爱 (2018)	卫卿	身份设定：患有对人"亲密恐惧症"的霸道总裁 性格特征：死缠烂打、笨拙倔强
不负时光 (2019)	周子墨	身份设定：昙花一现便跌入谷底的文坛新秀 性格设定：为人谦逊、待人真诚
我的莫格利男孩 (2019)	莫格利	身份设定：在森林里与动物一起长大的"狼孩" 性格设定：正义有爱心、真诚温暖
变成你的那一天 (2021)	江熠	身份设定：在闪电中与女主灵魂互换的男偶像 性格特征：古板宅男、呆萌

通过上述表格的罗列发现，当前电视剧以及网络剧对年轻男性形象的设定也在不断地萌系化。作为"萌"系男主角，他们通常具有当下正流行的"暖男"的气质，心胸宽广、善解人意，或身世离奇，或遭遇悲惨，引起观众的怜悯与疼爱，这符合当代女性对理想情侣的期待。自 2001 年韩国电影《我的野蛮女友》在中国热映后，女强男弱的情侣模式逐渐被国人接受。在近几年的传媒剧集市场，尤其是网络剧市场，女强男弱的人物模式逐渐取代曾一度流行的强男配弱女的情侣搭配模式，女强男弱的叙事模式迎合了当代社会的女性主义思潮，在社会地位以及情感依附关系上为现代女性树立了自信，从而构成了女性形象的叙事主题。《大约是爱》中的男主角卫卿帅气、年轻又多金，但他却身患"亲密恐惧症"，无法与人接近，唯一能令他免疫的人是女主角周是，于是他便对周是死缠烂打，渴望自己的怪病能够被治愈。《不负时光》讲述了大学毕业生李校，梦想着未来能够成为一名时尚编辑，但她的职场路却屡屡受挫，一位名叫周子墨的年轻人出现在她身边，周子墨在李校的面前是一个"小奶狗"般的存在，面对李校的强势，展现出一副又怂又怕的萌态。《我的莫格利男孩》中的男主角莫格利是在森林里长大的狼孩，一次意外中他被带到城市，现代社会令

他陷入生活与工作的困境。在创业女青年凌熙的帮助下，莫格利最终通过学习实现了自身的现代化改造。在《变成你的那一天》中，当红男偶像江熠与女记者余声声在一次意外中被互换了身体，二人展开了一段灵魂错位之旅，因此能看到的是一个"女性化"的男主与一个"男性化"的女主的故事。不难发现，这些男性均以浓眉大眼、刘海锅盖头的形象出现，这样的"萌"态装扮不具有男性一贯的攻击性，表达可爱的肢体动作也不会造成观众的反感。在女强男弱的配置中，男性通过在剧中对女性撒娇、从动作的笨拙透露出可爱等方式，以符合正在流行的"妈妈粉""女友粉""姐姐粉"对年轻男性形象的审美偏好。

英国学者哈里森认为，在文化的介入下有一种被命名为"幼态持续"的生物性改变普遍存在于现代社会中，生物学的解释为"胎儿或幼儿阶段的生物特征延续至成年阶段，以缓慢的发育速率予以体现。"① 这种现象被心理学称作"成人儿童化"（kidult）。"kidult"一词由英文单词"kid"与"adult"组合而成，它最早包含两层意思：假装成熟的孩子以及孩童化的成年人。随着词语的发展，它愈发指代后面一层意思，即拥有成年人生理特征的群体在行为以及价值观上仍保持着儿童的特性。这种现象的出现与现代媒介技术的日臻完善不无关系，"儿童"概念的形成与近代教育制度的确立具有伴随性，在此之前，儿童与成人并无明显界限。② 电视媒介的出现打破了由印刷媒介所造就的文化等级秩序，儿童得以与成人共享媒介信息，致使存在于儿童与成人之间的文化分野被弥合，成人的"秘密"被搬上前台，尼尔·波兹曼（Neil Postman）也因此痛斥"童年"在电视时代的消逝。随着技术的进步，以互联网主导的现代媒介令人的社会角色从原先的物理空间中"脱域"，儿童与成人间的界限被进一步打破，成人儿

---

① 罗伯特·波格·哈里森. 我们为何膜拜青春：年龄的文化史［M］. 梁永安，译. 上海：三联书店，2018：24.
② 侯莉敏. 童年的"消逝"与大众媒介对儿童生活的影响［J］. 广西师范大学学报（哲学社会科学版），2007（1）：101-104.

童化呈泛滥趋势。"kidult"现象是对传统"青年"意义的解构，表现了当今社会青年群体在面临社会角色转换时成人阶段的惶恐与焦虑情绪，因此借由"kidult"表达他们对童年环境的缅怀与依赖。审美文本的制作者捕捉到了许多受众这种渴望回归童年的心理倾向，以"萌"形象的童稚化表演启动年轻群体的自我补偿机制，市场也利用"萌"系主角完成造星效应。这些扮演"萌系"主角的演员们在作品播出期间频频登上微博热搜，自身热度在各自媒体排行榜中一路走高。

（二）卖"萌"：综艺节目中的"萌"人设①

"萌"系形象也经常出现真人秀综艺中。《乘风破浪的姐姐》是芒果TV一档女性向的网络综艺节目。明星张雨绮、那英经常被网友形容为"呆萌"。她们的"萌"感来自于舞台形象与真实人物形象的反差，通过她们之前影视作品以及综艺前文本反映出来的人物印象都是具有女强人气质的、略带攻击性的，但《乘风破浪的姐姐》借助真人秀的纪实功能，让这些女性的"后台"形象浮现在"前台"。演员张雨绮或在舞台上因紧张而出现同手同脚的舞蹈表演，或在台下经常露出耿直、真性情的率直性格，都让观众直呼可爱。歌手那英在台下训练以及采访时"傻大姐"的懵懂性格与她在平行节目中的精英导师形象极具反差，但反应迟钝的状态反而能戳中观众的"萌"点。可见，伴随女性形象发展的"萌"文化并不全然以男性视角作为角色诠释的中心，而是在女性观众的长期规训下完成了对人物的"萌"态形塑。

但随着真人秀综艺创作模式逐渐成熟，"萌"形象愈发呈现出"人设"的气息。所谓"人设"是在特殊情境下的角色扮演，人设为"萌"形象预留了文本表演的空间。欧文·戈夫曼用"表演"来形容人们的社会生活，

---

① 人设，是人物设定的简称。其概念最早可追溯至动漫与游戏里为人物设定的形象特征，后来用"人设"一词指专门为明星设置的个性化、标签化特征。

所谓"表演"是指:"特定的参与者在特定的场合,以任何方式影响其他参与者的所有活动。"① 在大多数综艺节目中,人们可以利用衣着服饰、身材和外貌、面部表情、言谈举止等"萌"符号完成表演意义的传递,但在男性团综选秀节目《追光吧哥哥》中,包括印小天、杜淳在内的多位男明星却被网友以"卖萌"来定义其行为。他们在节目中表现出的滑稽的动作与严肃认真的面部表情形成的效果反差,例如有多年的民族舞蹈功底的演员印小天,在舞台上时常将蒙古舞的板正舞感带到现代舞的表演中,令他的动作与其他人相比显得格格不入。另外,他面对摄影机过于耿直的表现方式,被网友用"铁憨憨"来形容。与他有类似行为的演员杜淳,在表演时,其面部表情十分专注与认真,但身体却僵硬地如机械一般,这种以反应迟钝为特征的形象同样成为"萌"的一种表现。学者吴明认为"萌"与"可爱"不同,它还具有"无意识"和"敞开性",这意味着"卖萌"者能够意识到自己行为,却还要维持其表演的无意识假象。② 久而久之,"卖萌"的形象与这些男明星成为捆绑关系,后者能够通过前者获得热度与话题度。

(三)以"萌"为外显特征的"年轻化"审美观念

从"萌"物到"示萌"的角色再到"卖萌"的明星,"萌"文化从曾经小众的圈层行为逐渐下沉进入人们的日常生活。在社交媒体中上传一张经过可爱边框与贴纸点缀的照片、制作一组在微信中传播的"萌"态表情包、在抖音软件里收看一段经过特效处理的"卖萌"视频等,都是"萌"文化的体现。"萌"文化的内在逻辑是对社会现代性的有意消解,社会主体借助审美文本中的"萌"形象展开自我幻想。大家都想回到无拘无束、

---

① 欧文·戈夫曼. 日常生活中的自我呈现 [M]. 冯钢,译. 北京:北京大学出版社,2008:20.

② 吴明. 萌:当代视觉文化中的柔性政治 [J]. 文艺理论研究,2015,(3):61-68.

天真烂漫、充满安全感的孩童时期，导致成年人的生物年龄与心理年龄出现错位，产生幼童化倾向。由此可见，"萌"形象承担着向受众传递审美观念的认识论职能，其中就包括了受众"年轻化"的审美价值。"卖萌"的表演不仅要在角色人物的包裹之下，日常生活中也需要如此表演，以实现"年轻化"审美价值对社会受众的编码。越来越多的真人秀节目不再仅限于记录表演者的台前生活，而是以多机位无死角的方式，尽可能地展现他们的私人生活，以满足观众猎奇的心理需求。一旦艺术与生活间的界限被打破，"卖萌"的表演便从前台延伸至后台，在长期的表演中演变为对"年轻化"的无意识表达。戈夫曼曾引用文化学者库利的观点："如果我们从未试过更好地表现我们自己，我们怎么能改善自己或是'由表及里地培养自己'呢？向世界展示我们自己更好的或理想的一面的那种普遍冲动，在各种职业和阶层中都有着井然有序的表现形式，各种职业和阶层各自都存在着某种程度的虚饰或伪装，虽然大多数情况下其成员对此并无意识，但是它们却具有某种阴谋策划的效果，使世人对此信以为真。"①

包括"卖萌"在内的"年轻化"表演具有自我景观化的趋势。明星们通过综艺节目对各自形象的塑造是对表演主体的自身形象塑造。当越来越多的明星被推上综艺前台，他们只能无休无止地"卖萌"。从某种程度来说，卖萌背后是一种对年龄的焦虑，保持皮肤的光滑紧致、身材的纤瘦匀称的"年轻态"成为明星们的职业素质和精神，但同时也逐渐成为社会的审美观念以及文本对人物形象的生产标准。

二、"无性别"形象的泛滥趋势

对性别的解构甚至消解是当今大众传媒中对"年轻化"审美的又一生产表征，这在年轻女性受众中格外受用，她们作为文本生产的主要消费力

---

① 欧文·戈夫曼. 日常生活中的自我呈现 [M]. 冯钢，译. 北京：北京大学出版社，2008：29.

量，"无性别"形象大多是以她们为隐含受众而进行的文本生产，迎合着她们颠覆传统父权制凝视的视觉消费欲望，"无性别"形象突出了当代年轻人追求个性的审美视角。

（一）性别跨越："跨性别"形象的身份重构

2021 年末由腾讯视频自制的古装剧《斛珠夫人》在腾讯视频播放平台独家上线。在首播的 24 小时内，该剧在腾讯视频的播放量就达到 2.3 亿，上映当月就以 82.56 的热度值在骨朵数据热度指数榜中排名第一，也是该榜 11 月唯一一部热度破 80 的网络剧。根据灯塔数据显示，截至 12 月 6 日，《斛珠夫人》在腾讯视频的播放量破 30 亿，累积正片播放指数为 404959。微博话题"斛珠夫人"的阅读数达 20.6 亿次，讨论次数达 107.4 万。[①] 网络剧《斛珠夫人》的高播放量与高话题度奠定了其现象级网络剧的地位。《斛珠夫人》讲述了渔家女叶海市在一次危难中受到方诸的救助并拜其为师，从此改名"方海市"，以男孩的身份战沙场、入朝堂，并与方诸共谱爱情篇章的故事。方（叶）海市作为《斛珠夫人》的绝对女主角，她在剧中 3/4 的戏份是身着男装完成的。师父方诸在救下海市时对她说："若你选择做女孩，除了安逸什么都没有，若你选择做男孩，除了安逸什么都有。"这注定了选择今后做男孩的海市要将自己的命运与国运捆绑，担负安国兴邦、兼济苍生的使命。剧中大量戏份展现了海市骑战马、戍边关、斩诸侯，即使最后要换下男装重获女性身份，也是为了国家最后的存亡不得已而为之。叶海市是她的真实性别，但她却一直以男性的身份活着，这是方诸为她建构的性别。她的自我价值在不同性别的切换中实现，受众透过对方海市的投射，获得了更多自我表达的空间。一部以女性视角定义当下审美趣味与价值倾向的"大女主"网络剧文本，顺应了"谁说女子不如男"的女性主义思潮，这在一定程度上丰富了当代社会的性别

---

① 数据来自灯塔数据专业版 App，数据提取时间为 2021 年 12 月 6 日下午 5 时左右。

文化内涵。

然而，还是有不少细心的观众发现方海市的人物形象依旧被贴上了明显的女性标签，比如她浓密纤长的睫毛、白皙修长的手指、瘦弱的身躯等。纵使她身着铠甲，但在其他男性中间仍然尽显娇小。这说明网络剧文本在创作之时便是本着为女性受众塑造女性形象的原则来打造方海市的男性装扮，这与网络剧的大众文化属性以及当前网络剧市场的消费文化语境息息相关。在网络剧中，这种"跨性别"的人物设定也不过是投年轻女性所好的内容创新形式，包含这种女性形象的文本也总能在电视剧以及网络剧市场掀起收视热潮，如《有翡》《楚乔传》《将军在上》等。

表 1.5 部分网络剧中的"跨性别"女主角形象

序 号	剧名及年份	女主角名
1	将军在上（2017）	叶 昭
2	楚乔传（2017）	楚乔传
3	有 翡（2020）	周 翡
4	斛珠夫人（2021）	叶海市（方海市）

（二）性别消解："无性别"形象的个性风格

在传统的性别视域下，男性与女性分别对应着"刚强"和"阴柔"两种不同的性别气质，二元化的性别分类形成社会传统的性别结构，因此"刚强"和"阴柔"具有特殊时代的象征意义。最初的两性观认识与青春期的性发育伴随发生，对"我是谁"的身份认知问题是导致性别二元论形成的根源。"无性别"的性别文化对传统的性别观念起到颠覆作用。2005年暑假第二季音乐选秀综艺节目《超级女声》总决赛落下帷幕，李宇春以3528308 票夺得年度总冠军。社会学家李银河认为这个具有中性化特征的选手是"最具男子气的女生"，她认为这种性别现象"减轻了人为建构的性别标准对男性和女性的压迫,从而减轻了男人味和女人味'展现'性别而面临的压力。"① 此后,"无性别"形象作为一种中性风格逐渐进入观众的视野,周笔畅、刘力扬、尚雯婕等初代偶像成为粉丝追捧的对象。2016年是偶像养成综艺元年,短短数年内,数十档偶像养成综艺节目在网络平台"争奇斗艳"。李宇春式的"无性别"的形象广泛而普遍地出现在各网络选秀综艺中。不仅出现了刘雨昕、李斯丹妮、陆柯燃等具有男性气质的女偶像,也出现了一些具有女性气质的男偶像,中性偶像成为一种风格,成为"无性别"形象的能指。

这种中性风格早在1980年西方时装界便已出现,当时朋克族兴起的"雌雄同体"流行风格就是一种"无性别"意识。"朋克族的'雌雄同体'从不咄咄逼人,富有进攻性,相反倒是十分纤巧、微妙,富于'艺术气息'。"② 默克罗比(Angela McRobbie)曾以帕蒂·史密斯的电影为研究文本,考察19世纪末期年轻女性的着装风格。

"帕蒂·史密斯让年青女性开始追求宽松肥大的衣服,而《安妮·霍尔》则是人们意识到男装的女性潜能。这部电影调和了衬衫领带和轻软下垂的女帽,使那些不那么熟悉旧货市场的人们开始对这种'自己动手'创造出来的服装风格萌发了兴趣。突然之间,街市和旧衣店里多年不曾有人问津的男装变得热门起来,从棉布睡衣、衬衫、夹克、晚礼服、燕尾服、大衣、风衣直到长裤,甚至那种闪光的黑色晚礼服和皮鞋。男装外套用倒金字塔式线条代替了(20世纪)70年代早期的紧身装,从夸张的垫肩逐渐收缩,造成劲瘦的效果。时装分析者认为这种效果很'解放',因为它掩盖了不同身材的差异,对各种人都合适。……这些男装从来没有真的让

---

① 余虹. 审美文化导论 [M]. 北京:高等教育出版社,2006:296.
② 安吉拉·默克罗比. 后现代与大众文化 [M]. 田晓菲,译. 北京:中央编译局出版社,2001:177.

女性变得性别模糊，相反，这其中有一种更微妙的美学。宽松的大衣把男性框架加在了一个依然女性化的形体上，而为了达成女性温柔动人的效果，着装者还特别加上很多装饰，像胸针、贝雷帽、鲜艳的口红等。女性在穿男人衬衫时也做了同样的事情：男衬衣很肥大松垮，符合70年代女性主义者对时装的要求，而这样的衬衣往往被紧紧地扎在一条粗厚的腰带里，造成一种沙漏的形状，从而给女性时装增添了新造型；这些男衬衣的袖子对女子来说太夸大，肩线往往滑落到女子半臂处，结果形成了'蝙蝠袖'，被成衣商们看中，随之批量生产制造和贩卖。"①

"雌雄同体"在朋克文化中是一种亚文化存在，但正因为主流时装的批量生产与贩卖才使它得以被更多的顾客看到并迅速流行起来。如此一来，"雌雄同体"就从一种亚文化形态退回为大众文化的一种风格。如果说曾经以突出性表达为主题的消费文化观念作为一种普遍的社会无意识，促成了以女性身体为载体的性感化审美呈现的话，那么现在"无性别"形象作为当今消费文化语境下的文化资本，创造并书写了年轻个性、表达自我风格的新的审美趋向。能够流动的性别让女性身体表现出男性化特征，也让男性身体表现出女性化特征，这些中性风格的偶像们便显得格外标新立异。混合性别的偶像是一种起源于日韩的造星模式，发挥整合审美异质性的作用，快速填平粉丝间的审美差异。

第二节 "年轻化"语言的圈层建构

如今日益网络化的媒介环境，突出了"年轻化"审美的圈层建构特

---

① 安吉拉·默克罗比. 后现代与大众文化 [M]. 田晓菲，译. 北京：中央编译局出版社，2001：178.

点。所谓"圈层",是指人们在相对稳定的社交范围内实现信息的选择与接受,形成同一的价值体系及审美偏好,在圈层内外形成鲜明的自我标识。被资本逻辑裹挟并掺杂着技术因素的大众传媒审美文本,正在形成以互联网年轻群体为主体结构的流行圈层文化,以他们的价值诉求、交往方式以及兴趣偏好,构成了趋于稳定的圈层化审美价值体系,并在审美文本的内容与形式上呈现出新的"年轻化"特征,在文化反哺的流动中影响社会主流价值观的形成与塑造。文本语言是传媒市场建构圈层文化重要的元素及途径,本节将以不同审美文本的语言塑造为切口,以"年轻化"的叙事语言为分析路径,探究大众传媒产业对圈层文化的建构。

一、身体语言主导的文化意指系统

以身体为物质承载的符号在社会文化与群体交往中承担着重要的意义传达职能,身体语言的表征系统既是社会行为,也是审美实践,但复杂的权力关系始终伴随其中。以下内容将聚焦身体语言的"年轻化"表达,以此突破身体在审美实践中的展现张力。

(一)肢体语言的僭用:青年群体的身体狂欢

随着才艺竞技类综艺节目的发展,其自身经历了一系列类型延续与变体,例如从以传统歌舞形式出现的《舞林大会》《舞动奇迹》《中国好声音》《我是歌手》到近几年以街舞与嘻哈音乐引领的《这!就是街舞》《热血街舞团》《中国有嘻哈》《中国新说唱》,从以舞伴歌的个人选秀综艺《超级女声》《快乐男声》《我型我秀》到由歌伴舞的偶像养成综艺《创造营》《青春有你》《少年团》。由身体语言构成的文本表意系统越发成为综艺节目推陈出新的方式,语言的身体化随之成为大众传媒语境中的主流审美倾向。包括舞蹈动作、手势姿态、面部表情在内的身体表意符号共同形成了当代青年对理想身体的一套评判机制,这种理想的身体遂成为

"年轻化"审美观念的深层能指。

《青春有你》与《创造营》是爱奇艺与腾讯在 2019 年先后推出的两档偶像类养成节目,在取得不俗收视率后于 2020 年伊始相继推出迭代节目。两档节目先后将"不被定义,无惧改变"和"敢,我有光芒万丈"作为其节目的营销口号,通过新自由主义思潮对青年群体的精神引领,令其产生价值的导向作用。在节目中,这种自由主义的价值体现通过人对肢体强有力的控制,以此突出人的自由意志。例如,在《青春有你》的一个游戏环节中,节目组织练习生们对主题曲进行舞蹈比拼,从不同阵营挑选出的练习生选手需随音乐的倍速播放不停歇地舞蹈,能动作无误地坚持到最后即为胜利。赌上荣誉的六位选手格外卖力,在正常的歌舞速度下大家动作整齐而有力。在看台上观战的训练生们连连发出"年轻就是不一样"的感叹,也有人认为这个游戏应该叫"熬鹰",言外之意是说这个游戏是在比谁能熬过谁。当音乐加快速度后,有选手因肢体动作出现错误而被淘汰,待两轮歌曲过后台上仅剩两名选手。接下来的超常速歌舞在一众青年女孩中掀起舞蹈狂欢,现场的紧张刺激让所有人从原本的座位上跳起来,有的跟着舞蹈,有的呐喊助威。当比赛进入白热化阶段,即便松绑的鞋带和坠落的麦克风也没能影响这两位选手求胜的决心,内心几近崩溃的她们仍如机械一般展开肢体较量,让动作与音乐实现完美匹配。当其中一位选手因体力不支退出比赛,另一位年纪较小的女孩获得最终的胜利时,全场立刻响起热烈的掌声。肢体动作是这些青年获得群体认同的表演性实践,她们赋予肢体动作以文化角色,从而实现"年轻化"审美的圈层化发展。

以青年亚文化形式出现的综艺节目大都采用上述方式,身体语言是他们建构文化"共同体"、实现群体认同的"年轻化"途径,通过对身体的绝对控制实现对精神的自由追求。

(二)手指符号的征用:从青年受众到"年轻用户"的泛化

手指作为肢体的一部分,其灵活程度日渐成为甄别"年轻人"的试金石。在新媒体技术催生下，短视频是最受关注的视觉影像形式。在移动互联网领域，快手、抖音等移动端应用软件成为短视频的主要集中地，根据《2020 年抖音数据报告》显示，抖音的日活跃用户已经突破 6 亿，日均视频搜索次数达 4 亿余次。① 另一短视频头部平台快手的实力也不容小觑，用户数量迅速增长。有数据显示，2021 年春节期间，快手的日活跃用户峰值近 5 亿，创历史新高。② 这两个平台占据了国内短视频市场的绝大部分份额。作为最大的短视频社交 App，抖音短视频于 2016 年 9 月正式上线，最初以用户生产的配乐类短视频作为平台主推内容。"手势舞"的流行发源于抖音平台，作为音乐类短视频的一个子集，用户通过不同的手势配合音乐进行一段约十几秒的动作表演。与传统手语表达类似，也是通过不断变化手势表达表演者的意思。与传统舞蹈相较而言，手势舞对身体塑造动作的要求不高，但这并不妨碍它作为一种符号在传播圈层意义时的促进作用。歌舞《少年》曾是风靡抖音的热门曲目之一，与之相应的手势舞视频红极一时，不少抖音用户还为此录制《少年》手势舞的分解教程视频。表1.6 中图片节选自抖音用户"小诗 Li"在其社交账号中上传的《少年》慢动作教程。

表 1.6　手势舞短视频《少年》中部分动作的解析

序　号	传递意义	手势呈现方式
1	少　年	双手从上至下抚摸头部
2	从　前	右手由里至外拍打肩膀两次
3	时　间	双手手腕相对，伸出左右食指逆时针反向旋转
4	心　中	用手比作爱心状

① 抖音.2020 抖音数据报告（完整版）［R/OL］.搜狐网，2021-01-06.
② 申宁，孟琳达，孙丰欣."短视频+"重塑媒体格局和产业生态［M］//唐维红，中国移动互联网发展报告（2021）.北京：社会科学文献出版社，2021：228.

在短视频中,歌词"少年"的表示方式为双手从上至下摸头,摆出一副耍帅的样子,"从前"则是用右手由里至外拍打肩膀两次。当歌曲唱到"时间只不过是考验"的时候,表演者双手手腕相对,伸出左右食指逆时针反向旋转。"心中"用手比爱心来表示。手势舞的表意规则较通俗易懂,手部动作大都以直译的方式进行,因此复制舞蹈的难度系数较低。与手势舞相配的音乐一般都是在抖音平台传播度较高、节奏感较强的曲目,令整个手势舞显得轻快、跳跃,因此手势的变化速度较快,而手势舞需要每一个动作精准、合拍地展示,故而"80后"到"00后"成为手势舞覆盖的主要用户。而随着互联网用户向中老年群体转化的趋势日趋明显,老年人也开始融入数字文化。《2021年银发经济洞察报告》指出,截至2021年6月,我国互联网银发用户规模超过6千万,银发人群移动互联网使用率超20%,他们对旅游、美拍、视频和资讯类移动应用的需求突出。① 其中短视频的市场渗透率超过8成,抖音短视频的银发网民占有量达49.3%。越来越多的中老年人登录抖音短视频,让其成为社交工具。

通过手指符号的结构性变化而引起的身体文化被视作感悟生活、表达自我的一种流行方式,同时也为青年表演者提供了自我想象以及自我表达的空间。随着越来越多的非青年用户开始将包括《少年》在内的不同手势舞视频上传至互联网平台,手势舞这种圈层文化的实践主体从青年群体向其他互联网中的非青年用户泛化,但泛化趋势所秉承的"年轻化"前提并未就此改变。换言之,只有熟悉互联网手势语言,能够与人以手势舞交流的用户才能实现圈层内部的共享密码。虽然手势舞表达的是一种蓬勃向上的年轻心态,表演者寄托了自己以及他人的美好憧憬,但只有熟练掌握手势舞的用户才能被称为这个圈层文化中的"年轻人"。

---

① QuestMobile. 2021银发经济洞察报告 [R/OL]. 中国互联网数据资讯网,2021-06-29.

（三）面部表情的胜利："年轻群体"的文化权力

面部表情是表达真实内心的一种重要的方式和手段。作为一种特殊的语言符号，面部表情正在大众传媒语境中酝酿着一股"年轻化"的新力量。2021年2月19日，一条内容为"王鸥Wink"的话题登上微博热搜头条。"wink"本身是指人眨一只眼睛这个动作，以此向他人示意某种讯息。在美国长篇小说《小妇人》中，有一段对白："I know I shall forget. If you see me doing anything wrong, just remind me by a wink, will you?"（我可能会忘记，如果我做错了，请用一个眨眼的动作来提醒我好吗?）

主人公Jo让Meg在自己做错事时，以"wink"的方式提示自己。可见这个眨眼动作本身是具有意义暗示的表情符号，履行符号的表意功能。在互联网助推以及明星偶像的带动下，"wink"不但被火速升格为当前正流行的视觉表情符号，还进阶为一个能够证明年轻心态、激发学习潜力的表情技能。演员王鸥在《乘风破浪的姐姐》的第二次舞台公演结束时，做了一个眨眼的"wink"动作，被摄像机用特写镜头捕捉到。但王鸥这次被送上热搜的原因却是被网友嫌弃她的"wink"动作"油腻且有失标准"，也有网友表示"大庆油田也没你这么油。""鸥姐有话好好说，不要对我眨眼睛，有被油到。"40多岁的王鸥搭配强行卖萌的面部表情引起了网友们的不适。对"wink"这个面部表情符号情有独钟的明星大有人在，但这个动作放在任何一个有年龄感的明星身上时都会引来一波网友的吐槽。综艺节目《追光吧哥哥》中，50多岁的陈志朋在舞台中央对镜头做了一个"wink"动作，画面立刻切到坐在评委席的金星。当金星接收到陈志朋所传输的眨眼信号后立刻紧闭双眼，犹如被热油泼洒般痛苦，这说明这个表情符号在传递信息时受到阻碍。另一位选手明道也遭遇同样的境遇，这缘于他在做wink动作时左手伸到了与眼睛齐平的位置，以剪刀手的姿势让"wink"变了味。同在这档节目中唱跳表演俱佳的选手檀健次是出道的热门人选，但这次也因"wink"动作遭遇滑铁卢，画面显示他在右眼闭上之后因眼部肌肉紧张牵引左眼也一同闭合，但动作结束许久右眼迟迟未能睁开。一个并不复杂的眨眼动作却难住了一众明星偶像，他们被质疑操作"油腻"，被指责为动作"填料"。更有网友找来青年偶像吴宣仪的"wink"视频跟其他明星做对比，视频里的吴宣仪能够轻松地实现双眼轮换做眨眼动作，还不时搭配手部动作来使自己的"wink"更加灵动与自然。也有网友翻出1995年上映的电影《大话西游》中，由演员朱茵扮演的紫霞仙子的"wink"表情，并将其称作wink的标准动作。电影里紫霞仙子对着至尊宝眨眼传送爱意，但这个动作丝毫没有扭曲她嘴上露出的微笑。自从"wink"升级为一个媒介事件之后，这个原本普通的表情被赋予越来越多的表意空间。有网友总结，所谓标准"wink"，是可以在其他面部肌肉毫不用力的前提下轻松控制一只眼睛，这种"wink"不需要其他面部肌肉参与运动，所以在无表情、微笑甚至大笑时都能自然地做出动作。有网友分析"wink"之所以有难度的生理原因，还有网友录制如何正确做出"wink"的视频教程，并将其发布在网络平台上。

网友对"wink"的接受阈限水涨船高，但他们在面对年龄小、人设年轻的人时仍能够网开一面，放低门槛。比如在一档节目中，赵丽颖在对一位外国人做"wink"动作时左右眼一同闭了起来，大多数网友用"可爱"来形容；再比如网友在面对TFBOYS三个男孩在不同场合所做过的不标准"wink"时皆为赞美之词。这说明"wink"这个表情符号在今天传递的不仅是可爱和卖萌的信息，其根本在于对年轻意义的传达。王鸥曾发微博诉说自己对"wink"的无奈："wink好难，求（我）一（想）个（放）教（弃）程（了）。"并且附上她对着镜头挤眉弄眼努力练习眨眼的短视频。可见一个普通的面部微表情被赋予充分的媒介权力，成为一种具有象征功能的表情符号，同时被越来越多的网络用户确认——这是具有"年轻化"附加值的表情符号。

从传递"年轻化"信息肢体语言到表达"年轻化"态度的表情符号，其背后暗含着圈层文化的传播逻辑。当代的互联网技术为"年轻"用户提供想象空间的同时，也在一步步整合他们的生活方式以及价值观念。人们依赖网络技术为生活提供的便捷，但日常生活中的审美方式却在逐渐被同一化。一方面，智能手机的广泛普及以及手机端应用软件的高度丰裕令用户习惯了对事物的精准衡量，并且将这种单向度思维方式投射在对生命价值的衡量体系。这表现在他们为"年轻化"审美设置苛刻的评价标准并且量化评价秩序。现代人看惯了在手机修图软件中精加工后的照片，这些软件是通过对不同参数的数值来调整图片的，因此在为一张人像除皱的图片中，对亮度、对比度、色温、色调等参数值对照片的"年轻化"有严格的规定，不符合规定的照片则被刻上失败的印章。对于传达年轻意义的身体符号也即如此，它们被人为设定了"年轻化"的审美标准，造成了不同群体间的文化区隔。

二、日益网络化的言语表达系统

（一）共融的群体昵称：称谓再阐释后的价值判断

"少年老成"在今天是一个略带贬义的词语，具体反映在人们似乎都想变得成熟、稳重，但不愿被贴上"老"的标签。著者用以下的两个网络剧文本来说明当前人们的此种心态。2021年播出的网络剧《你的时代，我的时代》中的男主角吴白是一位青年机器人格斗选手，在第二集的一场戏中，吴白因眼疾在医院接受治疗，同病房的小病友亲切地唤他哥哥，他的表哥韩商言去病房探望。

> 韩商言（看向同病房的小女孩，并递给她一根香蕉）：喂，
> 小孩，吃香蕉吗？
> 小女孩（接过香蕉）：谢谢叔叔。

　　韩商言（难以置信地）：叔叔？哎，行吧。

　　……

　　韩商言：我去给你买点换洗的衣服，你们两个小鬼互相
照顾。

　　小女孩：叔叔再见。

　　韩商言（郑重其事地）：下次记得，叫哥哥。

　　同病房的小女孩一直喊男主角吴白"哥哥"。当吴白的表哥韩商言出现时，小病友却称其为"叔叔"，这引得韩商言颇为不满，临走前特意嘱咐女孩要叫自己哥哥，表达了他要求小女孩修正对自己称谓的迫切心情。"哥哥"在这里被明显地赋予正面而积极的意义，而"叔叔"则传递着衰老、过于成熟的意思，意味着有成为被调侃对象的风险。"哥哥"与"叔叔"的称呼直观地反映出当代人渴望年轻的心理态度和审美取向。

　　无独有偶，大众传媒的审美文本对年轻心理的崇拜同时反映在对"姐姐"的称谓中。网络剧《上阳赋》第47集里有这样一场戏：豫章王萧綦瞒着妻子上阳郡主默默地照顾结义兄弟的遗孀窦氏并收养了他们的孩子。这一天，不明真相的上阳郡主来到窦氏的家中，碰上了丈夫萧綦。

　　上阳郡主：窦夫人都跟我说了，她说你跟窦大哥是一起参军
入伍的，两个人志同道合，还拜了兄弟。他出事之后，你就收养
了这两个孩子。你不该瞒着我。

　　萧綦：我是怕你知道以后会觉得……

　　上阳郡主：你想得太多了。

　　女孩：大王叔叔，我喜欢这个姐姐。王妃姐姐。

　　萧綦：你叫她，姐姐？叫我叔叔。

　　上阳郡主：怎么了？

　　萧綦：你应该叫她王妃婶婶。

上阳郡主：我有那么老吗？（转头看向小女孩）你喜欢叫我什么？

女孩：我喜欢叫你王妃姐姐。

上阳郡主：好孩子。

看到妻子的萧綦连忙让窦氏的孩子唤郡主"婶婶"，然而孩子上下打量了上阳郡主一番，随之一声"姐姐"脱口而出，郡主听罢欣喜地搂过孩子。即便是古装电视剧也逃不过现代人的审美价值观，在文本中，"姐姐""哥哥"的称谓与"婶婶""叔叔"的称谓对立而出现，文本创作通常以否定后者的方式来肯定前者的价值。

对称呼的意义重构在网络综艺节目中更较为普遍，这种愈发网络化的语言表达方式仅限在圈层内部被理解，造成如今"小哥哥""小姐姐"等网络称谓的流行，并作为语言交际的工具和符号，在一定程度上反映了当代社会审美的转变趋向。例如"小姐姐"的称谓原本来自亚文化的粉丝圈，不少粉丝认为用"姐姐"来称呼他们的偶像不够亲切和可爱，而"ABB"式的叠词称呼能够恰当地流露出对偶像的热爱，并在情感上拉近他们与偶像之间的距离。随着此类昵称在互联网语境的快速流行，"小哥哥"与"小姐姐"的称呼对象从之前的偶像扩大到一般普通人，词语表达的重心从"哥哥"与"姐姐"的称谓前移至"小"，利用对"小"的转喻能够让信息接收者感知到这是对年轻人的称呼。一般来讲，"小哥哥"和"小姐姐"用来泛指可爱的、年轻的男性或女性形象。包括《乘风破浪的姐姐》《追光吧哥哥》《元气满满的哥哥》《披荆斩棘的哥哥》等在内的多档网络综艺直接将节目的名称冠以"哥哥""姐姐"式的主题表达，其节目的潜在意义表达不言而喻。参加选秀节目的中年男女明星，他们经常以"小哥哥""小姐姐"来自称，如在《披荆斩棘的哥哥》中，五十岁的香港演员林晓峰在首期节目中如此介绍自己："我叫林晓峰，已经是五十岁的小哥哥。"他一边大方报出自己的真实年龄，另一边用"小哥哥"来修饰自己对自身年龄现实的焦虑感。可见,通过称谓的言语表达通常是"年轻化"审美的有效呈现方式。

（二）共享的语言代码:网络语言中的审美区隔

节目语言的日益网络化令"年轻化"代码越发明显,这种文本创作倾向在网络综艺中尤为明显。自 2016 年之后,传统电视资源纷纷入局互联网,视频网站不断布局网络综艺,互联网环境为"综 N 代"的节目生产思维提供了圈层发展的挖掘条件。包括优酷的《火星情报局》、爱奇艺的《奇葩说》、腾讯的《吐槽大会》在内的语言类网络综艺节目成为网综崛起时代的典型之作,同时在互联网范围内主导着一种特殊的语言现象,即吐槽文化。所谓"吐槽"是跟随互联网的弹幕技术而生发的一种语言行为,在互联网创造的公共空间里以戏仿、反讽、隐喻等言语方式释放反叛性的社会情绪,并表达吐槽主体对外界的嘲讽、调侃与抱怨。《吐槽大会》将吐槽式的话语表达空间从公共的互联网领域移植到了封闭的节目舞台,金句、段子频出的在场嘉宾成为吐槽主体。可以说,节目提供给嘉宾们的是自我话语表达的公共空间,但这个公共空间在节目播出五季之后却被发现并不是任何人都可以走进来的。与相声、小品表演中的捧哏与"抖包袱"类似,吐槽节目通过对预设前景的开放性设置,让观众参与前景预设,但观众在不同的参与背景下会产生不同的预设效果,总归能在对开放性文本的差异化解读中获得笑料。演员沈腾在节目中调侃同是演员的宋小宝:"谁跟你比都是小白脸儿。"惹得台下观众捧腹大笑。在这里,节目为观众预设的前景是知晓是宋小宝是以黝黑的皮肤作为显著外形特征的喜剧演员。

随着节目语言与吐槽用语的网络化程度越来越高,其内容与年轻网民的适配度随之提升,这对不熟悉互联网,鲜少使用微博、微信、抖音等社交平台的年长群体设置了节目准入门槛。许多节目嘉宾们在节目中将吐槽

的矛头对准自己，从戳他人之短到自揭其短。如主持人张大大吐槽自己
"人不犯我，我就犯贱""人丑应该多读书"，不但讽刺自己的外形，还挪
揄自己的性格。黄奕则认为自己吐槽视角的自我转向表面上是对自己的抨
击，实则在向观众传递共情因子，寻求认同途径。张大大在成为 2021 年开
年的"自黑"第一人后反而获得更多粉丝的理解与支持，而黄奕也在隐退
多年后忽然获得了大量媒体曝光率。

任何一种言语方式都是一种交流，此类网络综艺节目的言语方式却是
只针对"年轻人"的交流。语言辩论节目《奇葩说》透过辩论式吐槽实现
了与自己、他人、社会的交流，节目对自己有清晰的人群定位："40 岁以
上人群请在'90 后'的陪同下观看。"这说明节目本无意打破圈层化的发
展模式，节目的包容性在个性化与多元化面前尽显局促，其本身对参与
性、互文性的实践主体赋予鲜明的边界。《奇葩说》的圈层壁垒打造明显
地体现在对互联网语言的多样化生产以及改造中：一是通过改变能指的所
指，位移了原本的词义。如《奇葩说》将风格迥异的辩手称作奇葩，令
"奇葩"由原本对一种罕见的、珍贵的事物的形容，转而变成对行为和思
维怪异的人的调侃。相同逻辑的词语还有"凡尔赛"①、"内卷"② 等，节
目利用自身的超强影响力让这些词语反复在社交媒体中传播。二是利用谐
音改变词语字形，在《奇葩说》中经常能看到这样的辩题："工作中遇到
碧池是以牙还牙还是不跟 TA 一般见识""跟蠢人交朋友，你四不四
洒"……"四不四"（是不是）、"碧池"（bitch）等词语是互联网使用的
高频词，而这些词也是节目中辩手的常用语。三是对新词的生产，譬如

① 网络热词，原指法国巴黎附近的一座艺术城市，现在一般专指"凡尔赛文学"。作
为一种话语模式，指以低调的方式进行炫耀。
② 网络流行语，原指某一种文化模式达成最终形态后既无法生成新形态又无法稳定下
来，只能在内部不断自我复杂化的文化现象。现指现代人对有限资源的争夺而导致
非理性的内部竞争。

"母胎 solo"①、"爷青回"②、"996"③ 等词语的使用，与互联网年轻用户有着天然的临近性，年轻人之所以能与互联网共生互融，其核心在于对互联网的高参与度，不仅是利用手的操作，更重要的是思维的参与。这些综艺文本正在通过"年轻人"所习惯的语言方式扭转他们的思维习惯，继而建构当下的"年轻化"审美，对互联网信息不敏感的观众是无法领会到这种吐槽的幽默元素的。此外《火星情报局》《一年一度喜剧大会》《吐槽大会》等综艺节目也存在类似的文际狭隘化发展，节目嘉宾与节目的强相关，紧紧将个别嘉宾与某个节目捆绑在一起，譬如李诞、张绍刚与《吐槽大会》、杨迪、沈梦辰与《火星情报局》，对节目的理解往往要从这些明星嘉宾的生活琐碎、情感信息开始，这对不活跃于互联网的人群造成了理解障碍。可见，"年轻化"审美的结构方式与互联网思维具有较强的一致性。

三、具有象征功能的舞台语言系统

（一）舞台置景的静态隐喻

舞台语言是通过舞台布景创造出的舞台表意系统，其目的是为舞台表演者提供信息传递的物理空间，同时为受众制造接收信息和感受节目氛围的情境，在一种"沉浸式"的观看情境中达到强化舞台表演效果的目的。大多数网络综艺节目格外重视舞台空间的打造，并有针对性地进行个性化布置。电视综艺节目《中国梦之声·我们的歌》从比赛的场景搭建开始便洋溢着年轻的氛围，将英文"young"（年轻）的缩写"Y"作为整个节目的语义符号。第一季中"Y"字型赛道、第二季中歌手们手持话筒外侧的

---

① 网络流行语，指从出生开始就一直保持着单身状态、未谈过恋爱的人。
② 网络流行语，"爷的青春回来了"的简称，形容在重新面对曾经熟悉的人或事物时，自内心发出的喜悦之情。
③ 网络流行语，指早上9点上班、晚上9点下班，总计每日工作10小时以上，并且每周工作6天的工作制度。

"Y"字标识,将"年轻化"的节目审美态度浓缩为一个字母代码,在整个节目中起到象征作用。

图 1.1 综艺节目《中国梦之声·我们的歌》的主舞台设置

网络综艺节目《奇葩说》征用了"年轻化"审美的舞台象征逻辑,在第七季节目中,节目组将整个舞台包装成"奇葩"菜市场,在现实生活中的菜市场里总能听到买卖双方的讨价还价,节目就利用菜市场的隐喻暗示奇葩的辩论赛场,并以互联网流行的"谐音梗"语言对舞台道具进行表意打造,如在舞台中央放置大蒜并配字"有胜蒜"(有胜算),将"好柿发声"(好事发生)、"虾说大实话"(瞎说大实话)、"人参顶肺"(人声鼎沸)等标语悬挂于舞台的不同位置,将观众拉入"奇葩"的圈层化情境中,并由此形成符号化的顺畅交流。对于不熟悉"谐音梗"的观众来说,这种圈层化意义的传达空间是无法激发他们的想象的。

图 1.2 综艺节目《奇葩说》的舞台设置

(二）舞台配置的动态表达

随着人工智能、AR、全息投影技术在文化娱乐产业中的广泛应用，虚拟偶像在技术的赋能下登上电视节目与网络综艺的舞台。虚拟偶像最早可追溯到 20 世纪 80 年代的英国，1984 年英国人创造出世界首个由计算机技术合成的虚拟人物"Max Headroom"。伴随着数字虚拟技术的进一步发展，日本的虚拟歌手"林明美""初音未来"，虚拟主播"绊爱酱"等虚拟人物作为人格化的类人拟像走入公众视野，粉丝文化与偶像工业推动着虚拟形象向虚拟偶像的演变。21 世纪初，少女青娜、E 欣欣等中国原创虚拟偶像进入中国二次元消费市场，并快速吸引众多年轻粉丝。2011 年 12 月，由天津电视台创造的虚拟歌手东方栀子作为表演嘉宾登上"中国文化艺术奖首届动漫奖颁奖典礼"的舞台。2016 年 2 月中国原创虚拟歌手洛天依在湖南卫视小年夜春晚中与歌手杨钰莹共同演唱歌舞《花儿纳吉》，同年 12 月与演员马可在湖南卫视跨年晚会中同台献唱，正式拉开虚拟偶像走向电视节目的序幕。虚拟偶像与普通偶像明星不同，它作为符号化的拟人形象需要依靠与受众的情感链条才能实现对其符号的消费，因此对数字技术天生敏感的年轻一代是虚拟偶像市场的潜在消费受众。作为当代"年轻化"审美的典型表达，虚拟偶像们的声音、语言、表情、动作一直以来都以少年、少女形象为人物模拟的对象。根据爱奇艺在 2019 年发布的《2019 虚拟偶像观察报告》显示，国内"95 后"群体已接近 2.5 亿，占整体网民的52%[1]，Z 世代的年轻人群已经成为当前文化消费的主要群体。随着虚拟偶像的消费群体的泛化，虚拟偶像势必要从动漫、游戏等典型的二次元领域实现功能领域的泛化，他们开始向电视晚会、综艺节目的主持人、表演嘉宾、常驻嘉宾演变。2018 年虚拟歌手洛天依作为表演嘉宾身着戏袍登上文化类节目《经典永流传》的舞台，以特征鲜明的声线与京剧演员王佩瑜

---

① 爱奇艺.2019 虚拟偶像观察报告［R/OL］.中文互联网数据资讯网，2020-03-06.

合唱《水调歌头·明月几时有》，表达了对传统文化"年轻化"演绎的文化态度。2022 年洛天依再次登上央视舞台，参与元宵晚会的录制，成为主流话语"年轻化"的风向标。

然而，虚拟偶像的"年轻化"审美趋向在某种程度仍显露出明显的圈层化建构特征。《你好星期六》作为老牌综艺节目《快乐大本营》的改版内容于 2021 年末在湖南卫视播出，虚拟主持人"小漾"加入节目主持团队中，小漾的名字源于英文单词"Young"，虽表达出湖南卫视以"我的青春 Young"为内容导向的"年轻化"审美态度，但节目内容与流行的、潮酷的文化元素之间缺少联系，使虚拟偶像失去二次元文化的生成语境，因此这档节目中的虚拟偶像与电视观众的适配度较低。在网络综艺节目《跨次元新星》中，二次元虚拟偶像成为节目舞台中的主角，通过程序员的技术手段让虚拟人物参加偶像选秀的才艺竞技，然而这档针对国内二次元粉丝的虚拟偶像养成综艺节目实现的仍是与圈层受众的"年轻化"互动，对于不熟悉二次元世界的其他观众来说则无法产生偶像号召力。

图 1.3 在不同综艺文本中出现的虚拟偶像人物
（左图左一为洛天依，右图居中为小漾）

大众传媒本书对"年轻化"审美在语言文化中的圈层生产是利用年轻群体颇具个性的语言文化特征，去建构一个以资本增值为目的"伪圈层"文化系统。英国学者萨拉·桑顿所提出的"亚文化资本"概念脱胎于法国社会学家皮埃尔·布尔迪厄（Pierre Bourdieu）的文化资本理论。在《俱乐部文化：音乐、媒介和亚文化资本》中桑顿（Sarah Thornton）曾系统阐释"亚文化资本"理论。简单来说，亚文化资本是一种附着在客体身上的亚文化审美趣味，个体通过这种审美趣味的实践能力获得社会地位，并在一定条件下转化为经济资本与社会资本。① 亚文化资本的社会逻辑是，通过强化自我的喜爱偏好揭示出自己，年轻用户作为圈层文化的主体，其本质就是一种亚文化的实践主体。就网络审美文本来说，受众将极具个性的语言风格视作亚文化资本的体现形态，通过肢体手势、面部表情、语言表达的熟练运用宣告他们对亚文化圈层的身份归属。借助爱奇艺、优酷视频、腾讯视频、芒果 TV 四大视频播放头部平台的播放影响力，它们作为文本传播的权威媒介，为青年用户的亚文化资本增添了筹码，这就确认了他们独有的语言审美趣味的合理性。然而这种亚文化资本来源的合法性却正在受到质疑，专业的网络综艺制作团队利用青年群体对亚文化形态的渴望制造出了亚文化资本的诸多表现形态，他们认为此举制造了审美趣味在人际间的区隔，而他们同时还定义了亚文化本身。诸如他们告诉青年人辩论是一种亚文化形态，而从某种程度上讲，辩论是其制造出来的亚文化。作为以辩论形式出现的《奇葩说》自节目伊始便将老年人边缘化，而将受众目标对准了当下有文化消费能力的中青年。节目制作人马东曾在一档名为《十三邀》的访谈类节目中对主持人谈及他们预设的节目受众画像："我们压根就不希望老年人来看。"这足以证明以网络综艺文化中圈层文化的建构属性。就大部分网络综艺节目来看，圈层并不是不能打破，而是节目制作的根本逻辑就是基于文化"伪圈层"的建构。如此看来，在大众文化背景下建构的亚文化形态本身便是需要受到质疑的。

---

① Jenwebb, Tony Sehirato, Geoff Danaher. *Understanding Bouedieu* ［M］. London：Thoussand Oaks and New and Delhi：SAGE Publications, 2002：56.

第三节 "年轻化"价值的二元叙事结构

就当前的社会文化来讲，中国从传统社会到现代社会的转变令代际冲突越发尖锐，尤其是绩效社会对社会价值的肯定，是以剩余价值作为衡量标准的。年轻群体对新兴技术和市场化经济具有天然的敏锐性，加之互联网时代对传统信息传递方式的颠覆，导致当代社会对年轻人的推崇具有必然性。在众多审美文本中，二元叙事在神话的自然化下成为审美意识形态输出最基础的操作方式，其中主配角的人物配置、新老观念的差异、正反面的形象展现成为其主要的自然化过程。本节内容意在通过对"年轻化"价值的叙事结构分析，试述文本对"年轻化"审美的自然化过程。

一、二元结构的神话叙事

所谓叙事，就是讲故事。罗兰·巴特（Roland Barthes）曾从类型的视角审视叙事，他说："叙事的类型非常广泛，分布在各种不同的材料中——好像任何材料都能接受人们的叙事。叙事可以通过口头或书面语言、固定的或活动的图像、手势或它们的有序结合来进行。"① 从这个角度来看，作为文本构成的基本形态，任何文本内部都有叙事的存在。回归叙事的历史纵深，这也是一种记录文化演进的过程。历史学家海登·怀特认为历史研究与小说虚构在叙事层面具有同构性，这表现在"通过对事件中的某些材料的删除或不予重视，进而强调另一些材料，通过人物的个性和动机的再现，叙事基调和叙事观点的变化，以及改变描述策略等，历史事件便构成为一个故事。简而言之，所有这些技巧我们通常会在一部长篇小

---

① 约翰·费斯克. 电视文化 [M]. 祁阿红，张鲲，译. 北京：商务印书馆，2005：184.

说或一出戏剧的情节设计中发现。"① 从这个角度来说，绝大多数大众传媒的审美性文本皆具叙事属性。另外，叙事还兼具意义生成机制的职能，约翰·费斯克对此表态，所谓的现实主义叙事是一种意识形态的实践，文本被叙事赋予了深层的意义结构，他说："经典现实主义叙事及其首选解读方法，试图构建一个独立的、内部一致的、看似真实的世界。我这么说的意思不是说它就是真实世界的客观呈现，而是它似乎是，而这是受到控制的。其控制程度取决于构成我们对真实世界理解的那些常识常规对虚构世界的解码能力。逼真不是以图标表现为基础，而是以复制产生意义所根据的常规为基础。所以，这是一种意识形态实践。"② 由此可知，想在叙事层面突破意识形态，就需要从叙事语言中找到隐藏在叙事中的深层意义结构。

结构主义者将利用叙事隐藏意识形态的方法称作神话修辞，他们坚信："制造神话是一种普遍的文化过程，而神话更深层、'更真实'的意义并不是立即显现的，只能通过理论分析来揭示。"③ 结构主义者的任务就是，利用对文本叙事的结构分析来破解神话，即破解被文本暂时遮蔽的意识形态。列维·斯特劳斯（Claude Levi-Strauss）认为神话是能够缓解焦虑的机制，主要用来调和文化中存在的固有矛盾，以叙事的想象方式提供矛盾共存的可能。矛盾通常以二元对立的抽象概念而存在，例如，善与恶、黑与白、人与神等，这些构成了神话的深层结构。神话的功能是用具体的表现来修饰并转喻这些抽象概念，使之失去对立意识，这就是列维·斯特劳斯叙事的"具体逻辑"，这也是二元叙事的底层逻辑。罗兰·巴特将神

---

① 周宪. 艺术史的二元叙事［J］. 美术研究，2018（5）：43-50.
② 约翰·费斯克. 电视文化［M］. 祁阿红，张鲲，译. 北京：商务印书馆，2005：188.
③ 约翰·费斯克. 电视文化［M］. 祁阿红，张鲲，译. 北京：商务印书馆，2005：189.

话视作"一种被过分地正当化的言说方式"①。作为一个马克思主义者，他坚持神话是一种被扭曲了真实存在的意识形态，他认为："神话不是谎言，也不是坦诚实情，它是一种改变。"② 正由于言说方式的叙事功能，这才造就了意识形态被神话和自然化的可能。本节内容将从传媒审美文本的叙事出发，分析当今"年轻化"叙事的发展走向，并力图通过对叙事深层结构的文本分析，揭示在大众传媒文化中意识形态隐藏的这种"具体逻辑"，即"年轻化"审美的神话逻辑。

二、叙事深层结构里的"年轻化"审美价值

大众传媒不同的审美文本作为叙事主体遵循自身的叙事结构，意在实现叙事的表意功能。就"年轻化"审美价值的意义生成机制而言，受众能够通过审美文本的叙事结构获得一个共同的审美价值倾向，并起到图式效果。以下内容将从文本分析出发，剖析文本深层的叙事结构是揭示"年轻化"审美神话的关键步骤。

（一）案例分析：综艺节目《哈哈哈哈哈》的深层结构剖析

由爱奇艺与腾讯视频联合制作的户外真人秀节目《哈哈哈哈哈——很高兴遇见你》（以下简称《哈哈哈哈哈》）在 2020 年上线播出，第一季节目即收获了 1019 次平台热搜，热度登顶各大数据排行榜，成为 2020 年成绩最佳的户外真人秀节目，并在 2021 年底迅速推出《哈哈哈哈哈》第二季。根据 2021 年 11 月骨朵网络综艺数据热度指数显示，《哈哈哈哈哈》第二季以 64.94 的热度指数排在榜单的第二位，与排在第三名的《名侦探学院》（热度指数 59.90）拉开了档次。混杂了旅行与职业体验元素的

---

① 罗兰·巴特. 神话——大众文化诠释［M］. 许蔷蔷，许绮玲，译，上海：上海人民出版社，1999：161.

② 罗兰·巴特. 神话——大众文化诠释［M］. 许蔷蔷，许绮玲，译，上海：上海人民出版社，1999：160.

《哈哈哈哈哈》被业界称为第一档面向全年龄受众打造的网络综艺，但根据骨朵数据的受众细分显示，20 到 29 岁的年轻用户占收视总用户量的 53.2%，与第二、三大受众群的 21.7% 与 17.3% 拉开了距离。实现面向全年龄段的创作目标虽任重道远，但它依旧获得了不少非青年群体的关注。

男女比例

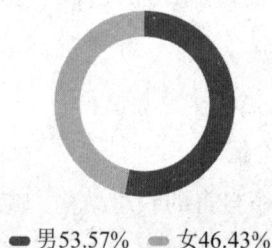

男53.57% 女46.43%

年龄分布

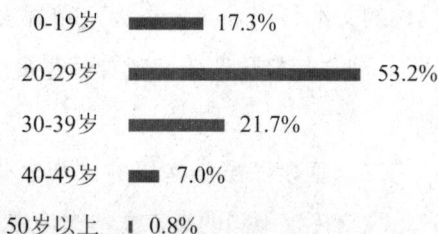

0-19岁	17.3%
20-29岁	53.2%
30-39岁	21.7%
40-49岁	7.0%
50岁以上	0.8%

图 1.4 综艺节目《哈哈哈哈哈》的受众细分情况①

从节目的叙事层面来讲，节目凭借想象性的叙事结构将"年轻化"审美价值与其反面对立起来，通过否定后者突出前者的审美价值。本书以《哈哈哈哈哈》第二季第 3 期节目为具体案例，试分析其叙事的深层结构。《人类简史》是本期节目的主题，节目参与嘉宾分别是邓超（42 岁）、郭京飞（42 岁）、陈赫（36 岁）、王勉（27 岁）、彭昱畅（27 岁）。五位嘉宾来到金昌郊区的火星探测试验基地，从这里开始探索人类起源。节目一开始，五个人在一块黑色的无字碑前驻足。

陈赫：什么玩意这是？

彭昱畅：不知道啊。

王勉：无字天书。

众人对无字碑充满疑惑，企图用手将碑从深沙中拔起，邓超从四人背后走向前。

① 骨朵网络影视.《哈哈哈哈哈》：做好一档合家欢题材综艺有多难［EB/OL］.骨朵微信公众号，2021-02-04.

陈赫：这是什么，老邓？

邓超：你忘了么，库布里克那个电影，《太空漫游》啊。

在此时，邓超以其丰富的生活经验与知识储备认出了这块黑色的无字碑是曾在美国电影《天空漫游》中出现过的黑色方碑。在库布里克的电影中，黑色方碑是守护宇宙中所有生命的重要象征物，伴随着人类的整个进化过程。在这里年纪最大的邓超为比他年纪轻的其他人普及知识，这是知识与经验在差序格局中传递的一般过程，但在随后的节目里，最为年长的邓超经常成为其他人揶揄的对象。如，在第一阶段的游戏环节中，嘉宾们被情境带入到人类的原始社会，游戏要求他们用动作表演出节目组事先准备好的一段语句。嘉宾们两两组队进行表演，彭昱畅与郭京飞抽到的题目是："森林发大火了，我逃跑的时候被绊倒，一看绊倒我的是一只烧焦的动物，它好香啊！我咬了一口发现真好吃。"陈赫与王勉的题目是："我的老婆要生了，但我今天要出去打猎，你能不能帮忙接生？我会把打到的动物分一半给你。"最后一个出场的邓超单独出战，拿到的题目却比其他两组长得多："这里有一头野兽，它有两个我这么大，爪子很尖，嘴里伸出来两根长长的牙齿，我的手都被它咬断了！如果你们碰到它马上躺下装死，就可以活下来。"他在看到题目的一瞬间便放弃了："谁爱来谁来吧，这不可能（完成）。"在他消化剧本的过程中引来其他人的"吐槽"："怎么到你那儿永远都会卡住呢，又在解释，又在逃避。"通过对比题目发现，邓超拿到的题目字数约两倍长于其他人的题目，核心词多数为不好描述的形容词，这更增加了肢体表达的难度。在节目中他被安排在最后一个出战，又拿到难度系数最大的一道题，因此他的"出糗"是可以提前预见到的。邓超三番五次忘记题目，要求游戏重置，故在这个环节里年纪最大的他被冠以"记忆力很差"的节目人设。

第二个游戏环节是要将散落在外的家禽与猪幼崽全部赶进圈里，象征着农耕时代对动物的驯服。邓超与一只幼猪展开速度的较量，在追逐过程中他脚底一滑，面部朝下重重摔在沙子上，随即引来同伴的大声嘲笑。经过几轮追逐，体力耗尽的邓超瘫坐在沙堆上询问面前正停下来休息的猪："不累吗？"，节目字幕立刻为猪配上了台词："老年人才累。"在这里，节目组让40多岁的邓超与一只几个月大的小猪崽比拼速度，并被贴上"体力差"的老年人标签。

在第三个游戏环节中，嘉宾们被要求在两个任务中选其一并完成。邓超、陈赫与郭京飞三个年龄相仿的嘉宾很自然地选择在一起，剩下两人选择在另一组。节目后期以字幕的形式分别为两边起了"老年组合"与"青年组合"的名称，当邓超提到自己所在的三人组是"老年组合"时，立刻引来了同组陈赫的不满："不要想名字的好不好，只有年纪很大的人老爱想名字。"在这里，"年龄大且思想落伍"成为邓超在该节目中的象征性标签。

在最后一个游戏中，节目组指定年纪最大的人独立完成无人机的安装操作，邓超一边被同伴推了出去，一边不解地感叹道："年纪大怎么还成了劣势了呢？"大家看着他动作缓慢、反应迟钝的操作便你一言我一语地开起了玩笑："他光看就得看一年。""要不咱们去歇会儿吧。""这有虐待老人的嫌疑。"如此一来，邓超也就在"老年人"的角色扮演中"渐入佳境"。

在上述文本分析中能够发现，综艺节目《哈哈哈哈哈》的叙事与其他神话的叙事并无二致，在结构上均与抽象对立价值观念有关。年轻人的价值与老年人的价值之间的对立关系是该节目主要为受众传达的信息，但节目将二元的深层结构转喻到通俗易懂的表现中去，为观众留出足够的想象空间。根据列维·斯特劳斯的二元结构理论，《哈哈哈哈哈》的深层结构可以用下图来表示：

优：劣

积极的（价值观）：消极的（价值观）　　　抽象

由比喻转换变成具体的表现　　　　　　　　↓

年轻人：老年人　　　　　　　　　比喻转换

较强的（记忆力）：孱弱的（记忆力）

充沛的（体力）：衰竭的（体力）　　　　　↓

观念前卫：思想落后　　　　　　　　具体

值得信任的：不值得信任的

有幽默感的：无幽默感的

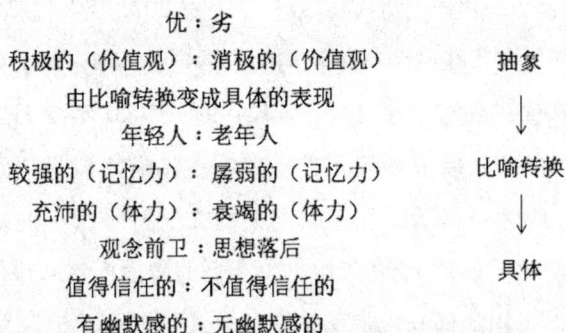

表 1.5　综艺节目《哈哈哈哈哈》的深层叙事结构分析

对深层结构的分析可以证明，在两个明显相互对立的价值观念上（如由年龄差引起的认知差异问题）存在着无法弥合的巨大鸿沟，因此综艺节目以神话的想象叙事转喻了激烈的既存矛盾，用生活方式的不同解释老少之间价值观念的相悖，缓解了由对立价值观念引起的焦虑情绪。节目让体力好、记忆力强、思想前卫等积极的生活方式与正向的价值判断形容年轻人的现存状态，而将体力枯竭、记忆力差、观念落后的载体指向与之相对的老年人。由年龄形成的价值判断在不同文本修饰下被转喻为其他的表征形式，如文本中隐藏的新旧观念、人物形象的主被动关系等。由于这种特殊的文本叙事方式，该节目才从众多真人秀节目中脱颖而出，此种新型的二元叙事也成为综艺节目吸引观众眼球的途径。

（二）新旧观念的矛盾移植：现代观念与保守观念的二元叙事

2020 年五四青年节前夕，哔哩哔哩（bilibili）视频社交网站发布了一则名为《献给新一代的演讲——后浪》的宣传片，得到《光明日报》《环球日报》《新京报》《中国青年报》、澎湃新闻和观察者网等 6 家主流媒体转发与同步播放，推动《后浪》快速在各大社交媒体平台传播扩散。该宣传片在 B 站上线仅 48 小时，观看次数就已达 770 万次，获得 101 万次点赞、13 万条弹幕，一度产生了刷屏效应。① 据 2021 年 8 月 24 日的百度数据显示，"后浪"在互联网中整体日均搜索数值为 690，移动日均搜索数值为 493，最高峰值的纪录保持数值为 121999（2020 年 5 月 5 日）。截至 2021 年 12 月，视频《后浪》仅在哔哩哔哩主站的播放量超 3000 万人次。至此，"后浪"成为一个活跃在互联网中的文化符号，不仅是具有鲜明指代含义的网络用语，还是 1990 年后出生人群的身份标签。宣传片邀请国家一级演员何冰，采用朗诵与视频相结合的方式，以"前浪"的身份表达了老一辈人对新一代人所处时代的羡慕并充分肯定他们的价值。视频《后浪》的部分解说词如下：

> 我看着你们，满怀敬意。
> 向你们的专业态度致敬。
> 你们正在把传统的变成现代的，
> 把经典的变成流行的，
> 把学术的变成大众的，
> 把民族的变成世界的。

视频《后浪》同样建构了叙事的二元格局，"前浪"与"后浪"被明显地对立起来。"后浪"被认为是"专业的""现代的""流行的""大众的"以及"世界的"。而与之对立存在的"前浪"则被赋予了"传统的""古板的""小众的""封闭的"等意义内涵。学者范晓光等人认为，《后浪》的传播实质上是青年文化霸权的一场代际符号的生产实践，被技术赋权的青年一代在"青年至上"的社会氛围中被不断神化，"老年"被逼入

---

① 数据来自哔哩哔哩（bilibili）网站，视频《后浪》上传于 2020 年 5 月，参见 https：//www.bilibili.com/video/BV1FV411d7u7? from = search&seid = 14617268763752342753 &spm_id_from = 333. 337. 0. 0

了更加逼仄的生存空间。① 在视频所刻画的两种群像中，持有不同观念的群体被推到了前台，他们分别是在数字时代成长起来的、拥有网络绝对话语权的年轻一代和与之相反的、在社会现实空间中土生土长的年老一代。这明显是作为数字原住民与数字移民在观念上的对立较量。当互联网一代不再需要依靠他们的长辈求取生活认知与信息知识，也不需要向年长者寻求人生方向的指引时，年长者"前喻文化"的各种权威就不复存在了。视频的解说词对年轻一代充满羡慕、充满敬意、充满感激。被它给予肯定的是当前青年群体的表达方式，即一种极具现代性的价值内涵。在《后浪》视频文本中不断出现的"拥抱世界""国家的年轻人""无所畏惧"等词语，充分迎合了当下年轻群体的民族主义热潮，将年轻群体对民族身份认同化作对视频追捧的动力。这段视频显然是从年长者的视角发出的感叹，其背后抒发了自身价值在当代缺失后的焦虑与迷茫的情绪，因此他们转而求助于"年轻化"的审美态度，积极向年轻人靠拢。

伴随着观念冲突而来的代际矛盾是当前传媒文本力图克服但始终无法逾越的高山。由芒果 TV 自制的网络综艺《婆婆妈妈》是连续两年推出的代际真人秀节目，聚焦明星家庭的婆媳、岳婿关系。由代际观念携带对代际价值的判断成为隐藏在这类节目背后的深层叙事结构。节目里能激发家庭矛盾或化解婆媳危机的行动者通常是年轻的一代，大部分情况下是这代年轻的女性，如伊能静家庭，伊能静作为妻子和儿媳妇，她的高情商以及善于跟长辈沟通的语言能力是化解家庭危机的关键因素，她与婆婆的关系融洽基于对婆婆的观念说服。第二季的节目前置并升级了紧张的婆媳关系，但这种紧张的关系也是由年轻一辈主导的。前导片中，一众女儿、媳妇坐在演播厅里首先亮明了自己与婆婆妈妈的相处之道，可见节目本身便将年轻的一代与她们的长辈置于自我与他者的情境里，弥合代际鸿沟被置

---

① 雷开春，林海超．"《后浪》事件"中的青年心态［J］．当代青年研究，2021（5）：12-19.

换为对年轻人生活方式、行为方式的强行输出。香港媳妇陈松伶振臂高呼"让我们把之前的不愉快埋葬了吧",可转头就将家中的卧室、桌椅,甚至丈夫身上贴上自己的名牌以宣示女主人地位。婆婆与妈妈则沦落为受动方,以接受年轻的生活价值观作为她们关系和解的最终途径。沿用同样逻辑的节目还有前几年内容同质化严重的明星代际真人秀《带着爸妈去旅行》《旋风孝子》《一路成年》《最美的时光》《女婿上门了》以及当前正热播的明星情感类观察综艺《我家那小子》《我家那闺女》《女儿们的恋爱》等。年轻一代与老年一代的主被动关系承担着两代人之间对抗的隐喻性象征,在对抗关系中被突出的是"年轻化"审美引导下的生活方式以及思维逻辑。

(三) 主角配角的神话修辞: 主角形象与边缘形象的二元叙事

当前,年轻一代与年长一代人之间在诸多层面存在着无法弥合的鸿沟,文本创作中的主角与配角设置是暂时转移此类矛盾的自然化过程。在大部分审美文本中,以想象性的虚构形式,让年轻者成为审美文本中的绝对主角,以主流群体的身份主导社会话语权,年长者则成为配角被边缘化,在"反哺"式认知中其自我意志被不断侵蚀,这就是文本对代际价值判断的深层转喻结构。这种现象在电视剧中的父辈、母辈形象中高频出现,如苏大强是电视剧《都挺好》中一个曾被妻子严加管束的父亲形象,其本我人格遭受严重扭曲。在妻子去世后,由子女代替母亲成为父亲自我与超我的监管者,对其行为予以约束。在对自身原始欲望的过度抑制与超我束缚的合力作用下,苏大强出现人格的自我迷失以及严重的精神危机。随着剧情发展,苏大强一心想与家中保姆安度晚年,却遭到小儿子苏明成举着菜刀的灵魂拷问: "她图你什么呀? 图你岁数大? 图你不洗澡?"他将自己的思维方式强加于老年人,最终苏大强只能生活在子女的掌控之中。他固然叛逆、固执、倔强,然而他从饮食起居到思想动向都要遭到子女的严加看管。最后苏大强成为一个"迷途知返"的老小孩，他的自我永远地从清醒中滑落，当他的个体意识无法与生活现状达成和解时，只能转而求助于遗忘，永远活在三十年前，活在自己年轻的记忆里。又如，在电视剧《我的前半生》中，主人公罗子君的母亲薛甄珠是个略带喜感的老年女性形象，高跟鞋、红嘴唇、硕大的珍珠项链是她每次出场的标志性装束。她将大女儿罗子君作为自己学习的榜样，照着女儿的着装方式打扮自己，看到子君的漂亮衣服和时髦背包会习惯性地穿戴在自己身上，羡慕罗子君前期富足的全职主妇生活，并到处向他人炫耀，但她生活的每个方面都需要得到女儿的物质照拂，因此在大女儿面前她显得格外乖巧和被动，呈现出明显的反向教化倾向。

近两年正流行的演技类真人秀节目也存在上述现象。由腾讯视频自制的网络综艺节目《演员请就位》收视成绩优异，第二季节目推陈出新，特意增加了市场评级的环节。在节目录制前，节目邀请业内知名制片人将40位不同年龄段、出道年资不同的男女演员根据其市场价值评出 S、A、B 三个等级，节目录制时演员们要遵照被划分好的等级落座并先后挑选剧本。温峥嵘、马苏、黄奕等 4 位中年实力派女演员一开始便坐在了 B 级的"冷板凳"上。根据节目的制作逻辑，事先的评级无非想打破娱乐圈中演员业务不敌偶像流量的不平衡生态，期待坐在"冷板凳"上的女演员们用自己的演技重回大众视线，但节目预设的反转并没有发生，演员们的中年危机却再次被节目强化。中年危机不仅针对女演员，男演员也正饱受其苦。新人们有待挖掘的潜力成为他们打败实力派们的有力武器，成熟的演技似乎是一种不可再生资源，跟新一代演员相比，年长一代演员作为过来人，已经在演戏这条路上将自己的光和热发挥得差不多了，而年轻演员们作为演艺圈的新来者，有导演对弱者的保驾护航，有制片人对新人能够激发的潜力的期待，有粉丝对年轻偶像们的追捧。相较之下，大部分成熟的演员们只分配到了为新生代演员配戏的边缘角色。最后一期节目真实还原了资本驱动与流量为王的产业生态，演员胡杏儿虽以精湛的演技摘取了年度最佳演员的桂冠，但却在最后的邀请环节被边缘化。刚刚出道的人气偶像成为被众人追捧的对象，其火爆程度远远超过在座演员，成为真正被行业认可的演技冠军。可见，该节目虽在规则中预设了两代演员的对抗意识，有对抗就会有输赢，但赢的这一方必然是体力好、有潜力、能熬夜、脑筋快的年轻人，这便是节目对"年轻化"审美的神话叙事。

至此，代际间的矛盾在不同的想象性结构中被修饰与隐藏。"年轻化"叙事的背后是对年轻一代人自身价值的绝对化引导。年轻者与年长者的媒介形象在部分审美文本中的二元结构可做如下总结。

表 1.7　年轻者与年长者在部分审美文本中的二元结构

年轻者	年长者
主动	被动
积极的正面人物	消极的反面/中性人物
主导社会话语权	被社会边缘化
主角	配角
有思想	作摆设
控制者	受控者
我们	他们

总而言之，包括电视艺术与网络文艺在内的艺术实践活动都具有"生产"的特性。它在艺术作品的创造与加工过程中需要满足物质生产对经济效益的追求，隐含着商品化倾向的艺术生产自然无法摆脱市场价值规律的制约与引导。它同时作为一种精神生产，需要发挥其审美意识形态的功能。当前，"年轻化"作为大众传媒领域中的一种审美发展趋向，正在对大众传媒的文本生产发挥整合作用。而作为一种有别于传统的认知方式和审美范式，"年轻化"审美在不同的表征体系中予以呈现。其整合作用表

现在"年轻化"审美以符号为载体确认"年轻化"审美的主流价值,在占领文本话语高地的同时建构以"年轻化"审美主导的文本生产规则,其本质是对"年轻化"审美的神话建构。

第二章

大众传媒文本中"年轻化"审美的生产观念探究

大众传媒文本中"年轻化"审美生产是一种精神生产，依靠影响受众的情感与观念来实现对审美范式的认同，这也正是审美意识形态的形塑过程。大众传媒的文本将"年轻化"审美的认知结构与包含着情感意向性的社会观念紧密连接，这是当前大众传媒文本中"年轻化"审美的生产策略。不仅如此，"年轻化"审美还凭借向受众提供情感观念的解释范式来吸引他们进行消费行为。马克思曾指出："思想、观念、意识的生产最初是直接与人们的物质活动，与人们的物质交往，与现实生活的语言交织在一起的，人们的想象、思维、精神交往在这里还是人们物质行动的直接产物。"[①] 可以说，人类社会一直以来都是借助观念的力量维持日常生活与个体发展的正常运转。本章将立足于"年轻化"审美的生产观念，通过对不同观念的强化和建构来审视"年轻化"审美对审美主体在情感认知、文化立场、媒介权力等方面的影响，这也是认识"年轻化"审美本质的直接途径。

---

① 马克思，恩格斯．马克思恩格斯选集：第 1 卷 [M]．中共中央马克思、恩格斯、列宁、斯大林著作编译局，译．北京：人民出版社，2012：151.

第一节　以怀旧潮流引领的价值观生产

怀旧是当代大众传媒文本生产的主流话语，通过观众对怀旧话语的观念认知来影响他们的思维图式。怀旧观念是以回避当下空间，消解现实存在为依据的感性体验。大众传媒文本为怀旧的审美行为提供了虚拟和拼贴过去的环境，引发观众对想象性过去的无限遐想，而怀旧本身成为制造希望和浪漫观念的精神归属，这意味着过去之于现在而言具有一种宝贵的、无限留恋的价值。在17世纪，怀旧被认为是一种类似普通感冒的传染病，首先在瑞士的医学领域被发现。瑞士医生侯佛发现感染怀旧疾病的患者时常会出现混淆过去与当下、现实与想象的症状，令整个人显得麻木倦怠、冷漠憔悴。这种病在国外服役的瑞士雇佣兵之间具有较强的感染力，水蛭、鸦片或者返回阿尔比斯山地区便能缓解此种症状，侯佛由此判断这是一种由怀念故土而引发的乡愁。随着现代社会的时代变迁，怀旧从一种可治愈的生理疾病演变为无法抑制的感性潮流。然而，从怀旧的起源来看，它绝非是社会中老年群体的专利，尤其是在今天，越来越多的年轻人加入了怀旧的潮流。

一、怀旧里的"新希望"：怀旧是"年轻人"的精神归属

怀旧作为历史心绪的乡愁，返乡是治疗这种心病的解药，可见怀旧总是以"返乡"作为概念内涵。在中国古代的诗歌艺术中，蕴含着返乡期待的怀旧审美便已常见，他们是在"辽东小妇十五年，惯弹琵琶解歌舞。今日羌笛出塞声，使我三军泪如雨"中征战沙场的男儿，是"远梦归侵晓，家书到隔年。沧江好烟月，门系钓鱼船"里漂泊无定的游子。希腊词语

"nostos"（返乡）与"nes"的印欧词根联系在一起，意指"返回光明和生命"①。可见"返乡"饱含着人们对理想过去的回望。在神话故事《奥德赛》中，主人公奥德赛从特洛伊的返乡之路同样也是他从黑暗走向光明的希望之路。奥德赛在这一路上要面对喀耳刻与女妖们令人流连忘返的诱惑，要面对无法被众人辨认身份的险境，但他终于在日出时分抵达伊萨卡海岸，得以归家。可以说，怀旧是精神回归的对象，也是怀旧者寄托希望的世俗表达。

（一）回忆叙事：被初恋点燃的情感希望

当代大众传媒的审美文本将这种怀旧的希望首先分配给年轻人。它作为"年轻化"审美的话语表达，意在帮助年轻观众找回在现实空间里失落的归属感，而来自过去的初恋是最能引发年轻观众怀旧的情感寄托。作为一种浪漫主义的情怀，过去时空便象征着旺盛的生命力和情感的希望，这种浪漫的怀旧书写在以爱情为主题的电视剧中体现明显。此类电视剧通常将男女主角在学生时代的爱情回忆线作为整个故事的叙事副线，利用回忆叙事搭建了一个与当下平行的叙事时空，以插叙的形式为观众交代故事时间之外的情节。男女主角在学生时代往往是他们各自的初恋，电视剧以过去与现在时空并行的方式引发观众的心理投射，让初恋久久难忘的情感体验激起年轻人的怀旧情绪。

2015 年的电视剧《何以笙箫默》作为广义的青春剧登上荧屏，电视剧中大量铺垫了男女主角的回忆情节，以插叙的方式讲述青年的何以琛与赵默笙甜蜜的校园情感故事，并与现在时空中二人的虐恋形成强烈对比，泛黄的记忆为电视剧奠定了怀旧的基调。2021 年由顾漫小说改编的网络剧《你是我的荣耀》自 7 月登陆腾讯视频以来，连续两个月登顶各数据排行

① 斯维特兰娜·博伊姆. 怀旧的未来［M］. 杨德友，译. 南京：译林出版社，2010：8.

榜的热度冠军。故事里单纯善良的女明星乔晶晶与学霸航天工程师于途的搭配在设置新颖之余，也将观众的怀旧情绪推向高潮。在剧中，主动的乔晶晶与被动的航天设计师之间上演了颇具浪漫色彩的"女追男"戏码，乔晶晶先后两次向于途告白但都遭到他的拒绝。电视剧以回忆视角回溯了高中时期的乔晶晶首次向于途告白的情节，一方面突出了笼罩在于途身上的男性气质，另一方面唤醒了当代年轻观众，尤其是年轻女观众们对爱而不得的初恋的回忆，掺杂着伤痛的暗恋记忆无疑最能引起她们的情感共鸣。《泡沫之夏》中的回忆副线也沿用了相同的回忆叙事：欧辰在失忆前后分别两次爱上了尹夏沫，但与失忆后的虐恋相比，学生时代两人的甜蜜爱情能让更多的观众产生一种"意难平"的怀旧情绪，当电视剧中人物的情感经历与观众某一部分情感记忆重合时，便能够引发他们的怀旧情绪。

表 2.1　部分热播剧的怀旧副线展示

剧　名	叙事主线	怀旧副线
何以笙箫默（2015）	摄影师赵默笙与律师何以琛因误会走散，多年后再次相遇	赵默笙与何以琛的大学时代恋情
泡沫之夏（2018）	演艺新人尹夏沫与失忆后的昔日恋人欧辰再次邂逅，展开寻爱之旅	尹夏沫与欧辰在学生时代相爱的故事
你是我的荣耀（2021）	女明星乔晶晶与航天设计师于途在毕业 13 年后因游戏重逢，之后二人相恋	高中时代的乔晶晶向于途表白但遭到拒绝，此后乔晶晶发奋图强努力学习

综上所述，回忆叙事将过去的时空与美好和希望搭建了联系，将男女主人公多年以前的初恋记忆当作理想的人生情感予以表达，并且男女主人公初恋的空间往往发生在他们的故乡，后续的剧情走向一般是离开家乡多年后，两人在某个地方重逢，因此观众怀旧的情绪本身还夹杂着对美好家园的留恋。尽管如此，理想与美好却只能从缅怀过去中求得，这让过去与现在价值呈现出优劣之分。面对现实生活与情感的失落，观众也只好在文

本虚构的空间以及自己对过去的回忆中寻找慰藉。

（二）慢综艺中的观念输出：理想友谊的情感慰藉

大众传媒文本的另一条怀旧生产路径是突破观众对友情的情感防线，用难能可贵的老友情来激发他们对过去的渴望。近几年真人秀综艺开始从以任务为指向的内容生产向情感本位的观念输出转变，这在旅行类真人秀节目中格外突出。同样是以原生友情为切入点的旅行综艺，相比其前几年《极速挑战》《极限挑战》《花儿与少年》等综艺重视矛盾冲突、强调综艺戏剧性与人设来看，近两年出现的综艺节目，如《我们是真正的朋友》《因为是朋友呀》《妻子的浪漫旅行》将更多的关注点投向老友背后的情感观念输出。2019 年腾讯视频自制的综艺节目《我们是真正的朋友》邀请了台湾地区 4 位拥有 20 多年友情的好友明星——大 S（徐熙媛）、小 S（徐熙娣）、阿雅（柳翰雅）、范晓萱，她们能够在节目中肆无忌惮地聊天，在行动中有极高的默契，在与其他人相处中看得到她们对彼此的充分认同。4 位老友在旅行中超越友情的亲情流露，成为观众在快节奏生活与工作中的情感寄托。2021 年末抖音平台自制综艺节目《因为是朋友呀》上线，节目围绕 3 位女艺人容祖儿、蔡卓妍（阿 Sa）、钟欣潼（阿娇）组成的"糖三角姐妹花"展开旅行生活。她们之间由多年友谊而形成的默契关系是该节目的看点，在节目中回忆三人之间的过往经历成为节目的出发和立足点。观众被原生友情放大的情感共鸣是以激发他们的怀旧情绪为基调的，节目中所呈现的弥足珍贵的友情成为观众化解现代情感危机的安慰剂，面对现实生活的社交空虚与友情缺席，年轻观众们不得不再一次望向身后，在逃离现实的文本空间里寻找生活希望，在长存的友情中感到生活的温暖，就此凸显了怀旧审美的价值张力。

围绕原生友谊的慢综艺开始从旅行题材向其他题材泛化。如，厨艺类真人秀《向往的生活》《大湾仔的夜》《锋味》，职业体验类真人秀《亲爱的客栈》《青春旅社》等。2021 年由芒果 TV 自制衍生综艺《大湾仔的夜》集结了陈小春、张智霖、谢天华、梁汉文、林晓峰 5 位来自大湾区的明星艺人，以合伙人身份经营一家大排档。从准备食材到后勤保洁都要靠 5 位合伙人亲力亲为，在行动过程中考验五人之间的友情。从镜头的色彩基调来看，节目全程使用了一种饱和度较低、色温较暖、色调偏黄的滤镜，以浅棕色与深桔色营造画面氛围，为节目奠定了港式复古的怀旧基调。在第一期节目的开场，5 个人骑行在一条隐藏在城市的小巷子里，他们哼唱着香港老电影《甜蜜蜜》的主题曲出现在画面里，一瞬间让观众察觉到了与之对应的年代气息。随着他们的主观镜头进入室内后，这种港式氛围更加浓重，餐厅外院简陋的棕色圆桌、鲜红色的塑料板凳、五颜六色的悬挂式灯箱，餐厅内部的皮质卡座、白色壁砖以及走廊深处连通着的厨房，都能够唤起观众在 20 世纪 80—90 年代看港片时的记忆。而相比其节目的形式化怀旧，5 位男明星之间的老友情更能激起观众的怀旧情绪。从他们默契的自行分工、手忙脚乱地相互扶持、面临危机时共同分担，让年轻观众在男性老友中读出感动，这是一种经过观众解读后的理想化的友情以及属于各自回忆里的精神家园。

二、东方"复活"观念的兴起：怀旧是虚拟现实里的童话世界

当代大众传媒文本启动的怀旧机制并不以制造过去、现在和未来之间的矛盾作为文本生产的目的。正相反，它是以复活过去本不存在的"现实"来化解被社会现代性断裂的历史图景，当作抚平现代创伤的镇痛剂，并试图解决现代社会为人带来的情感冲突。例如恐龙一贯是好莱坞电影里引发怀旧情感的恋物对象，没有人记得它们真正的样子，但它们却能让全美国人，甚至全世界的人为之着迷。恐龙虽是一种逝去文明的象征，但它时刻激发着人们复原历史的冲动，因此与美国的迪士尼乐园一样，电影《侏罗纪公园》成为一个虚拟的童话世界。而被这个复活世界而吸引的大

部分观众却不是儿童,而是不大不小的年轻人。电影满足了他们回溯过去的冲动,而他们的过去是以对过去集体记忆的想象作为基础的,可以说,电影通过逼真的画面让观众产生的是一种虚拟的怀旧情感。

在我国大众传媒的文本生产中,以仙侠、古装奇幻为题材的电视剧成为寄托怀旧审美的新载体,以回溯中华民族的集体记忆为情感依托。随着后现代主义思潮伴随消费社会语境渗入中国本土的大众文化,"新神话主义"① 开始作为古装题材影视剧的主导叙事模式,完成对古典神话和民间故事的现代改造,使之成为面向现在甚至未来空间的超文本,并赋予其世俗化的现代价值。2009 年由游戏改编的电视剧《仙剑奇侠传三》在各大电视台播出,故事以女娲补天的神话传说作为母题进行现代化改造,让"复活"的概念从电视剧中输出,剧中蜀山大弟子徐长卿与女娲后人紫萱情牵三世的轮回故事成为中国式复活的叙事模本。近几年,随着《三生三世十里桃花》《三生三世枕上书》《香蜜沉沉烬如霜》《千古玦尘》等剧的热播,"复活"的概念成为东方人过去集体记忆的象征。仙侠与奇幻剧中的"复活"是指人从濒死的躯体中的苏醒,电视剧将"复活"的观念嫁接在生死流转的轮回概念中,如《三生三世十里桃花》中狐帝幺女白浅与天族太子夜华之间纠葛三世的情缘、《香蜜沉沉烬如霜》中花神之女锦觅与天帝之子旭凤三世轮回的爱恨恩怨等。生死轮回的复活观念表达了当代人抗拒时间不可逆性的心理需求。在柏格森(Henri Bergson)看来,这是一种意识的虚拟现实,现代人将自己的意识在过去的时空中唤醒,为的是将过去的集体记忆拉回到现实后为我所用。柏格森认为,过去可能而且将要通

① 韩云波在《大陆武侠和东方奇幻中的"新神话主义"》一文中找到"新神话主义"的词语出处。2004 年秋,《中国图书商报》以 4 版的篇幅做了一期专题,为其界定了新的内涵:"'新神话主义'是 1990 年代中后期兴起的一种文化浪潮,它以技术发展(尤其以电影特技和电脑技术)为基础,以幻想为特征,以传统幻想作品为摹本,以商业利益和精神消费为最终目的,是多媒体(文学、影视、动漫、绘画、电脑和网络等)共生的产物,也是大众文化的一个组成部分。"

过把自己插入现在的感受来发挥作用，因为它要从这样的时间里借力活用。①

除此之外，玄幻剧的虚拟技术深化了虚拟现实的纵深，同时也强化了怀旧的色彩，使之成为中国的科幻大片。2021 年暑期在腾讯视频平台播出的网络剧《千古玦尘》讲述了上古界真神千古与白玦几经轮回的三世情缘。剧中上古界真神与天地同寿，永世不灭，即便身死也会在乾坤台重新降世。活了十几万年的真神白玦非但没有一点衰老的踪迹，面容还宛如少年。之后的剧情中白玦为替千古抵挡灭世劫难而选择舍身赴死，但当他重新降生时并不是婴童形象，而是与之前的少年模样完全一致，剧中特效的使用令画面更具虚拟的逼真性。永世年轻且不死不灭的信念是当代古装玄幻剧的共性特征，更是现代人在虚拟的过去时空里所找到的现代价值观。

架空历史与现实的仙侠剧以及古装玄幻剧急切地需要从过去时空中萃取以期利用的养分，以唤醒昨日之感的怀旧体验为非现实的情节寻找感性依据。将现代人对不死不灭的期待转喻为对过去集体记忆的复活，但这种记忆并不是被复活的，而是被怀旧式的"年轻化"审美建构的。对此博伊姆说道："怀旧向往的定义就是所渴望的那个原物的丧失，以及该原物在空间和时间上的位移。"② 当代仙侠、玄幻剧为观众打造了一个在虚拟现实里的童话世界。

三、IP③ 拼贴的观念流行：怀旧是对年轻记忆的人工合成

随着 IP 改编运作流程的日臻完善和成熟，传媒产业对流量经济的过度依附造成了对 IP 的掠夺式开发与营销式改编。这破坏了重释经典文本的创

---

① 斯维特兰娜·博伊姆. 怀旧的未来 [M]. 杨德友，译. 南京：译林出版社，2010：56.
② 斯维特兰娜·博伊姆. 怀旧的未来 [M]. 杨德友，译. 南京：译林出版社，2010：43.
③ 网络流行语，直译为知识产权，在网络语境中多指著作版权。

作初衷，尤其是在互联网的数字资本之下，让 IP 改编沦为流量经济攫取利润的工具。最典型的文本症候当属 IP 改编从怀旧式书写到怀旧式拼贴，同时掀起了人工合成式的文化记忆潮流。

2014 年，电视剧版《红高粱》登上荧幕，电视剧模糊了小说中的抗战背景，也弱化了符号"高粱"赋予作品的精神内涵，模糊了原小说在父权制框架下的叙事焦点，转而拥抱当今流行的"大女主"叙事，以迎合当前作为收视主流的女性观众。另外，让"高粱精神"从一种民族性的抗争品格的象征降格为一种爽感式的情欲表达。小说中的戴九莲（九儿）是一个成熟女性的形象，她泼辣能干、勤劳睿智，性格充满韧性，但九儿在电视剧中的形象则是一个拥有十足女性意识的叛逆少女，电视剧为衬托她的人物形象增添了多条情节线并布局融入其他人物，如增设初恋情人张俊杰，出现他们在西式教堂里私订终身的情节；又如，增加九儿在被绑架后机智自救的情节等。电视剧中的九儿是从青涩走向成熟的女性形象，这种典型的成长叙事是当代刻画人物形象的常用手法。另外，电视剧还改变了男强女弱的附庸关系，剧中九儿与余占鳌之间势均力敌、爱恨交织的人物关系设置起到强化故事戏剧性的作用。余占鳌在原文本中的英雄形象被弱化了，土匪头子的野性被一种雄性的侵占性思维所取代，这让土匪成为余占鳌的副业，他在剧中的人物形象被设置为妻儿的安全卫士，从而窄化了小说中人物应有的格局。电视剧的 IP 改编将小说对繁衍和生命的崇拜移植为对爱情自由的追求。象当作品脱离了历史语境，这段记忆便被现时化、人工化了。九儿与余占鳌均充满现代年轻人的思想内核，遵循"年轻化"创作思维的《红高粱》更能迎合当下年轻观众对男女主人公丰富情感生活的想象。在上述作品中，怀旧从一种思想与情感的书写退回到一种渲染情绪的风格。詹姆逊（Fredric Jameson）曾将怀旧的表达视作"表面"与"无深度"的形象拼贴和堆积，他说："拼贴是空洞的戏仿，是失去了幽默感的戏仿：拼贴就是戏仿那些古怪的东西，一种空洞反讽的现代实践……"①
在他看来，沉浸在怀旧欲望中的拼贴是一种"体验怪异的审美制品"，作
为复制的赝品，只能刻板地复制过去，却不是过去本身。这也就是说，拼
贴的怀旧只是一种形式化的抄袭，却难以触及本真的精髓。可见这种"无
深度"的拼贴只是利用观众的怀旧情绪而人造文化记忆的过程。

利用 IP 拼贴来人工合成社会文化记忆的现象在网剧中更加肆无忌惮。
如网络剧《新白娘子传奇》是对经典 IP 白素贞与许仙爱情故事的再度演
绎。1992 年改编自《白蛇全传》的电视剧《新白娘子传奇》登上央视三
套。在这之后白蛇的故事被多次影视化改编，如电影《白蛇传说》
（2011）、《白蛇：缘起》（2019），电视剧《白蛇传》（2006）、《天乩之白
蛇传说》（2018）、《新白娘子传奇》（2019）等。网剧《新白娘子传奇》
对白蛇故事的文化记忆进行了怀旧式拼贴。在关于白蛇的民间传说中，白
素贞与许仙的相遇是白蛇为报许仙前世的救命之恩，因此许仙对白素贞来
说除了是爱人还是恩人，而这正是造成白素贞悲剧命运的关键。旧版《新
白娘子传奇》象征着电视时代的经典作品，也是 80 后、90 后的青春记忆，
网剧对电视剧的 IP 改编只沿用了民间故事的形式，却实质性地改变了叙事
的内核，剧中的人物塑造、服装道具、情节线索都是对文化记忆的人工改
写。网剧版《新白娘子传奇》中的白素贞是一条刚刚修得人形的小白蛇，
虽有千年道行，但却是一个不通世事的少女形象。在电视剧中，她与许仙
非但没有前世的姻缘，许仙反而是她修炼中的情劫。另外，92 版电视剧中
的小青作为剧中的主要人物，她一路陪伴白素贞，但在网剧中小青被改编
成一条放弃了男儿身的青蛇，甘愿陪着白蛇在人间历劫，还与人间的男子
产生感情。网剧版《新白娘子传奇》作为人造的文化记忆，通过对经典 IP
的现代化拼贴，令故事成为披着怀旧之"壳"的现代人的爱情故事。

① 弗雷德里克·詹姆逊. 文化转向 [M]. 胡亚敏等，译. 北京：中国人民大学出版
社，2018：5.

　　综艺节目中的 IP 拼贴现象也时常出现，经典 IP 甚至成为被节目戏弄和恶作剧的对象。在泛娱乐化的大众文化语境中，综艺节目利用经典 IP 与节目语境的错位来解构 IP 本身的文化意义，从而产生综艺的喜剧效果。例如在《王牌对王牌》《青春环游记》《萌探探探案》等综艺节目中，节目嘉宾通常会穿上经典 IP 文本里不同形象的服装，或摆出搞笑的姿势，或做出令人捧腹的行为，意在文际间产生"笑"果。当身材圆润的贾玲换上电视剧《还珠格格》中紫薇的扮相，钢琴家郎朗穿上蒙丹的少数民族服装，他们在节目中的行为与他们本身的身份形成鲜明反差，刻意制造出"东施效颦"般的滑稽场景。当拼贴作为一种恶作剧式的综艺效果出现在节目中时，经典 IP 便成为拼贴行为的原材料。观众们一方面会被节目嘉宾们身上的剧服、熟悉的文本台词和音乐吸引，不自觉地唤醒曾经的记忆，被怀旧情绪所笼罩，另一方面他们会被经过修葺的、因美化或者丑化而变得面目全非的文化记忆投射认同心理，继而对经典 IP 产生厌倦或麻木，社会性的文化记忆便能够在移位的怀旧情绪中被改写。

　　大众传媒的审美文本在对怀旧话语的生产过程中植入了新型的价值观念，用"希望""美好""复活""拼贴"等观念为一种不再存在或未曾存在的想象发声，并掀起社会广泛的怀旧情绪，利用对年轻记忆的人工化重构呼唤过去空间、固化曾经记忆，并重构想象的未来。这些文本借这些人工记忆在社会范围内形成关于现代社会的"年轻化"审美趋向，这种审美趋向本是以年轻焦虑为内在动力，意在激起年轻观众的共情心理，以回看式的情感寄托来应对时光逝去的焦虑情绪。但在这个被建构的美好空间里，文本试图用"怀旧"取代"求新"在当下的位置，美好的、满怀希望的、能够复活的新世界却只能"活"在虚拟的时空里。

第二节 以励志精神主导的人生观生产

"励志"是能够在年轻群体中引起广泛共识的话语表述。大众传媒审美文本推动了年轻人的励志观形成,挑战自我、热血勤奋、勇敢追梦、自我成长等作为励志精神的深层能指,成为社会话语建构审美价值的催化剂。文本在励志表达的过程中生产出多样化的人生观念,最终实现意识形态的自然化功能。造成的结果是,以励志精神为内涵的"年轻化"审美文本不但能够在年轻受众中受到追捧,绝大部分受众也在励志的情感渲染下具有了审美趋同性。

"励志"作为大众文化视域下的一种文本类型,在中国本土的出现要追溯到青春偶像剧的电视剧类型范畴。根据张智华教授对电视剧类型的分类,侧重于塑造精神偶像的青春偶像剧多以励志元素刻画人物内心情感、表达积极的人生态度,他认为:"这类青春偶像剧主题明确,通常是表现爱情、友情、亲情和励志,以及生活和工作的态度,刻画人物内心世界,激发人性善良、积极的一面。人物相貌一般,精神可贵,有的还身残志坚。"① 导演赵宝刚的电视剧作品被普遍视作中国本土青春励志偶像剧的代表作,如《奋斗》(2007)、《我的青春谁做主》(2008)、《北京青年》(2012)等。这一系列电视剧刻画了新世纪伊始中国青年的群像,以励志为主题,将青春、梦想、奋斗等元素融入其中,完成了主流文化对励志话语的初级建构。

进入互联网时代,"励志"开始从青春偶像剧向不同的剧集类型泛化,成为细分的独立类型,例如青春励志剧、古装励志剧、言情励志剧等。著者选取 2018 年至 2020 年间骨朵数据库平均热度榜单前 10 名的文本作为调

---

① 张智华. 电视剧类型 [M]. 北京:北京师范大学出版社,2012:15.

查对象,在探析其细分类型时发现,前10位中有7部将励志作为剧集的细分类型,其中古装励志剧与青春励志剧更能受到网络受众的欢迎。具体数据见下表。

表2.2 电视剧热度排行榜(2018—2020)①

排 名	剧集名称	平均热度	上线年份	播出平台	类型细分
1	延禧攻略	100+	2018	爱奇艺	古装宫廷励志
2	陈情令	92.53	2019	腾讯视频	古装仙侠励志
3	亲爱的,热爱的	82.33	2019	爱奇艺/腾讯视频	青春甜宠励志
4	冰糖炖雪梨	81.09	2020	优酷	青春甜宠励志
5	如懿传	80.11	2018	腾讯视频	古装宫斗
6	新世界	79.96	2020	爱奇艺/腾讯视频	历史年代励志
7	庆余年	79.55	2019	爱奇艺/腾讯视频	古装励志
8	小欢喜	79.35	2019	爱奇艺/腾讯视频	都市伦理
9	安家	79.29	2020	腾讯视频	都市言情励志
10	长安十二时辰	79.14	2019	优酷	古装悬疑

在综艺节目领域,励志往往以节目的细分类型出现,以真人秀形式主导的网络综艺成为励志泛化的集中营。以2020年豆瓣评分为依据,励志综艺在全网综艺的前10名中占据6个席位,具体数据见下表。

表2.3 2020年豆瓣评分排在前十名的综艺节目②

排 名	综艺名称	播出平台	豆瓣评分	综艺题材
1	忘不了餐厅2	腾讯视频	9.5	老年励志真人秀
2	说唱新世代	Bilibili(哔哩哔哩)	9.3	说唱类励志真人秀

---

① 表格中的热度数据及热度排名来自骨朵数据《2020网络剧集产业发展研究白皮书》,第6页。

② 表格中的豆瓣评分数据来自豆瓣网站2021年1月10日下午5时左右的数据。

续　表

排　名	综艺名称	播出平台	豆瓣评分	综艺题材
3	明星大侦探之名侦探学院 3	芒果 TV	9.3	益智成长真人秀
4	魔熙先生 3	腾讯视频	9.2	青春励志真人秀
5	师傅！我要跳舞了	优酷视频	9.2	少儿励志真人秀
6	明星大侦探 6	芒果 TV	9.0	益智成长真人秀
7	明星大侦探之名侦探学院 4	芒果 TV	9.0	益智成长真人秀
8	瑜你台上见	爱奇艺	8.8	语言脱口秀
9	Super RISE·周年季	腾讯视频	8.8	青春励志真人秀（综艺衍生节目）
10	少年 ON FIRE	腾讯视频	8.8	励志偶像真人秀

从上述两种数据来看，励志精神已经渗透在大众传媒文本生产的不同文本形式和文本类型中，并形成相对稳定的审美趋势。审美文本中的励志精神其本质透露着"年轻化"审美的内涵，文本通过生产以励志为导向的人生观，起到约束与规范消费者/观众行为的作用。

一、年轻而自信的表达：励志精神是追求"大踏步"的个人成长

每当提到励志，青春剧总会首当其冲地被拉来当作其精神附着的载体，可以说，励志精神是当代年轻人表达自信的窗口，而成长则是使他们实现自信的筹码。"因励志而自信""因自信而年轻"是当代大众传媒文本生产的基本观念。在大多数电视剧中，人物的成长是实现励志的前提也是励志剧主导的思想内涵。20 世纪五六十年代，中国电视剧开启了以成长为母题的叙事征程。在那时，成长是在集体主义浪潮带动下而形成的社会性成长，懵懂的个体的成长意识仅作为集体成长意识的一层表现形式。在国家话语背景下的成长叙事是当时电视剧的主流审美形态，成为中国 20 世纪

中期最具代表性的文艺表达，如，将新北京的城市建设寓于大学生的成长经历中的电视剧《新的一代》；又如，以新中国社会主义改造时期为背景而拍摄的《桃园女儿嫁窝谷》，描写了年轻的生产队长跨越无数艰难险阻，带领大家开疆拓土、植树育林的故事。在政治话语的引导下，剧中成长叙事行使着国家意识建构的宣教职能。改革开放初期，正值发展阶段的电视剧艺术担负着社会文化启蒙的历史使命。《蹉跎岁月》《我们这一代年轻人》《青春无悔》等电视剧将社会的反思意识寓于个体的成长叙事之中，在理想与命运的相互交织下，寄托着那一代人对未来的憧憬与对生活的希冀。随着市场经济的进一步完善，在主导意识形态与商业资本的夹击之下，电视剧文本中的成长叙事线作为贯穿社会现代性的内在品质，从对社会性的精神抒发向对个体精神的描绘过渡，如《奋斗》《我的青春谁做主》《北京爱情故事》等青春剧将城市青年群体的身份问题与青年个体的成长叙事捆绑在一起，在自我与他者的对峙与反复审视中建立身份的归档机制，励志成长观初步完成了对大众话语的形塑。

当互联网经历了新时代背景下的第一个十年，主导意识形态在文艺商品化浪潮下愈加式微，在用户分化的影响下，电视剧文本对年轻受众的过度依附强化了励志叙事的纵深，主要表现在当代年轻人们自信的程度与他们自身成长的幅度成正比。"大踏步"式的个人成长成为励志精神的直接表达，也是自信观念的生产源头。2020 年，由柠檬影业出品的电视剧《二十不惑》在爱奇艺平台播出，它将 20 岁女性作为叙事主体，继续打造蕴含励志精神的成长故事。这部典型的校园青春剧聚焦在 4 个即将毕业的女大学生身上，记录了她们在 20 岁这一年的人生经历，也见证了她们在面临家庭、事业、情感危机时的困惑与烦恼。从稚嫩到成熟是一种社会化过程，相比起外在的生物性成熟，内在的精神性蜕变更能体现人物的成长，在追求个体精神的升华中被电视剧巧妙冠以励志的主题。电视剧以刻意强调人物情感成长线的方式强化青年主体的自信程度，因而令这 4 个女孩的自信显得激进而充满对抗意识。电视剧用 4 段拒斥妥协的抗争人生来表达她们各自"不惑"的旅程，但故事却将拒斥的对象转嫁给男性，从而在两性关系上表达出一种独特的自信心与优越感。姜小果在终于等到爱慕的男上司向自己告白的时候却关上了自己的心门；段家宝发现大熊细水长流的爱情却无法满足自己对惊涛骇浪的渴望时毅然决定分手；罗艳无法接受男友瞒着家人与自己谈恋爱决定与之分手；当梁爽发现自己对摄影师爪英俊心生好感之时却发现好友段家宝对同一个对象萌发了爱意，她立刻将自己的内心隐藏起来。这帮"不惑"女孩拥有着与她们年龄不相匹配的成熟心智，这是对现代年轻女性观众的有意迎合，为她们生产出一套表达自信话语的励志人生观，但"大踏步"式的成长叙事违背了青年个体心智成长的客观规律，终使励志精神脱离了生活的本真。从整体来看，当今的青春叙事从本质上看，都是一种成长叙事，如，热播剧《亲爱的，热爱的》《最好的我们》《风犬少年的天空》《了不起的女孩》都以寻求主体大跨度的成长曲线来突出年轻人们已经觉醒的励志精神，并为他们树立"因年轻而自信"的奋斗目标。

年轻人励志的自信心也在征服大自然后的心理成长中体现。2015 年后探险类真人秀曾风靡一时，如《一起出发》（2015）、《出征》（2016）、《越野千里》（2017）等。节目话语将其励志精神建构在人与自然的对抗中，随着观众猎奇阈限的水涨船高，节目的励志野心愈加明显。例如《跟着贝尔去冒险》是《越野千里》的迭代节目，从未有过野外求生经历的明星要跟随野外探险家贝尔·格里斯尔完成真人秀录制。节目用悬崖峭壁、渺无人烟等元素营造了相对极限的环境，以此增加人与自然抗衡的难度。如在节目里，明星们需要完成瀑布攀岩、高空跳伞等项目突破生理极限，同时也需要经受住吞食鼠类、挖取牛心等项目的心理考验。野外求生作为一种成长体验，求生的难度越大，其成长的叙事线索就越清晰，短短几十分钟的节目却收获了人生中巨大的成长是这类节目需要的效果。自信作为一种成长话语，能够一边制造嘉宾不断克服心理障碍的难度从而强化其戏剧冲突，一边释放传播励志精神的有效信息，让节目不断进行猎奇的景观化生产。

二、年轻而热血的认知：励志是缓解年龄焦虑的身体"惩罚"

美国当代社会学家哈里森认为"年纪"是宇宙中唯一可以化约为"时间"的形象，这就是说，人们可以在一定程度上用"年纪"概念的有限性来类比抽象的时间概念，令世界现象在时间中开显，这是存在主义的哲学思辨。哈里森认为在当代人的身上存在着不同层面的"异龄并存"现象。所谓"异龄并存"是指人能够"同时拥有多种不同的年纪：生物年纪、历史年纪、制度年纪、心理年纪。"① 现代人身上的"异龄并存"现象主要反映在其生物年纪与心理年纪的非同步发展，这是导致现代人产生年龄焦虑的心理根源。由芒果 TV 制作并播出的综艺节目《乘风破浪的姐姐》第二季，召集 30 位 1991 年（2021 年时 30 岁）之前出生的女艺人，通过培训与考核之后，选出 7 位成员组团出道。对年龄的讨论成为这些女艺人们聚在一起时常提到的话题，在一次群体讨论中，大家对节目备彩环节要她们自曝年龄的行为表示不能接受。

> 那英：咱们的青春不在了，咱是老年团。
>
> 胡静：咱这儿没有老年团，咱都是年轻人。
>
> 杨钰莹：但是身体检查的时候上面写了"中老年"，我的妈呀，我第一次看的时候我都快疯了！中老年组！
>
> 那英：那当然了，不能骗自己……
>
> 胡静：但你的样子不像，所以我昨天在看你年龄的时候我还震了一下。

---

① 罗伯特·波格·哈里森. 我们为何膜拜青春：年龄的文化史 [M]. 梁永安，译. 上海：三联书店，2018：3.

那英：我（一九）六七年的，我五十三（岁）。

杨钰莹：你不要随便讲自己的年龄好不好，不要讲。

那英：我过生日的时候我才突然发现，妈呀，我都五十三了。我怎么一直都没觉得自己长大。其实女人真不是说谁都那么早就成熟的，就是心理年龄太小了。

参与这段对话的女明星们大都承认自身在心理和生理层面存在着年龄错位，当她们无法直面自己不可逆转的生理年纪时，只好求助于自己"年轻化"的心理特征，以期缓解自己焦虑的内心。在当代大众媒体的渲染下，以勤奋与热血为内涵的励志精神填补了被年龄焦虑驱使已久的心理失衡，然而对身体的自我施暴却成为缓解心理焦虑的代价。现代社会群体对年龄的焦虑具有任意性，无论老中青年都在想方设法对抗时间的不可逆性，在女性群体中更为明显，为"年轻化"审美造就了文本的生产空间。当中青年女性成为当代传媒文本消费的主体，对于如何在她们之间制造年龄焦虑，再化解焦虑危机成为撼动中年女性传媒文化市场的关键。正因如此，"三十"作为一个年龄概念在近几年显得格外热门和流行，尤其是在女性群体中间。一系列以三十岁左右女性为叙事主体的综艺节目如《乘风破浪的姐姐》《女人三十+》《听姐说》《怦然再心动》《妻子的浪漫旅行》，以及电视（网络）剧，如《三十而已》《我的前半生》《不惑之旅》等铺天盖地而来。"三十岁"在不同的叙事文本中被反复提及，催生着一种时不我待的个体焦虑和集体的厌老情绪。通过众多审美文本对"三十岁"这个具有特殊意义概念的深层挖掘，让"三十"这个数字真正成为横在女性心中的一道坎儿。综艺节目《乘风破浪的姐姐》用"三十岁"清晰地划分女嘉宾们的"楚河汉界"，所有参加节目的女明星须以三十岁为下限，节目以此暗示女性在这个年龄中的尴尬境遇。电视剧《三十而已》的故事发生在三位女主角三十岁的这一年，以此来强化这个年龄对于社会女性的重要性。在对"三十"做足了情境铺垫之后，许多节目开始为"三十岁"这个概念重新填上精神内容，以勤奋和热血主导的励志精神成为节目的主要表达。比如，"三十而励，三十而立，三十而骊"的节目口号就是《乘风破浪的姐姐》这档节目对励志精神的观念输出。节目一开始，女明星们就以自戳痛点的口吻讲述她们三十岁之后面临的生存困境：有离异后的社会压力，有生育后的事业低潮，有大龄剩女的情感危机等。女明星们面对人生低谷时的逆袭是这档节目烘托出的情绪氛围，也是其文本生产的叙事主线。相比养成式的青年选秀节目，它需要彰显女嘉宾们加倍励志、更加独立、绝对自信的一面。然而，节目组却让励志精神被数字量化。在第一季的节目中，每位女明星在被淘汰后都会得到一块由节目组颁发的"挥汗"数据牌作为荣誉表彰，上面精确地标注了她们每个人在节目期间的训练小时数。分析数据发现，凡能进入总决赛的女明星，她们在台下的训练时长均能达到 300 小时以上。节目对励志精神的观念表达就很明显了，强调以身体为载体的勤奋表达，以体力的高强度消耗来突出自身充满热血的励志精神。《乘风破浪的姐姐》在第二季节目播出时加强了对励志内容的输出，嘉宾年龄较第一季普遍更为年长，节目规则更为严苛。随着节目规则的改变，嘉宾们逐渐发现了制胜舞台的秘密——她们的动作想要达到演出标准就必须付出相当体量的时间成本作为代价。在一遍遍机械重复的背后是体能的巨大消耗，甚至对身体健康状况产生威胁。然而，节目里的明星们如果想证明自己的价值，期待得到观众和粉丝的关注，只得主动驯服自己原本并不勤奋的身体，而以勤奋主导的励志精神将"年轻化"审美范式推向同一性的工具理性。马克斯·韦伯将充斥着工具理性的现代社会称作"铁笼"，"铁笼"之下的经验框架具有统一的标准，人便逃不过被工具理性物化的命运。可见，今天大众传媒文本中"年轻化"审美的经验范式对屏幕里的女明星甚至屏幕外的观众来说都具有被同化和异化的风险。

同为芒果 TV 制作的综艺节目《披荆斩棘的哥哥》于 2021 年 8 月上线，节目在形式上与《乘风破浪的姐姐》大致相同，本着"再出发"的主题，意在激发"三十岁+"男明星的热血精神，并以此激发观众的厌老情绪。节目将观众的投票称作"火力值"，主题曲取名为 *CALL ME BY FIRE*（《用火焰唤醒我》），并处处以"火焰"的视觉符号来制造热血、高燃的节目氛围。社会对男性的宽容环境令他们的竞争意识较女明星薄弱，因此节目的励志精神便无处释放，节目便再次利用数字强化"哥哥们"的竞争意识。在哥哥们入驻节目之初，多数年长一代的男明星们并没有过强的竞争意识，将每日预计训练时长锁定在 2 到 4 小时，甚至有人随性地选择了0 小时，年轻一代的哥哥们则多数选择超过 12 小时作为自己每日的训练时长。在经过几轮比拼之后，老一辈明星们明显感受到了前所未有的压力，被燃起斗志的他们纷纷加码自己的训练时间。这正是节目的数字逻辑，用训练时长来激励这些男明星主动驯化自己的身体。

三、年轻而自强的信念：励志是性别话语争夺的新机遇

随着女性社会地位的大幅提升以及女性消费能力的进一步提高，传统父权制视角下的凝视机制逐渐被年轻的女性观众消解，她们开始成为文本生产中新的凝视主体。可以说，女性主体意识的觉醒伴随着对遗失社会权力的寻回，这种对意识的寻回以女性独立自强的信念感为路灯。诚如西蒙·波伏娃（Simone de Beauvoir）所言："今日的女人要做出丰功伟业，最需要的是忘掉自己，但为了忘掉自己，首先必须坚信从今以后找到自我。"[①] 当现代年轻女性占据社会消费体系的主体位置，原本两性之间的依附关系开始被新的性别制衡关系矫正，这在大众传媒领域中的女性题材电视（网络）剧以及综艺节目里表现明显。

（一）"她综艺"里的自强信念营造

自 2019 年以来，聚焦女性工作、生活和情感话题的综艺节目层出不

① 西蒙娜·德·波伏娃. 第二性：第 2 卷 [M]. 郑克鲁，译. 上海：上海译文出版社，2011：566.

穷,通过多样化的女性叙事迎合了当代独立自强、奋斗不息的新女性社会思潮,以女性为绝对叙事视角的节目也称作"她综艺",这较为符合当代女性观众对"年轻化"审美的消费需求。"她综艺"以弱化男性凝视为内容生产的底层逻辑,并将其视作节目的他者,从而突出女性在节目中的主体位置。如《乘风破浪的姐姐》中黄晓明、杜江、秦昊等男明星虽是掌控节目流程的主持人,但他们在节目中却是以卑躬屈膝的、谨慎小心的、服务女性的侍从身份而出现。他们不断在台上与台下来回穿梭,不仅要想方设法地满足女明星们的各种要求,还要接受她们在言语上的挑衅和揶揄。节目借男女之间的新型主仆关系向女性观众输出自强不息的信念感,由此传达的励志精神不但会受到年轻女性观众的崇拜,其他年龄层的女性也会为之痴迷。这种现象在女性题材的其他类型综艺中亦呈现明显,男性总会以不同的身份出现在节目中,然而这些以女性为主观视角的节目里,男性均不具备主体性,其实质是服务女性的助理角色。如,《花儿与少年》中的井柏然、《妻子浪漫旅行》中的张翰、《怦然再心动》中的王大陆、《因为是朋友呀》里的谢霆锋等,他们不仅是节目里的小跟班,也是女性综艺话语中的"他者"。他们在平日除照顾女嘉宾们的日常起居外,还负责物料采买、规划旅游线路等工作,此外还是她们话题中永恒的消费对象。

表2.4 部分"她"综艺节目里的男女性形象对比

序　号	综艺节目名称	节目类型	女嘉宾的节目角色及任务	男嘉宾的节目角色及任务
1	妻子的浪漫旅行	女性旅行综艺	妻子旅行团成员,看风景、带出情感话题	导游,日常起居、承担物料采买、规划旅游线路
2	乘风破浪的姐姐	女性选秀综艺	选秀训练生,台下刻苦训练完成舞台公演	主持人,联通女嘉宾与节目组的中介

续 表

序 号	综艺节目 名称	节目 类型	女嘉宾的节目 角色及任务	男嘉宾的节目 角色及任务
3	怦然再心动	女性恋 爱综艺	在节目相亲的女明 星成员	征爱小助理,负责女 性宿舍中的后勤服务 工作
4	因为是朋友呀	女性旅 行综艺	闺蜜旅行团成员, 旅行并带出友情 议题	男性闺蜜,日常起居、 承担物料采买、规划 旅游线路

当代大众传媒文本生产突出女性自强的信念感还以女性视角进入对男性身体的凝视机制为标志。中年男性选秀综艺《追光吧哥哥》尝试将男性年龄焦虑的问题带到台前,然而这却是一场以女性视角代入并建构的焦虑感。同样是三十多位业务能力参差不齐的男明星,同样讲述了一段经过艰苦训练之后得以涅槃的成长叙事,然而最初聚焦在这些男明星身上的看点并没有像女明星那般励志和抢镜。这缘于社会对中年男性的宽容度本就较高。与顶着精致的妆容、有着严格的身材管理、身着华丽的战袍、表演时无比亢奋的女明星们相比,这些男明星就显得过于松弛和随意。节目在录制时将现场的女性观众分成"80后""90后""00后"三个阵营,并邀请了两位女性嘉宾走进观察间全程参与节目的点评录制。起初他们发福的体型、粗糙的妆容、拖沓的舞步和跑调的唱功都不能让舞台外的年轻女观众们买账。在女性"年轻化"审美的凝视机制下,勇敢、自信、抗压成为男明星们应当具备的人生观,严格的身材管理是她们帮男明星们建构的励志精神。评委金星就直言不讳地指出陈志朋腰间露出的赘肉让她看到了年龄感,可见"老态"不仅不能出现在以女性为主体的身上,也不能出现在她们所凝视的客体身上,这便是当下年轻女性对男性身体的权力规训。节目《披荆斩棘的哥哥》同样启动了女性的凝视机制,现场女性群体组成的大众评委责令男明星们展示"他力量",其实质是在为女性观众对标想象中

的理想伴侣。

(二) 励志剧中的新型两性关系设置

在以女性为中心的电视(网络)剧文本中,独立自主、自强不息的励志信念时常被转喻为女强男弱的叙事结构。这种对立关系不仅出现在男女人物的情感关系中,也会出现在职场关系中,如早些年播出的电视剧《欢乐颂》《北上广不相信眼泪》和近几年出现的《逆流而上的你》《正青春》《输赢》等。在这些电视(网络)剧中,女性是职场中的精英和女强人,反观男性的职场形象则呈现为一种被动的、失意的、等待女性解救的角色。2022 年伊始播出的行业剧《输赢》以互联网行业为职业背景,讲述身处两大互联网龙头企业的"南周锐、北骆伽"在商海中不打不相识的故事。女主角骆伽所在的惠康公司正处在上升期,而男主角周锐所在的捷科公司正因业绩下滑面临被惠康收购的危机。职场语境的设置令男女主角的身份落差自开场时便有所显露,家大业大的骆伽无惧与周锐在招标会中大打价格战,经常将男主角逼到职场生存的夹缝中,每到这时观众夸赞女主角自强励志之词便能挂满弹幕。然而女性励志剧的矛盾在于:文本生产既要满足女性观众自强不息的自我想象,又要平衡她们对理想情侣的情感呼唤。剧中骆伽与周锐的情人关系总会让这段男女强弱的职场关系呈现出断裂感,甚至是情节设置的矛盾感。但无论如何,这样的男女设置让女性人物摆脱了以往的性别依附叙事,为其形象奠定自强的励志基调。女性总以高人一等的女强人形象实现事业、爱情两手抓,这符合现代年轻女性观众对新型男女关系的诉求,而自强励志与年轻成为传媒文本里的同义词。

这种新型男女关系也出现在以姐弟恋为内容的励志剧当中,尤其在熟龄甜宠剧中表现突出。从 2019 年开始,随着《怪你过分美丽》《理智派生活》《下一站是幸福》《我的时代,你的时代》等剧集的播出与上线,标志着传统甜宠剧向职场类甜宠剧的迭代与升级。传统甜宠剧作为包裹着工业糖衣的降压药，以高浓度甜份盖过了人在现代焦虑中承受的苦涩，但清新的校园纯爱剧是以牺牲生活现实、隐藏社会矛盾、架空地域文化为代价让受众尝到"甜头"，故而现实主义在甜宠剧中始终存在着某种程度的缺席。励志型的熟龄甜宠剧就弥补了这类现实的缺席，将青春偶像剧与职场剧进行杂糅，例如《怪你过分美丽》以娱乐圈经纪人为职业背景，讲述了金牌经纪人莫向晚在逐梦过程中收获爱情的故事。《下一站幸福》则勾勒了都市职场女精英贺繁星在经历了职场与工作的双重压力后，牵手恋人共谱恋曲的故事。与此相类似的还有《理智派生活》，职场女性沈若歆同样面临着家庭与事业的双重考验，最后在助理祁晓的帮助下逐渐敞开心扉、重拾自信的故事等。在这类以熟龄女性担当主角的甜宠剧里，女强男弱的叙事模式迎合了当代社会的女权主义思潮，在社会地位以及情感依附关系上为现代女性炮制的自信密码，因自信而年轻则构成了女性中青年形象的叙事主题。《下一站幸福》中贺繁星的恋人元宋是贺繁星所在装饰公司的实习生，《理智派生活》中的男主角祁晓是沈若歆的同事兼助手。可见熟龄甜宠剧推翻了曾经由男性主导的甜宠叙事，女强男弱的职场关系成为令熟龄甜宠剧的"年轻化"表征。在这类职场剧中加入的姐弟恋题材备受女性观众青睐。除上述列举剧集外，《良辰美景好时光》《不会恋爱的我们》《爱的二八定律》《致美好的你》等熟龄甜宠剧也纷纷将目光投向女大男小的姐弟恋议题。当女性获得人物情感关系主导权，成为男性角色在个体成长过程中的引路人，同时也为这些励志自强的女性形象提供了"年轻化"审美的感受空间，因此以姐弟恋为题材的甜宠剧比一般传统励志剧更能实现观剧的代入感。

第三节　以偶像崇拜引导的消费观生产

偶像崇拜情结是自人类朴素时期起便产生的集体经验，此种集体经验带有明显的宗教意识内涵，曾在人们的日常生活和精神世界里扮演重要角色。人类最初的崇拜情结源于对上帝与神灵等超自然力量的信奉，这正是传统宗教的起源。正如英国文化人类学家弗雷泽（James George Frazer）所言："宗教是对被认为能够引导和控制自然与人生的超自然力量的迎合或抚慰。"① 弗雷泽在考察古代巫术时发现，狄安娜曾是内米圣林中森林的守护神，当时的人类将狄安娜视作大地的丰产与子孙的绵延的象征，因此他们通过祭祀寄托崇拜与信奉之情。每一个时代都有其特殊的价值体系，人们借此建立起个体与世界的联系，并以此寻找自身存在的价值，崇拜情结则一直伴随着人类经验的启蒙与发展。即便是哲学家尼采在高呼"上帝死了"的时代，他也会马上找到权力意志接替成为新的"上帝"，作为人类的最高价值受到现代社会的崇拜。

这种传统的集体经验在现代社会经历了"世俗化"改造，传统的宗教仪式逐渐泛化为伦理意识与美学意识。在当代审美文化的语境下，人类的最高价值从形而上的精神追求转向形而下的物质追求，这表现在当代消费偶像与其追随者稳定的捆绑关系。凭借受众，特别是粉丝对偶像的盲目崇拜，重新划分"年轻化"审美的消费责任和义务，影响崇拜者的文化消费模式，并由此将偶像崇拜情结带入传媒资本的逻辑链条。

一、偶像崇拜的视觉消费观念：偶像凝视与想象性满足的等价关系

以技术和机器为造物主而凝结的现代崇拜意识是以崇拜资本和消费为基础的。弗洛姆（Erich Fromm）认为："作为现代偶像崇拜的一种集体的、强有力的形式，我们发现了对权力、成功和市场权威的崇拜。"② 偶像崇拜在当代社会的本质是对消费品的有偿占有，这在传媒工业领域也不例外，

---

① J·G. 弗雷泽. 金枝［M］. 耿丽，译. 重庆：重庆出版社，2017：20.
② 艾瑞克·弗洛姆. 精神分析与宗教［M］. 孙向晨，译. 上海：上海人民出版社，2006：25.

只不过崇拜者对崇拜对象的占有关系被新的视觉凝视关系所取代。这种新的凝视关系首先表现在观众对电视剧中英雄人物的偶像崇拜。英雄神话是古代宗教意识最初的文本表现形态，对英雄形象的崇拜构成了集体经验共同的心理结构。英雄往往是借助象征机制，激发人们对"原型"或"集体无意识"的崇拜情结，蕴含在英雄形象中的崇高精神催生其膜拜价值。但在以年轻女性受众为消费主流的传媒产业化发展中，具有膜拜价值的英雄形象正在向一种具有雄性气质的偶像形象转变，这是当代"年轻化"审美范式的一种发展趋向。

以英雄叙事为母题的军旅剧曾是中国电视剧史上一支重要的类型分支，在英雄形象与平凡形象的二元叙事中彰显中心人物，推动情节发展的叙事职能。在多数电视剧中，英雄人物是"超凡"能力的象征，但凡遇到无法克服的、超出寻常的困难时，英雄人物总能脱颖而出，成为化解自然困境、有序力量与无序力量的想象性存在。进入新时期开始，在以抗战题材为主的军旅剧中，具有强健体魄的中年男性形象是英雄人物的主要载体，这类英雄的塑造通常将其置于宏大的流变历史背景中，例如《激情燃烧的岁月》中的石光荣、《亮剑》中的李云龙、《历史的天空》中的姜大牙等。作为铁血硬汉式的英雄人物，他们成为终结战争的革命拯救者。这类电视剧往往是传奇范式下的英雄叙事，他们作为"草莽"英雄，做事离经叛道，生活中独裁霸道，时常口出狂言、粗话连篇，但这些缺点无法阻碍他们成为剧中英雄形象。每每在部队生死存亡的危急关头总是他们出手力挽狂澜，凭借丰富的作战指挥经验，奇迹般地战胜敌人。

表 2.5　传统抗战题材军旅剧中的英雄形象

序　号	剧名及年份	英雄人物名	人物性格
1	激情燃烧的岁月 （2001）	石光荣	个性偏执、意志坚毅

续 表

序　号	剧名及年份	英雄人物名	人物性格
2	历史的天空 （2004）	姜大牙 （姜必达）	独裁霸道、胆识过人
3	亮　剑 （2005）	李云龙	粗鲁蛮横、勤奋好学

当消费语境对电视剧市场机制的影响逐步扩大，英雄叙事的模式也随之变化。以抗战时期为背景展现英雄人物精神世界的电视剧走向以"平民化"视角纵观和平年代社会风貌的军旅剧，现代部队的青年军人成为对英雄形象的诠释符号。自从 2006 年电视剧《士兵突击》播出后，英雄形象的青年化趋势愈加明显，如《士兵突击》中的许三多、《我的兄弟叫顺溜》中的顺溜等，成为英雄形象的新诠释。他们是典型的小人物，从农村或偏僻的小城入伍参军，性格质朴却倔强。一改往日战争带来的苦难与伤痛，新时代下的军旅剧开始对百折不挠、刚毅坚强的青年军人进行深描。

随着军旅题材在网络剧中的渗透，英雄形象经历了从铮铮铁骨到铁汉柔情的转变。叙事模式从宏大的历史背景中抽身，转而关注以英雄人物为中心的个人叙事。"平民化"的英雄视角进一步向"生活化"的雄性视角转变。他们个性张扬、精力充沛、向往自由，在包括对《爱上特种兵》《特战荣耀》《尉官正年轻》等军旅人物的塑造下，平民英雄再一次向偶像英雄蜕变。《爱上特种兵》讲述了特种军官梁牧泽与军医夏初一同追求理想、履行军人的职责与使命，并收获爱情的故事。《你是我的城池营垒》讲述了医学生米佧卷入珠宝劫持案，被特警队员邢克垒深入虎穴救出，两人一开始因误会引发了敌意，而几次意外救援中他们却逐渐被彼此的闪光点所吸引，继而展开了一段浪漫爱情故事。这类网络剧脱离传统军旅剧的叙事模式，将都市、情感元素融入军旅题材，成为混合题材的网络剧。然而，在以征服年轻女性受众为前提的人物设置下，这类网剧对男性气质的消费取代了对英雄本色的展现，他们帅气拔枪、英勇格斗、负伤训练等一系列英雄行动都是突出偶像形式化外表的途径，激发女性观众对最佳伴侣形象的心理投射与想象性占有行为。

表 2.6　当代混合元素军旅剧中的英雄形象

序　号	剧名及年份	英雄人物名	混合题材元素
1	尉官正年轻（2020）	徐晓斌	爱情、军旅
2	你是我的城池营垒（2021）	邢克垒	都市、爱情、军旅、医疗
3	爱上特种兵（2021）	梁牧泽	都市、爱情、军旅
4	特战荣耀（2022）	燕破岳	爱情、军旅

　　英雄形象的偶像化趋势也在谍战剧中得以体现。谍战剧在我国电视剧史上有着特殊的历史地位，中国本土首部电视连续剧《敌营十八年》就是一部典型的谍战剧作品。自 2009 年开始，《潜伏》《风声》《暗算》等电视剧的热播令传统谍战剧迎来了一个创作高峰。在那之后的几年里，谍战剧受到政策影响在数量方面出现缩水现象。为应对影视剧在网络平台播出而出现的严峻分众状况，观众审美品位的变化促使创作者对谍战剧做出迅速调整，以适应多元社会不同的审美要求，这以起用年轻偶像为突出的创作特征。2015 年《伪装者》的播出让英雄形象的偶像化发展深入到谍战类型，胡歌、王凯等偶像的加入开启了谍战剧的"年轻化"审美先河。随后《麻雀》《谍战深海之惊蛰》《秋蝉》的先后播出，将谍战剧的偶像化创作情绪推向高潮。这类谍战剧的"年轻化"创作趋向表现在故事中加强了爱情线的叙事比例，用青春偶像剧的创作内核弱化了谍战剧的标签定义。例如电视剧《麻雀》讲述了代号为"麻雀"的共产党人陈深潜伏在汪伪特工

总部首领毕忠良身边秘密传递信息,鹳获取汪伪政府"归零"计划的故事。但是这个故事的情节却始终围绕陈深与昔日恋人徐碧城以及工作搭档李小男之间的三角情感纠葛而展开。2019 年播出的《谍战深海之惊蛰》以及 2020 年播出的《秋蝉》也采用了相同的叙事模式,年轻、温暖、浪漫成为这类青春偶像谍战剧中英雄人物创作的模式化特征,让谍战剧带上了浪漫主义式的革命标签。

表 2.7 部分传统谍战剧中的英雄形象

序 号	剧名及时间	英雄人物名	情感叙事线
1	麻雀(2016)	陈 深	陈深与昔日恋人徐碧城和暗恋他的李小男之间的三角关系
2	谍战深海之惊蛰(2019)	陈 山	陈山与并肩作战的战友张离从"假夫妇"到"真恋人"的故事
3	秋蝉(2020)	叶 冲	党员叶冲与爱国女学生李曼并肩作战并萌生爱情

当传统谍战类型的题材向年代、都市、职场等不断泛化,英雄形象的人物身份相应呈现出多元化发展的趋势,如《隐秘而伟大》将职场剧与谍战剧杂糅,男主角顾耀东是一名从法学院毕业的小警察;又如将谍战剧与年代剧结合的《瞄准》,男主角是松江市公安局专案组的一名狙击手。一部分电视剧注意到了爱情泛滥的谍战剧症候,有意缩减了爱情戏份,更聚焦于英雄形象的男性气质。这种男性气质不仅仅表现在高大、帅气、挺拔等年轻的外形特征,激情、硬核、热血、励志等人格特征也成为新英雄形象的话语生产方式。如在《瞄准》中,由黄轩扮演的苏文谦是一名优秀的狙击手,他帅气的外表成为将年轻观众迅速带入情境的钥匙,而剧中一系列精准的狙击行动也呈现出他精湛的业务水平。《叛逆者》中由朱一龙饰演的共产党员林楠生充满热血,成功地演绎了一段新手特工到成熟特工的励志成长史。

表 2.8 部分复合型谍战剧中的偶像形象

序 号	剧 名	人物形象名	偶像气质塑造关键词
1	瞄准（2020）	苏文谦	硬核、帅气、精英
2	隐秘而伟大（2020）	顾耀东	坚韧、帅气、诚实
3	叛逆者（2021）	朱一龙	热血、帅气、机智

随着这些复合类型谍战剧的出现，英雄人物身份也随之进行了多样化调整，但以明星效应带动受众，激发他们对偶像崇拜的情感经验，成为上述文本生产的重要特征。在电视剧中，男主角们奋力的嘶吼、健硕的身体、热血的偶像气质能够造成强烈的情感震荡，快速引发年轻女性受众投射对偶像的占有欲望，但却削弱了由敬畏之情而引起的膜拜价值。这证明了由社会文化主导的审美范式正在发生转向，"年轻化"审美的话语生产方式及其观念生产占据社会文化的主流。大众传媒生产的审美文本向当代年轻观众，尤其是年轻的女观众们宣告着一种新的偶像崇拜观念，那就是对偶像的隔屏凝视是一种新的占有方式。作为一段浪漫关系的开启，观众可以通过对文本的凝视消费收获自身的情感依赖以及精神享受。

二、偶像崇拜的物质消费观念：追随偶像的狂热消费

"消费偶像"的概念来自法兰克福学派的学者文塔尔，他认为这是二战后美国的通俗文化中经常描绘的新型人物形象。① 消费型偶像与曾经美国文学中的"生产偶像"截然不同，后者以"给予型"为人物特征，包括政治思想家、文学家、科学家在内的生产型偶像为社会奉献了新的价值观

---

① 周宪. 视觉文化的转向 [M]. 北京：北京大学出版社，2008：116.

念和思想观念。前者则由向社会与公众索取报酬的电影明星、体育名人、流行歌手等为主要成分。他们往往让自己成为一种具有感召力的消费样本，为公众提供消费意识与生活观念。自 20 世纪初开始，明星便被观众当作人格神来崇拜，那时的人们更多的是投射自己的欲望来仰视明星的灵韵与光辉。当然"追星族"们也会买票走入电影院和演唱会、购买带有明星封面的杂志及音像制品，得到的是因崇拜偶像而产生的悸动、欲望和疯狂的情绪。早在法兰克福学派时期，他们就将偶像的工业化生产作为批判的对象。他们认为"将廉价的东西偶像化，也就是将普通人英雄化。身价最高的明星，也相当于推销不知名产品的广告。因此，他们也可以像商品一样，在一大堆样品中挑选。"① 在阿多诺与霍克海默的时代里，文化工业将偶像推销给渴望接纳他们的受众，并使之产生崇拜、认同、迷恋等情感。但在粉丝经济的助力下，偶像的粉丝们不再满足于对偶像公众形象的接纳，他们开始介入偶像公众形象的生产环节，甚至有能力生产并占有偶像本身。"为偶像消费"是当代大众传媒文本为吸引年轻观众进行狂热消费而生产出来的消费观念。

（一）"饭圈"爱豆与偶像符号消费

"饭圈"（Fandom）文化作为一种特殊的、高阶的粉丝文化具有其特殊的历史语境。2000 年之后，随着互联网与社交媒体的兴起，国际文化交流日益频繁，国内大众文化的关注焦点开始从欧美与港台转向传媒工业较为发达的日韩。随着鹿晗、黄子韬、张艺兴等"韩流偶像"的回归，中国本土的饭圈文化从那时开始兴起。按照日韩娱乐工业体系培养出的偶像与传统的"消费型偶像"显露出明显差异，当今正在流行的饭圈偶像是一种以流量为驱动、专供粉丝消费的流量偶像，饭圈文化将其称为"idol"（爱

---

① 马克斯·霍克海默，西奥多·阿道尔诺. 启蒙辩证法 ［M］. 渠敬东，曹卫东，译. 上海：上海世纪出版集团，2006：141.

豆)。与传统偶像相比,"idol"更具商品属性,"年轻化"审美的内核是偶像爱豆的使用价值,资本的介入令偶像工业更关注其剩余价值的生产。从电视时代的"收视率"到互联网时代的"流量",这意味着对流量偶像的孵化可以从数十年缩短至数个月,让"一夜成名"不再是一个夸张的比喻,这种现象是数字媒介技术所带来的时代性和平台性特征。在技术赋权的时代,饭圈的年轻粉丝不但能够影响"年轻化"信息的传播,他们更参与到偶像生产与再生产过程中,可见当代的流量偶像注定是在互网络时代出现的产物。

　　流量偶像与创作影视文本的演员明星不同,后者以受众的投射作为其偶像崇拜的信念感来源,因而他们努力的方向是提高创作偶像形象的业务水平,主要体现在他们自身对表演创作的专业水平提高。网生时代的流量偶像则更看重对粉丝的垂直维护和黏性消费,因而他们的业务发展是多元化和多栖化的。缺乏演技的偶像可以转型做歌手,缺乏音乐细胞的偶像就去跑综艺通告,缺少综艺感的偶像也能获得商务和代言。就这类消费型偶像而言,打造偶像人设和追求媒体曝光率比提高自身实力和才艺更加重要。因此,粉丝受众对流量偶像的消费其实质是对他们偶像符号的消费。让·鲍德里亚认为后现代社会的消费主义思潮令社会的物质生产不再满足于生活的真实需求,而是以满足消费者复杂动机的符号生产作为最终目的。在国家颁发对偶像类养成综艺节目的禁令之前,这类综艺节目作为饭圈经济的中游产业,承担着提高偶像曝光率的平台责任。节目并不看重通过偶像们的个人魅力所传递出的社会公共价值,他们更加重视偶像在与商品拜物教捆绑后在年轻粉丝内部产生的交换价值,因此这些年轻偶像的功能就在于"将自己的生活变成公众可以看得见的具体可感的'生活样本'。"① 他们向粉丝展示自己无限的年轻化资本:年轻的身体、年轻的品位、年轻的打扮、年轻的爱好,年轻的精神……以期获得粉丝们的认同与

---

①　周宪.视觉文化的转向 [M].北京:北京大学出版社,2008:118.

追随,这种物化的生活方式因在偶像的赋能下具有了被"膜拜"的价值和被崇拜的力量。

粉丝与养成类偶像的关系可以被理解为一种拟亲属关系,在虚拟情感的仪式性消费中双方各取所需,前者获得精神上的共鸣与依赖,后者则受到资本的青睐。可见,流量偶像靠炒话题获得关注,资质平平的训练生也能在节目中脱颖而出,例如选秀训练生甘望星和杨超越,他们靠贫寒出身的励志人设和不甘落后的奋斗精神便足以吸引观众的眼球。2021年5月9日,由爱奇艺自制的偶像养成类综艺节目《青春有你3》被终止总决赛的节目录制并责令其节目下架整改,节目在决赛前夜被叫停的导火索竟然是粉丝的消费事件。节目的冠名商蒙牛将为偶像助力的二维码内置于其新品牛奶的瓶盖内,大量粉丝为支持偶像疯狂购买该产品,但他们却只要瓶盖不要牛奶,出现了将大量乳制品倾倒于下水道的浪费现象。由错综复杂的全产业利益链条导致的饭圈"氪金"① 乱象严重违反了由中国网络视听节目服务协会在2020年2月发布的《网络综艺节目内容审核标准细则》,而这一系列事件的发生都离不开饭圈工业对偶像符号的消费操纵。从表面看,饭圈文化传递着以"年轻化"审美为导向的传媒价值观,其背后更隐藏着以"年轻化"消费为导向的物质消费观念。

(二)电商主播与知识消费

在互联网电商行业迅猛发展的时代,电商主播成为另一种消费偶像。从电商主播的人群构成到电商直播的发展模式来看,电商主播也是按照偶像化发展模式实现自我增值。2019年是我国互联网直播电商元年,直播电商进入发展的爆发期。2020年初的新冠疫情让直播电商在"宅"经济的主导下高速向前推进。在 iiMedia Research(艾媒咨询)收集的细分数据中,

---

① 氪金,原指在网络游戏中的充值行为,后被引入粉丝圈,指代粉丝为偶像花钱应援的行为。

"80 后""90 后"是电商直播的主要用户，其占比高达 70.49%，包含"00
后"在内的新一代消费群体对网络购物模式的接受程度呈上升趋势。① 也
就是说，网购用户的年轻化发展间接决定了网络直播模式的发展方向，
"货找人"的电商直播又极大地推动了头部电商主播的精品化发展。在双
重营销背景的影响下，电商主播开启了偶像化的发展倾向，利用偶像自身
的流量效应形成强大的电子购买力。明星与网红成为逐渐成为网络直播的
超级头部主播。在 2020 年 6 月直播电商主播 GMV 月度排行榜中，排在前
几位的不仅有本身就是影视明星的张雨绮、刘涛，也有从互联网草根晋升
为娱乐圈明星的薇娅与李佳琦。

表 2.9 2020 年 6 月直播电商主播 GMV 月榜 TOP10②

排　名	主播名称	销售量（万件）	销售额（万元）
1	薇娅 viya	2384.91	274243.84
2	辛　巴	1151.24	191408.89
3	李佳琦 Austin	1070.25	145835.04
4	Timor 小小疯	125.00	40673.89
5	雪梨_Cherei	264.17	39679.59
6	初瑞雪	378.16	33029.90
7	张雨绮	100.53	29983.46
8	花　哨	40.52	27826.22
9	蛋蛋小盆友	213.73	26243.64
10	刘涛刘一刀	66.24	22490.52

电商主播作为一种新兴职业，以产生电商销量为天职，因此他们对自

---

① 艾媒新零售产业研究中心.2020-2021 中国直播电商行业运行大数据分析及趋势研
　究报告［R/OL］.艾媒网.2021-02-12.
② 果集数据.2020 年 6 月份直播电商主播 GMV 月榜 TOP50 榜单［DB/OL］.
　199IT.2020-07-10.

身偶像人设的打造除了与消费者的情感需求有关，还与对消费的认知需求有关，主要表现在他们对消费品的知识和消费观念的输出。国家人社部于2020年7月6下发文件，电商主播作为互联网营销师门类下的直播销售员，被正式纳入国家人社局的新职业目录中。① 当主播成为电商行业的专业销售，他们便在直播领域获得了话语权。在2021年的"双十一"直播消费总额中，仅李佳琦与薇娅两大超级头部主播的直播定金交易额便超189亿人民币。李佳琦与薇娅的粉丝们争先恐后地成为他们"百亿项目"中的一份子。李佳琦有多年从事专柜美妆销售的经历，这让他熟知不同美妆与护肤品的成分和功能，直播经验使他深谙网络营销的技巧，作为30秒内给最多人涂口红的世界纪录保持者，专业化妆师以及美容达人是他的偶像主播人设。美妆护肤产品对标互联网年轻的女性受众，具有帅气外表的李佳琦打造偶像主播形象是以激发女性购买欲作为出发点，他用"所有女生"来称呼观看直播的年轻女性用户，站在女性的买家立场组织营销话语，他直言买不买产品都可以来看他直播，这为直播间的女粉丝们留下了温暖而帅气、专业而可靠的主播印象。但电商主播的营销权威仅凭帅气的外表是不够的，他需要深耕电商主播领域，能够为用户与粉丝砍价谋福利，将所有产品的使用功能与年轻群体精准对位是他们打造专业偶像公众形象的关键，因此消费者对李佳琦的偶像崇拜是叠加了他帅气外表的偶像形象和对权威美妆的认可而来的。

近几年，直播带货正在走向长视频领域，成为综艺节目的新题材。2021年"双十一"电商节的前夕，李佳琦直播间推出系列微综艺《所有女生的offer》，以纪录片为主导形式再现了李佳琦和不同品牌方的价格谈判过程。在节目里，李佳琦以对产品的专业认知和娴熟的谈判技巧令甲方

---

① 中华人民共和国人力资源和社会保障部.人力资源社会保障部、市场监管总局、国家统计局联合发布区块链工程技术人员等9个新职业［EB/OL］.中华人民共和国人力资源和社会保障部.2020-07-06.

的品牌主们节节败退，同时也让观看这档节目的受众直呼过瘾。这档节目也成为李佳琦偶像角色建构时解释性的话语文本，直观地体现出偶像的消费者站位，将买方与卖方整合在共同的认知体系当中，增强综艺观众的商品转化率，强化消费群的消费信念。从 2019 年开始，以演员和主持人为主的演艺明星下沉直播带货行业成为一股潮流。综艺+直播的模式利用明星的偶像公信力，将其转化为粉丝的消费黏性。《向往的生活》《极限挑战》最早在节目中开启了带货直播秀，是综艺节目在内容形式上对直播的探索，同时也令直播与网络综艺的界限开始变得模糊起来。2020 年各头部视频网站开始布局带货综艺，随着《希望的田野上》《爆款来了》《奋斗吧主播》《潮流合伙人》等节目的出现，意味着带货直播正式走向综艺节目的文本生产。通过对主播和明星嘉宾的偶像化打造，顺应当前的消费潮流，以商业价值作为节目的核心驱动力，提高带货综艺的变现速度与能力。

齐格蒙特·鲍曼认为"后现代危机"表现在传统知识分子的社会身份从立法者走向阐释者，社会在大众传媒的干预下走向"后知识分子"时代。学者张颐武对"后知识分子"做出以下界定："他们是在昔日的文化边缘处崛起的，他们能够洞察并引导大众的无意识和欲望，能为大众文化所宠爱，是'媒介'的掌握者……这种'俗人'的标准使他们可以把握大众当下的'状态'，提供可靠的文化产品，他们也就成了投资人及广告商理想的投资对象。他们可以和大众沟通，也可以用各种不同的话语对话，他们变成了文化话语的中心。正像一项预测所认定的，中国大陆今后最热门的文化职业是制片人、音乐制作人、文化经纪人、形象设计师、发行人、美术设计者等，也许还应添上报刊记者等。他们都不再是经典的知识分子，而是'媒介'的掌握者。"[①] 在由技术主导、资本助推的传媒场域

---

① 赵勇. 从知识分子文化到知道分子文化——大众媒介在文化转型中的作用 [J]. 当代文坛，2009（2）：8-17.

里，知识分子作为一个描述性范畴，其可描述性正在逐级减弱，最明显的现象莫过于电商主播已经加入互联网时代的新型知识分子行列，他们权威身份正在消费化知识的传递中得到体现。

（三）自媒体"KOL"（意见领袖）与社群消费

"意见领袖"（Key Opinion Leader）的概念最早可追溯至拉扎斯菲尔德（Paul Lazarsfeld）的《人民的选择》，他认为信息并不是直接由媒介传递给受众，而总是需要经过意见领袖的中转与加工，再继续向其他人传播，因此意见领袖具有影响受众态度的能力。[①] 自媒体是互联网时代信息传递的一种介质，成为能够影响受众思想和实践的场域。自媒体博主作为互联网社区中的一类消费偶像，来自不同自媒体平台的头部博主成为这个时代的"KOL"。所谓"KOL"是关键意见领袖的简称，作为营销学中的概念，特指在一定群体内部对成员购买行为具有较大影响力的人，"KOL"在自媒体中的出现本身就是以偶像崇拜为底层逻辑的话语建构。故而，偶像化发展是自媒体行业的必然趋势。

随着互联网技术向中老年群体的渗透，我国网民增长的主体由青年群体分别向未成年和老年群体渗透的趋势日益明显，体现在银发群体的"冲浪"热情随之高涨。根据 Mob 研究的数据显示，截至 2021 年 5 月，我国银发用户在移动互联网中的活跃规模数占银发群体总人口的 20% 以上。[②]与此同时，越来越多的银发群体进入互联网自媒体的生产领域，成为移动互联网时代最晚出道的"KOL"，出现了"只穿高跟鞋的汪奶奶""末那大叔""时尚奶奶团""姑妈有范儿"等以抖音视频作为社交平台的老年网红。

---

① 保罗·F. 拉扎斯菲尔德，伯纳德·贝雷尔森，黑兹尔·高德特. 人民的选择 ［M］. 唐茜，译. 北京：中国人民大学出版社，2012：43.
② Mob 研究院. 2021 年中国银发经济洞察报告 ［R/OL］. 中文互联网数据资讯网. 2021-06-29.

表 2.10 抖音平台头部银发 KOL 情况①

序 号	KOL	内容类别	抖音粉丝数/万
1	我是田姥姥	生活搞笑	3372.1
2	只穿高跟鞋的汪奶奶	时尚剧情	1612.2
3	末那大叔	时尚剧情	1372.3
4	济公爷爷·游本昌	情感励志	1094.5
5	小顽童爷爷	恩爱老夫妻	709.1
6	菜昀恩	生活搞笑	675.6
7	罗姑婆	生活搞笑	642.5
8	时尚奶奶团	时尚剧情	380.4
9	爷爷等一下	恩爱老夫妻	306.4
10	姑妈有范儿	时尚剧情	269.1

  银发网红的出现虽拉高了自媒体"KOL"的平均年龄，但他们在偶像化生产模式下所对标的消费群体依旧是身处不同社群的年轻人。2019 年，一个网名为"末那大叔"的网红在抖音视频平台迅速蹿红。截至 2021 年，他已经成为坐拥一千多万粉丝的"KOL"。末那大叔是一位四十多岁的中年男性，他的父亲"北海爷爷"是这个视频账号中频繁出现的男主角。末那大叔用短视频的形式分享 74 岁父亲的生活日常，展开对北海爷爷偶像气质的包装。北海爷爷常常以"认真生活的年轻人"自居，北海爷爷在短视频中流露出的精英气质和颇具仪式感的生活细节令他能够迅速出圈，成为网红爷爷。作为时尚剧情类银发博主，流行时尚是他们为自我打造偶像形象的个性化标。在银发"KOL"领域，以短视频形式出现的视频博客（Vlog）是绝大部分银发网红进行内容输出和塑造网红形象的文本形式。

---

① Mob 研究院. 2021 年中国银发经济洞察报告［R/OL］. 中文互联网数据资讯网. 2021-06-29.

"Vlog"是 Video Blog（视频博客）的缩写，是一种区别于文本形式的视频博客，随着 Vlog 在微博、抖音、哔哩哔哩（bilibili）等社交平台的异军突起，它不但成为当代短视频的代表形式，同时是引导互联网视觉消费的中坚力量。Vlog 强化了视频的日常生活记录功能，因此颇受"90 后""00后"等年轻互联网用户的喜爱，北海爷爷的偶像形象也是在 Vlog 中完成形塑的。在以他为主角的视频里处处营造着"年轻化"的都市氛围感。例如他清晨穿着刻意搭配好的运动服在海边晨练，早饭后换上工整的西装出门，回家后用流行的洗手液产品清洁手部，晚上睡觉前会用整套护肤品完成夜间护肤程序。"生活要有仪式感，年龄只是个数字"是这个抖音账号在博主简介中的自我描述。视频里颇具生活细节的镜头刻意强调了一系列"年轻化"的生活方式和审美方式。虽然视频里的主角是位 70 多岁的退休老人，但他却模仿着都市年轻上班族的日常生活，他们早上会出门晨练，早餐后换好衣服出门上班，然后下班回家，周而复始……

　　值得一提的是，银发网红的文本话语方式并不是以模仿年轻人来传达"年轻化"的审美观念与价值观念，恰恰相反，他们以长辈的身份去教导年轻用户如何做个"年轻人"，这成为"后喻文化"时代值得玩味的文化反哺现象。文化人类学家玛格丽特·米德（Margaret Mead）认为以电子时代为背景的"后喻文化"与以书写时代为背景的"前喻文化"在生活经验与知识信息的传递次序方面具有明显的差异。后者以前辈向晚辈的传授与教导为文化习得次序，而前者却以晚辈向前辈的文化反哺作为逆传递次序。① 在以电子信息主导的"后喻文化"时代，以老年群体为主要成分的年长一代因对网络技术与知识的缺乏而面临身份危机，他们作为互联网移民的一代，不得不向作为数字原住民的年轻一代请教技术技能与互联网思维。在以价值观念与审美判断为主的文化反哺过程中，"年轻化"审美的发展走向成为必然趋势。尤其是这种审美判断走入消费语境时，代际矛盾

---

　　① 玛格丽特·米德.代沟［M］.曾胡，译.北京：光明日报出版社，1988：23，77.

被以年轻人为消费主体的消费行为冲淡，当银发网红走上视频带货的道路，这种对年轻人的刻意模仿就变得重要起来。在视频里北海爷爷与孙子同穿背带裤，脖子上挂着儿童泡泡机，烫着当季流行的发型。然而他们身着的亲子装、泡泡机玩具、烫头发的理发店都是隐藏在视频中的带货商品。北海爷爷以过来人的身份在视频中娓娓道来，但却道出了一种"年轻化"的生活方式。看似在讲述自己的故事，其实质不过是利用网红的偶像权威释放出引发年轻群体消费的欲望信息。正如霍克海默所说："精神的真正功劳在于对物化的否定，一旦精神变成了文化财富，被用于消费，精神就必定会走向灭亡。"① 在今天，"年轻化"审美的趋向是主导当代传媒文化消费的主因，社会生活中属于"年轻化"的消费观念在向资本驱动不断位移的过程里，"年轻化"对年龄的限制边界将越来越模糊。

当我们在追问"年轻化"审美何以能在无意识条件之下，以意识的形式出现时，最终发现它的确立离不开文本对受众在价值观层面的生产与建构。由此可见，"年轻化"审美正在发挥审美意识形态功能。正如莱恩·昂所言："意识形态不仅组织人们关于现实的观念和形象，而且使人们形成关于自己的形象并因此在这个世界占领一个位置。通过意识形态，人们获得一种身份，成为自己的认识、自己的意志、自己的好恶的主体。"② 大众传媒文本中的"年轻化"以怀旧意识虚构出理想化的空间，以应对现代年轻群体在新时空中产生的心理和生理焦虑；包含着对受众的人生观建构，将自信、自强、勤奋、热血等概念与独属于年轻人的励志精神画上等号；包含着对受众消费观建构，利用偶像崇拜的情境体验加强年轻人消费的卷入纵深，令以资本驱动的"年轻化"审美的观念生产具有审美意识形态的特征。这样看来，"年轻化"审美自身的存在便具有了表面的合理性，

---

① 马克斯·霍克海默，西奥多·阿道尔诺．启蒙辩证法［M］．渠敬东，曹卫东，译．上海：上海世纪出版集团，2006：4.

② 莱恩·昂．《达拉斯》与大众文化意识形态［M］//罗钢，刘象愚，译．文化研究读本．北京：社会科学出版社，2000：384.

然而，"既然意识形态始终反映了经济强制性，那么不论在什么地方，对意识形态的自由选择也就变成了选择同一种意识形态的自由。"①

---

① 马克斯·霍克海默，西奥多·阿道尔诺. 启蒙辩证法［M］. 渠敬东，曹卫东，译. 上海：上海世纪出版集团，2006：151.

第三章

大众传媒文本中"年轻化"审美
的生产动力剖析

"年轻化"审美是我国当代传媒文化的一种话语实践，它在一个特殊的传媒语境中得以形塑。视觉性、网络性、消费性不仅是该语境呈现出的明显特征，也作为"年轻化"审美的生产动力，共同作用于"年轻化"审美的生产、消费以及传播环节。本章内容将聚焦"年轻化"审美的动力机制，并试图以此探究"年轻化"审美在当代大众文化中的本体特征。

第一节　视觉转向后的"年轻化"审美生产

"视觉文化"一词最早可追溯至 1913 年，匈牙利电影美学家巴拉兹首先将"视觉文化"运用到电影领域。随后德国哲学思想家本雅明将摄影术的发明与视觉文化的本质联系起来，他认为当时人们生活的世界经历了从讲故事的时代到机械复制时代的转变，以照片主导的复制艺术品令社会文化的表征形态发生了改变。诚如海德格尔（Martin Heidegger）对"世界图像时代"做出的阐述："从本质上看来，世界图像并非意指一幅关于世界的图像，而是指世界被把握为图像了。……世界图像并非从一个从前的中世纪的世界图像演变为一个现代的世界图像；不如说，根本上世界变成图像，这样一回事情标志着现代之本质。"① 在新型媒介时代，以图像、影像

---

① 马丁·海德格尔. 林中路 [M]. 孙周兴，译. 上海：上海译文出版社，1997：86.

为中心的视觉系统占据社会文化的研究中心，当代大众传媒以其敏锐的文化察觉触角加速吸纳以图像与影像主导的信息传递形态，视觉的直观性特征加快了意义交流的速度。

在全球化的带动下，视觉性从一个区域性研究范畴快速演化为全球性的文化形态。中国的视觉文化伴随着现代社会的转型与变迁，经历了三重发展阶段。改革开放初期（1978—1980），中国本土的生产力得到极大解放，文学艺术从社会教化工具向愉悦大众的精神食粮转变，但在此阶段，印刷文化仍处于支配地位。从 20 世纪 90 年代以来，我国国民经济快速发展，中国正式进入现代工业社会。随着市场化体制进一步完善，资本增值的商品运作逻辑进入文化领域，加之互联网、广告、影视艺术等产业的技术扶持，视觉文化在 20 世纪的最后一个十年异军突起。2008 年前后，中国跃身为世界第二大经济体，在消费语境与视觉技术的共同助力下，形成了以高度视觉化为特征的当代文化形态。视觉图像与影像凭借视觉属性扭转了文字时代以来的文化表征传统，由形式的、感性的、表层的认知逻辑主导这个时代人们的审美观念，并以此为中介改变其思维认知模式和日常行为习惯。"年轻化"审美生产作为一种被普遍接受的文化表征风格，也是在视觉文化背景下被形塑的审美价值判断，但在由当代视觉文化主导的大众传媒语境中，"年轻化"的景观世界正在更新人们的审美习惯。从文化经济层面来看，"年轻化"的视觉文本生产已成为当前传媒文化生产中的最终目标。从符号的意义模式来看，具有"年轻化"表意功能的符号在能指、所指以及所指关系上出现了复杂指涉变化，继而出现了"年轻化"仿像的超真实状况。

一、景象的沉浸式刺激："年轻化"审美的影像消费

在今天，以"年轻化"审美作为趋向的大众传媒文本在生产、流通和消费各环节均表露出以视觉为中心的图景建构。一方面，具有"年轻化"

审美的图像表征形态已进入到传媒文化的生产与消费系统，另一方面，"年轻化"的视觉文本成为人们自我表达、实现文化认同的意义中介。法国情境主义创始人居伊·德波（Guy Debord）将以视觉为文化中心的景象（spectacle，也常被翻译为形象、景观、奇观等）与物质商品等同起来，他认为："景观不能被理解为对某个视觉世界的滥用，即图像大量传播技术的产物。它更像是一种变得很有效的世界观，通过物质表达的世界观。这是一个客观化的世界视觉。"① 当物质商品通过其视觉化维度向社会生活与文化层面渗透并得以控制二者发展时，控制世界的便不再是商品而是景象了，换言之，"商品即景象，景象即商品"。马克思曾用"商品"的概念来解释现代社会的资本运作过程，他认为商品是社会生产、流通与消费环节的基础要素。居伊·德波通过对商品的景象转化，让景象参与到生产、消费与流通的当代景观社会的资本运作中。

居伊·德波的景象理论为当下传媒文本的"年轻化"影像生产在文化经济层面提供了阐释路径。德波发现，当"景象即商品"作为社会预设出现时，那么景象是社会生产的消费性要素，但它也是极具潜能的生产性要素，因此他说："从总体上理解的景观，它既是现存生产方式的结果，也是该生产方式的规划。它不是现实世界的替补物，即这个世界额外的装饰，它是现实世界的非现实主义心脏。在其种种独特的形式下，如新闻或宣传、广告或消遣的直接消费，景观构成了社会上占主导地位的生活的现有模式。它是对生产中已经做出的选择的全方位肯定，也是对生产的相应消费。"② 在德波眼中，"现实世界的非现实主义心脏"意指过去人们对衣食住行的物性追求在今天发生了翻天覆地的变化，现如今的消费者追求令人眼花缭乱的景象秀。张一兵教授认为景象社会的提出改变了现代工业社会的经济统治秩序与生产目标，他说："真实的目标早已烟消云散，景观

① 居伊·德波. 景观社会 [M]. 张新木，译. 南京：南京大学出版社，2017：4.
② 居伊·德波. 景观社会 [M]. 张新木，译. 南京：南京大学出版社，2017：4.

就是一切,景观就是目标。"① 在当代的景象社会里,视觉以其天然的感官优先性,让眼睛的功能压倒了其他感觉器官,因此以视觉消费主导文化消费成为当前社会消费的主流形态,消费形态从物质占有转向符号展示。

文化的消费需求与物质消费需求不同,后者的使用价值直接构成了再生产需求中的关键性要素,例如缩减汽车的能耗、增强布料的品质等。文化产品的使用价值则来自消费者的精神需求。正如马克思所言,需要"可以来自胃,也可以来自想象。"在大多数情况下,影像文本作为特殊的文化商品,要通过对文本的生产去满足的是观众的精神想象和欲望幻想,这是当代景象隐形的意识形态功能。居伊·德波的景象理论不仅将文化生产推向商品生产,还为当代传媒文化的注意力经济提供了理论支撑。

在今天,具有"年轻化"审美趋势的影视文本同样是内置了"年轻化"审美欲望的大众文化商品,来源于"年轻化"审美的视觉强刺激能起到锚定观众的效果。在德波的世界里,景象是具有"催眠行为和刺激力量"② 的意识形态,催眠行为是将"看"这种行为当成景象实践的权力,让景象消费成为一种"少数人演出、多数人默默观赏的某种表演",所谓少数人是只幕后操纵的资本家,多数人指的是"无从选择,更加无以反抗"③ 的观众。当代受众在"年轻化"审美的文本的生产与消费环节中虽不至于落到被奴役的境地,但它们被"年轻化"的文本产品激起了消费的欲望,其欲望的本质是由"年轻化"审美引导的刺激力量,这种刺激力量足以实现观众对"年轻化"审美文本的狂热性追求与消费,主动接受消费意识形态的质询,这种刺激的吸睛力量整体呈现出以下特征。

---

① 张一兵.代译序:德波和他的《景观社会》[M].//张新木,译.景观社会.南京:南京大学出版社,2018:26.
② 贝斯特.现实化的商品和商品化的现实:鲍德里亚、德波和后现代理论[M].//张新木,译.景观社会.南京:南京大学出版社,2018:13.
③ 张一兵.代译序:德波和他的《景观社会》[M].//张新木,译.景观社会.南京:南京大学出版社,2018:27.

（一）拒绝深度的刺激

2014 年前后，多家上星卫视几乎同时推出了以相声、小品为主要表演形式的竞技节目并起到良好的收视效果，如《跨界喜剧王》《欢乐喜剧人》《喜剧总动员》《笑傲江湖》等。然而同质化的内容造成了受众的审美疲劳，一种新型喜剧节目在此时异军突起。2021 年 11 月由米未传媒与笑果文化联合出品的综艺节目《一年一度喜剧大赛》接棒《脱口秀大会》第四季填补喜剧综艺在年末的空缺。以《一年一度喜剧大赛》和《脱口秀大会》为代表的新型喜剧综艺形式颠覆了传统的喜剧节目模式。笑果文化联合创始人兼 CEO 贺晓曦在采访中将这种新的节目类型定义为"年轻态喜剧"，并指认年轻态构成了这类新型语言类综艺节目的内容定位以及产品的底层逻辑。这种脱胎于脱口秀的新型综艺节目更贴近现代人的真实生存现状，节奏明快，笑点密集，并能够引起观众捧腹大笑，其喜剧幽默感来自表演者的自嘲、揶揄甚至对他人的讽刺。因此夸张的段子、包袱、"梗"往往作为"年轻态喜剧"的笑料来源。从《脱口秀大会》到《一年一度喜剧大会》，从语言类节目到语言表演类节目，只要笑料的产生机制不变，那么变的只能是包裹笑料的形式。当观众们的笑成为演员们的好表演、编剧们的好段子的评价标准时，笑料就自然变成了流水线产品。产品自然需要应对消费市场的商品检验和更新换代，故而笑料越发浅白，甚至失去了讽刺与幽默。《一年一度喜剧大会》中喜剧演员"三狗组合"擅长以"洒狗血"的方式制造笑料，所谓"洒狗血"是将浅薄和刻意断裂作品连贯性的搞笑动作植入小品表演，刺激观众产生对表演者单纯的嘲笑。坐在评委席中的李诞在看完三狗组合的表演后表示，他的笑点来自看完节目后的羞耻感，这种拒绝深度而拥抱浅薄化的刺激正是"年轻化"审美的特征之一。

（二）拒斥理性的刺激

拒斥理性是对偶然性和不确定性的肯定，也是对预设秩序的逃避与解构。在大众传媒的文本生产中，它或呈现一种悬而未决而结果，或以未完待续的面貌出现，为观众营造一种规则不知何时会被忽然打破的刺激感。在传统综艺节目的录制过程中，临时更改节目规则会被视作节目的录制事故，但是现在打破节目预设的规则成为部分节目刻意制造的综艺效果，年轻观众们也乐见其成并享受其中。2021年网络综艺节目《女儿们的恋爱》迎来了第四季，节目邀请了多位女明星开启她们的恋爱之旅。女嘉宾张雨绮与男友李炳熹在节目录制时临时起意，关掉了身边所有正在录制的摄像头，并甩掉摄制组的跟车准备偷偷自驾出逃，可惜他们的逃跑计划才迈出了第一步就被摄制组拦截下来。这些内容素材作为节目情节被剪辑进真人秀的正片中，他们的行动被认为给观众带来了一种突破规则的刺激。有网友用任性、可爱等词来形容他们的逃跑计划。在真人秀节目中，节目惯用的吸睛方式是通过镜头剪辑拼凑，打乱节目的叙事主线，刻意制造节目悬念，并把它当作下期节目的预告片放在本期节目的结尾，有些预告片中的故事走向与节目正片中的情节走向背道而驰。节目摄制单位也会以自我突破的方式临时更改节目流程或游戏规则，达到对理性秩序的自我解构，创造出一种偶然性与不确定性，实现节目为观众制造刺激体验的意图。《一年一度喜剧大会》的赛程过半，观众已经习惯了要从比赛惜败的一方中选人淘汰的节目赛制，但在一场比赛结束后，主持人马东突然宣布废除了节目淘汰赛制，这显然是节目组事先拟定好的游戏规则，但只提前告知了主持人，当马东当场宣布的时候，节目刻意制造了参赛选手、台下评委以及现场观众均未知的前提，观众们透过屏幕看到喜极而泣的选手们、吃惊的评委与现场观众，自然会被他们的情绪所感染，从而获得一种身陷其中的刺激感。

（三）由视觉延伸向多重感官延伸的通感刺激

观看和收听是人与生俱来的本能，其感知范围和深度决定了人类建构世界的能力和程度。正所谓媒介即人的延伸，当代的视听技术不再指向单纯的视听技能，而是能够代替肉眼和耳朵延伸视线和听觉的一整套视听感知系统以及一种视听综合思维能力。这在数字媒介时代，不但强化了视觉性的现代内涵，也证明了听觉性的重要功能。当代传媒艺术以其敏锐的技术触角快速吸纳了以动态影像为主导的信息传递形态，凭借视觉的直观性特征加快意义交流的速度。另外，声音装置的多元使用，助推听觉自身感知机制的系统搭建，并增强了其与其他知觉活动的交互性。科技与视听的融合成为形塑文化的直接动因，也影响着当代大众审美文化的认知方式和解码方向。

在新型媒介时代，AR、VR、MR、XR 等虚拟现实技术不断在传媒艺术领域开疆拓土，从全息投影的虚拟偶像到以元宇宙为内容支点的混合现实技术成为当代传媒艺术的流行时尚，也是其文本生产不可或缺的内容要素。与传统静观式的审美体验不同，"年轻化"审美在视觉技术的赋能下转变为沉浸式的审美体验，起到锚定受众的效果。作为沉浸式体验，传媒艺术以其丰富的表达方式和表征形态突破了传统美学的接受经验，拓宽了当代视听的表达潜能，促使"年轻化"审美经验从一种集视觉和听觉的双重刺激向味、嗅、触等多重感官延伸后产生的通感式刺激转变。如，以视觉向味觉延伸的厨艺类综艺《十二道锋味》《味道》《中餐厅》《向往的生活》，由视觉向嗅觉、触觉延伸的综艺节目《Beauty 小姐》《我的爆款女神》等。多重感官共同参与并引发的感性刺激强化了刺激的沉浸深度，它带动了受刺激者（一般指受众）参与刺激行为的主动性，与文本制作方一起参与到刺激的生产中去。数字审美时代，由视觉、听觉、味觉、嗅觉甚至皮肤触觉等认知系统共同参与到受众的感性经验当中，这种由多重感官形成的综合性刺激令人能够获得即刻性的、高强度的临场感，这也是"年轻化"审美经验较传统之审美经验最大的不同。

"年轻化"审美经验作为当代社会普遍的心理效应以及艺术特征，这种审美经验范式与本雅明提起过的在机械复制时代的"惊颤"式体验有相似之处，但又有所不同。本雅明认为现代艺术带来的"惊颤"体验是以提前的人工刺激来阻断未来现实刺激可能带给人们的心理创伤，他分析道："对于一个生命组织来说，抑制兴奋几乎是一个比接受刺激更为重要的功能……精神分析理论力图'在它们突破刺激防护层的根子上'理解这些给人们造成伤害的震惊的本质。"① 在今天，"年轻化"审美文本催生的是一种不同于"惊颤"的刺激，它不是用刺激来令人产生应激反应，而是让人产生沉迷并沉醉其中的情感，那么艺术作品价值便经历了从膜拜到展示再到消费的最终转变。由于篇幅所限，本书将在第四章继续讨论被"年轻化"审美编码后的强刺激体验。

二、拟像的表征危机："年轻化"审美的超真实生产

如果说德波的"形象即商品"描述了从马克思时代对商品的占有到景象社会对商品展示的过程，那么鲍德里亚的仿像概念则彻底将马克思的生产方式转变为消费方式，因此他提出了"符号即商品"的概念，直指消费意识形态。当符号不再指向现实存在，而与现实相背离，那么符号本身便成为自我指涉的虚拟商品。在消费社会中，符号的自我生产不再立足于传统生产社会的消费需求，消费需求本身也就不再反映消费者的真实需求了，世界被符号所控制。社会学家瑞泽尔（George Ritzer）如此解释鲍德里亚的符号拟像世界："鲍德里亚认为在一个为符号所控制的世界里，消费与我们通常所认为的那些'需要'的满足不再有任何干系。需要的观念

---

① 本雅明. 发达资本主义时代的抒情诗人 [M]. 张旭东，魏文生，译. 北京：生活·读书·新知文联书店，2014：145.

来自主体和客体之间虚假的分离，需要的观念就是为了连接它们而被创造出来的最终结果，就是那种相互依据对方来对主体和客体加以定义（主体需要客体；客体就是主体所需要的那些东西）的同一反复。鲍德里亚试图解构主体—客体二元论以及一般的需要概念。我们并非是在购买我们所需要的东西，而是在购买符号告诉我们应该购买的那些东西。进而言之，需要本身是为符码所决定的，为的是让我们终止'需要'符码告诉我们所需要的那些东西，'只存在着由于系统需要它们才存在的那样一些需要。'"① 鲍德里亚的符号消费理论具有明显的后现代特征，在他看来商品不再是消费对象，而是消费的前提。他将社会生产带出物质实践循环，带进话语建构的表意系统，因此，"消费乃是一切物品虚构的总体性，是以某种程度上逻辑一致的话语构成的信息。就其具有意义而言，消费乃是符号运作的系统活动。"②

　　大众传媒的世界就充满了这种建构意义的符号系统，符号的自我消费功能让传媒文本成为现实世界的仿像（stimulation），从满足观众急剧膨胀的观看欲望正在走向激起他们潜在的视觉消费欲望，"年轻化"审美的文本生产趋势就是"年轻化"审美现实的虚拟生产趋势。屏幕上脱离了真实的影像成为观众心中比真实更加真实的影像。周宪教授认为"本真性"（authenticity）是拟像建构的逻辑起点，"年轻化"审美的仿像生产唤起了观众对自身"本真性"精神的向往。从电视剧、电视综艺到网综、网剧、微视频等文本，它们透过影像似乎为观众提供了对"年轻化"审美的本真性解释，让观众在这些文本中找到自己的影子，他们是热血的、阳光的、富有激情和活力的、充满励志和奋斗精神的，等等。通过对本真的投射引发他们的自我认同与社会认同感，因此观众难以察觉此类"本真"的虚假性，甚至明知是一种虚假的影像却乐在其中。

① 周宪. 视觉文化的转向 [M]. 北京：北京大学出版社，2008：126.
② 周宪. 视觉文化的转向 [M]. 北京：北京大学出版社，2008：126.

这种"年轻化"的本真性审美需求主要表现在：人们都渴望完美、追求尽真尽美的表征体验。新兴视觉技术提供了修饰完美的空间，"年轻化"的审美拟像制造出一个又一个完美的奇观，但也由此制造了这个时代的表征危机。皱纹的痕迹、眼袋的疲态、白发的出现往往能够引发现代人的焦虑情绪，当代正流行的"年轻化"的审美外观却是无瑕的肌肤、乌亮的发色、有神的双眸……智能手机的普及极大地缓解了人们的焦虑情绪，具有一键磨皮的应用软件、自带美颜瘦身功能的拍摄镜头成为"年轻人们"生活的一部分。随着日常生活的审美化，"年轻化"审美文本的生产便也日常化了。

爱好完美的审美追求指明了超真实的文本生产方向，即拟像化审美生产。2016年前后，中国网络直播搭乘互联网的高速列车初期呈现野蛮增长的态势。根据《2020年新媒体发展报告》的数据显示，短短4年时间，使用直播的用户达4.5亿，占网络用户的一半。游戏直播与真人秀直播成为直播核心的业务内容，用户占有量达2.6亿和2.1亿。① 面对庞大的直播用户需求，主播成为互联网炙手可热的职业。而直播技术的进一步普及、内容生产的低门槛迎来了凡人可播的时代。也正因为这个可视化的环境，大家为自己的完美人设带上了虚假的魅力面具。2019年一位名为"乔碧萝殿下"的主播在斗鱼直播平台爆红，她每次出镜都会用一张卡通图片挡住自己的脸，但她的萝莉嗓音再加上常常在自己社交账号上所发出的照片吸引无数网友为其打赏，短短一个月便挣得钵满盆满。同年9月，在一次直播事故中用来打码的图片消失，这位主播的真实五官不慎暴露在所有网友面前，画面中的主播与网友们想象中的少女形象差之千里，为她打赏的头号男粉丝被气得一夜间销号。智能手机、软件修图滤镜等媒介技术不断革新，随着手机软件与系统的每一次升级，用户探索超完美审美的生产方式

---

① 中国社会科学院新闻与传播研究所．中国新媒体发展报告（2020）［M］．北京：社会科学文献出版社，2020：399．

就会多几种，新兴技术的合法性也日益充分。如果说德波所处景观社会是少数人为多数人的表演，是观众以"一种痴迷和惊诧的全神贯注状态"欣赏少数人"制造和操控的景观性演出"，那么当今互联网的传播语境使景观的表演变得复杂起来后，多数看客开始行动起来，纷纷加入表演的行列，丰富了新型视觉文化的阐述维度，并且拓展了眼球经济的辐射范围与纵深。

第二节 数字媒介时代下的"年轻化"审美生产

一、网络环境中"年轻化"审美的代际反哺

截至 2022 年 6 月，我国网民规模达 10.51 亿，互联网普及率达 74.4%，在互联网人群细分的调查中发现，20 岁到 49 岁人群虽仍是我国网民的主要群体，但网民增长主体向未成年和老年群体分别渗透的趋向已非常明显，其中 60 岁及以上老年人口互联网普及率达 43.2%。① 这组调查数据证实了互联网时代老年群体正在面临的严峻现状。一方面，越来越多的中老年群体开始通过"代际反哺"拥抱互联网，成为能够熟练掌握新媒体技术、拥有互联网思维的数字精英，但另一方面，也有相当数量的中老年群体因生活习惯、学习能力、经济条件等因素的影响正在面临被互联网边缘化的风险。美国社会学家玛格丽特·米德曾在《代沟》中谈及电子媒介时代的文化的逆传承问题，她认为信息与知识在数字时代的快速生产和快速传播颠覆了年老一辈对年轻一辈的教化支配地位，年轻人拒绝从他们

---

① 中国互联网络信息中心. 第 50 次中国互联网络发展状况统计报告 [R/OL]. 中国互联网络信息中心，2022-08-31.

的长辈那里继承知识,因而在代际出现了文化的信任危机。① 那么对于年轻一代来说,作为数字"原住民"的他们将获取知识、习得文化的任务交给了互联网的信息库。

尼尔·波兹曼(Neil Postman)曾明确表示儿童自始至终是社会性产物,"儿童"的概念随着现代社会而出现,但它却在电子时代成为技术的牺牲品。导致儿童消失的原因是电视技术扰乱了儿童向成人进阶时的教育环境,儿童与成人之间的概念边界日益模糊,那么人生阶段在电视媒介的规制下则被划分为首部的婴儿期、尾部的老年期以及中间成人化的儿童期。② 可以说,成人化的儿童是电子时代的媒介隐喻。互联网时代进一步加剧了互联网用户对信息的掌控能力,儿童进一步被淹没在由计算机技术编码后的信息洪流中,但随之被吞没的还有中老年人。智力以及学习能力间的差异本是定义成人与儿童时的最初假设,这在中国传统社会里表现得尤为明显。在中国的传统社会时期,长幼次序在社会教化方面有着严格的体系制度,长此以往形成了由年长者向年幼者传承文化的教化秩序。在那时,"凡是比自己年长的,他必定先发生过我现在才发生的问题,他也就可以是我的'师'了。三人行,必有可以交给我怎样去应付问题的人。"③但在现代社会,社会教化的层级发展方向发生了逆转,尤其是互联网崛起的年代,网络信息掌控着大家长式的教化职能,向所有具有一定上网能力的用户撒播信息、传递知识、输送观念。那么曾经在智力以及学习能力间的差异便转移到与互联网的互动深度和对操作技术的熟悉程度上。

在今天,能够熟练操作移动信息接收设备的人,无论长幼,都能够成为社会教化中的"长者",高举知识权杖,履行教化职能。这让他们之间的个体差异明显缩小,在他们内部也能够实现文化和价值观的共享互融。

---

① 玛格丽特·米德. 代沟 [M]. 曾胡,译. 北京:光明日报出版社,1988:86.
② 尼尔·波兹曼. 童年的消逝 [M]. 吴燕莛,译. 桂林:广西师范大学出版社,2011:151.
③ 费孝通. 乡土中国 [M]. 北京:北京大学出版社,2012:111.

如此看来，非但儿童与成人的界限不再明显，成人与老人、儿童与老人间也不再具有知识鸿沟。那么，儿童的成人化与成人的儿童化并无本质区别，只不过是更换了一种表达方式。可以说，互联网时代重新定义了"成人"的概念，在这个概念里越来越多的儿童与老人被囊括进来，电视时代里的婴儿期与老年期不断被新的"成年人"压缩，被它排除在外的大概只有刚出生的绝对婴儿以及不精通新媒体技术的绝对老人。当儿童被淹没、老人被同化，剩下的绝大多数便成为不小却也不老的"年轻人"，由此可见全民"年轻化"是互联网时代的媒介隐喻。

截至 2022 年 6 月，我国手机网民规模为 10.47 亿，网民中使用手机上网的比例高达 99.6%。① 移动式智能手机的出现是台式电脑的技术迭代，它替代了电脑参与互联网运行的绝大部分功能，同时强化了"人造大脑"的可移动性。手机试图通过改变用户的信息获取方式来改变其生活方式、消费习惯甚至思维模式。在互联网应用的细分调查中发现，2022 年增长规模较为显著的互联网应用为网络视频、短视频、网络新闻等领域，其中手机网民使用网络视频和短视频的占比高达 94.5%、90.5%。② 由此可见，互联网已经深入到社会生活的肌理，同时手机的智能化发展令通话成为最基础的应用功能，而手机媒介作为人在各个方面的延伸，则成为人最重要的器官之一，直通大脑的中枢神经系统。然而在非网民调查中显示，以互联网作为社会生活的这种延伸是有选择性的。截止 2022 年 6 月，我国非网民规模为 3.62 亿，从年龄结构上看，60 岁及以上非网民群体占非网民总数的 41.6%，其中因缺乏互联网技能和缺少数字技术的知识储备成为阻碍他们使用互联网的主要原因。③

---

① 中国互联网络信息中心. 第 50 次中国互联网络发展状况统计报告［R/OL］. 中国互联网络信息中心，2022-08-31.

② 中国互联网络信息中心. 第 50 次中国互联网络发展状况统计报告［R/OL］. 中国互联网络信息中心，2022-08-31.

③ 中国互联网络信息中心. 第 50 次中国互联网络发展状况统计报告［R/OL］. 中国互联网络信息中心，2022-08-31.

在上述生活现状面前，一部分老年群体在出行、消费、就医等方面因无法使用互联网以及智能手机设备，而令日常生活充满不方便。究其根本，参与性是互联网的本质属性，也是形成"年轻化"审美的一个重要因素。当代年轻人之所以能与互联网共生互融，其核心在于对互联网的高度参与，它不仅事关手部操作，更多的是大脑思维的参与。麦克卢汉（Marshall McLuhan）曾用"冷"与"热"来隐喻人在不同媒介中的参与度。麦克卢汉曾对比以电视主导的"冷媒介"和以印刷主导的"热媒介"，并以此分析人在不同类型媒介中的作用。简而言之，印刷媒介以高清晰度、强信息量、低包容性为特征，使自身成为一种"热媒介"，因而它排斥外来的文化参与。而与之相对的电视媒介以低清晰度、弱信息量和高包容性为特征，使之成为一种"热媒介"，因此可参与性强。① 麦克卢汉当年的"内爆"理论，不啻是对今天社会崇拜"年轻化"审美的预言，由新媒体以及由网络技术搭载的审美文本正在急速整合这种"年轻化"的审美观念，令其成为一种新的互联网神话。在此需要明确的是，当代大众传媒领域中的"年轻人"是熟悉互联网的"年轻化用户"，而"年轻化"审美则泛化为互联网逻辑下的审美意识形态。

二、"年轻化"审美在时空压缩中的变迁

时空压缩是现代社会历史演进的必然过程。在传统社会里，时间与空间是呈现物质存在的基本形态，在那时"一切存在的基本形式是空间和时间，时间以外的存在和空间以外的存在，是非常荒诞的事情。"② 可以说，时空既是人类衡量历史的标尺，也是人类文化建构的标尺。时间与空间是内在统一的，时空同频运动的本质让人们得以从历时角度去考察社会文明

① 马歇尔·麦克卢汉. 理解媒介［M］. 何道宽，译. 南京：译林出版社，2011：35.

② 马克思，恩格斯. 马克思恩格斯文集：第9卷［M］. 中共中央马克思、恩格斯、列宁、斯大林著作编译局，译. 北京：人民出版社，2009：53.

进程与文化发展。从手工媒介到机械媒介时代，时间利用自身的优先性压缩并消灭空间，这意味着人类存在的历史与文化建构的历史发生了剧烈的震动。数字媒介时代的来临使时空进一步被压缩甚至被分离，时间从空间中脱域，并且能在空间中任意穿越。作为时空压缩在大众传媒领域的文化后果，透过文本的"年轻化"审美趋向呈现出审美"易变性"与"互动性"特征。

（一）时空压缩与审美"易变性"

在"年轻化"审美所引导的大众传媒文本生产中，"易变性"强调求新和多变的审美文本类型；突出以即时感与当下性为审美价值的氛围创作；强化时尚和流行在文本生产中的风向标作用。

1. 求新求变的审美文本类型生产

当整个社会的空间被时间高效压缩，文化不再追求经典与永恒的价值，一种喜新厌旧式的审美态度替换了曾经对经典文化的信仰。在大众传媒文本中就表现在传媒产业对审美文本类型的求变和求新态度。就纯网生内容来说，2020 年网络剧的生产总数达 566 部，较 2019 年的增幅高达 130.1%①，其中网络剧的类型与题材一再细分和裂变。根据张智华教授对电视剧共性特征的分析与研判发现，我国传统电视剧从类型上可划分为青春偶像剧、情景喜剧、一般喜剧、武侠剧、破案剧、谍战剧、言情剧、伦理剧、科幻剧、魔幻神怪剧、历史剧、古装剧、军旅剧等大致 15 种。② 如今网生内容迎合了求新求变的审美观念，使其自身类型一再细分、多种题材杂糅，这也成为传统电视剧向网络剧过渡与转型过程中的明显标志和重要特征，包括悬疑、甜宠、古装言情、现代奇幻在内的文本类型成为网络剧的新种类。根据骨朵数据显示，2020 年播出的网络剧细分类型多达 30

---

① 骨朵数据.2020 网络剧集产业发展研究白皮书［R/OL］.骨朵网络影视，2021-04.
② 张智华.电视剧类型［M］.北京：北京师范大学出版社，2012：1.

余种，具体细分情况见下表。

2020年网络剧不同类型及数量分布

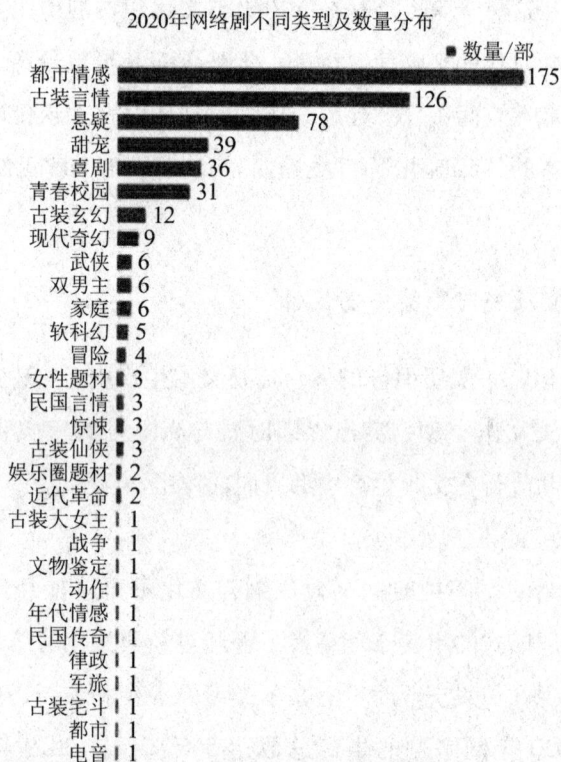

图4.1 网络剧细分类型的数量分布①

文本类型在追求速度与流动的文化语境下不断发生着变化，其文本形态本身也呈现着不断求新的态度。在 2020 年上线的 566 部网络剧中，有 272 部是微短剧，② 占全年网络剧总数的 48%。微短剧压缩了单集片长的网络电视剧，根据国家新闻出版广电总局对微短剧的定义，微短剧是"单集时长不超过 10 分钟的网络剧。"除微短剧外，被压缩集数后的短剧也在近几年快速成长，2020 年共上线 20 集及以下的短剧 113 部，它让网络剧

① 骨朵数据.2020 网络剧集产业发展研究白皮书［R/OL］.骨朵网络影视，2021-04.
② 骨朵数据.2020 网络剧集产业发展研究白皮书［R/OL］.骨朵网络影视，2021-04.

呈现出短小精悍的特征。《隐秘的角落》《唐人街探案》《我是余欢水》等短剧吸引了大批年轻观众。短剧与微短剧的诞生与流行符合年轻人碎片化的审美习惯,满足了他们利用碎片化的时间追求精神满足的审美体验。

在网络综艺方面,求新求变的"年轻化"审美症候同样存在,以当前最为流行、上线数量最多的真人秀综艺节目来说明:2020 年全网共上线 154 档真人秀节目,这些真人秀节目按照不同的题材被细分为音乐类、美食类、体育电竞类、团体选秀类、情感观察类等 42 种。①

审美文本类型的多变性与流动性生产令观众的焦点很难在一处停留较长时间。这种短暂性的视觉观念意味着时间性链条在连续空间中的断裂,这让当前时空的横截面被凸显出来,唯有以强烈的视觉魅力和感官刺激才能吸引年轻观众正在高速运转的眼球。因此,审美文本的类型与形式也只好通过不断更新才能收获他们忠实的观众。流动性的审美观念具有强烈的现代性特征,"流动性"正是现代社会所追求的目标。英国思想家齐格蒙·鲍曼认为当今的社会结构不再呈现为稳定的"板块",而是瞬息万变的"流沙"。急速的变化、始终保持未定的状态才是社会现代性的理想。流变的时代铸就了多变的文化症候,成为当今"年轻化"审美呈现多元性与复杂性的技术文化动因,也是当代审美观念的第一重"年轻化"变迁。

2. 审美价值的即时感与当下性

时空压缩还体现在大众传媒为年轻观众提供了沉浸式的"即时感"文本,这样做的目的是将受众封锁进流变的封闭空间里,并诱发他们强烈的感性经验。过分地沉迷是对当下性的强调,时空在这里再次发生断裂,当下的时空与过去和未来割席,变成碎片化的断片,但强烈的感官冲击令人们不想要回溯历史,也不再关心未来。当真正的历史消失后,文本就会代替历史为观众生产"历史感",因此,怀旧就是人造的历史感。当前正在

---

① 骨朵数据. 2020 网络综艺产业发展研究白皮书 [R/OL]. 骨朵网络影视,2021-04.

2020年真人秀细分题材网络综艺数量分布

■数量/档

音乐类	24
美食类	12
体育电音类	11
男团女团类	10
喜剧类	8
潮流文化类	6
家庭关系观察类	6
明星独居生活观察类	6
亲子萌娃育儿类	6
访谈类	5
旅行类	5
电商直播带货类	5
恋爱交友类	4
萌宠类	4
都市女性情感观察类	3
明星推理类	3
实景解密体验类	3
街舞竞技类	2
练习生生活观察类	2
美妆类	2
明星经营体验类	2
情感分离类	2
虚拟偶像养成类	2
演员表演竞技类	2
职场观察类	2
沉浸式角色体验类	1
代际互动观察类	1
高甜追剧式	1
互动游戏类	1
备婚生活观察类	1
健身健美类	1
跨屏互动直播类	1
明星纪实类	1
明星声音猜想类	1
认知障碍记录观察类	1
生活方式类	1
声音演员竞技类	1
实验情景体验类	1
问答艺人揭秘类	1
养生类	1
真人角色扮演类	1

图 4.2 网络真人秀综艺节目的细分类型及数量汇总①

泛滥的怀旧式文本书写从未引导年轻观众去追溯和反思历史，相反地，他们鼓励观众创造、戏弄并消费历史。于是，詹姆逊（Fredric Jameson）这

---

① 骨朵数据．2020 网络综艺产业发展研究白皮书［R/OL］．骨朵网络影视，2021-04．

样评价："那是这样一种状态，我们整个当代社会系统开始丧失保留它本身的过去的能力，开始生存在一个永恒的当下和一个永恒的转变之中，而这把从前各种社会构成曾经需要去保存的传统抹掉。……于是，媒体的资讯功能可能是帮助我们遗忘，是我们历史遗忘症的中介和机制。"①

除了对历史的遗忘，大众传媒的文化功能也在协助观众遗忘未来，这表现在人们对时光穿梭表现出极大的热情。美国好莱坞擅长利用科幻电影来召唤观众对未来的想象，而中国则擅长利用仙侠剧触发人们对未来的憧憬。近两年，《陈情令》《三生三世十里桃花》《千古绝尘》的接连热播让仙侠剧重回观众视野。在"新神话主义"主导的电视剧中，电视剧文本为观众提供了对生命轮回以及不死不灭的美好期待，这种直指未来的期待恰好剪去了现代人感知时间的敏锐触角。电子媒介时代对时空的压缩断裂了年轻人们对过去-现在-未来的感知，大众传媒的审美文本通过强化这种断裂，让观众不断被当下的即时感所吸引，这是当代审美观念的另一重"年轻化"变迁。

3. 流行性与时尚性的文本生产方向

时尚与流行在本质上并不是现代人的产物。人对某种流行的追求其实是一种对象征物的崇拜，而人类的崇拜情结最早可以追溯到原始社会的图腾时代，人类就是依靠图腾来识别个体与群体关系的。时尚和流行作为一种当代的图腾崇拜，成为现代年轻人克服焦虑的无意识表达。而原始的图腾是一种稳定的凝结性结构，但流行与时尚在消费文化的主导下成为善变的存在，不再具有共同体的稳定性。更重要的是，曾经的"时尚"是一种信仰，而今天的时尚却是资本逐利的工具。流行的消费偶像、时尚的综艺类型、"萌"态的人物塑造都是经过大众传媒文本变异后生产的"年轻化"图腾，这是当代审美观念的第三重"年轻化"变迁。

---

① 弗雷德里克·詹姆逊. 晚期资本主义的文化逻辑——詹明信批评理论文选 [M]. 陈清桥等，译. 北京：生活·读书·新知三联书店，1997：418-419.

（二）时空分离与交互式情感体验

如今互联网的时空压缩程度足以让空间在时间轴上的文化生产呈现出趋零化特征。吉登斯（Anthony Giddens）曾经用"脱域"（disembeding）的概念阐释时间对地域的抽离机制，他说："社会关系从彼此互动的地域性关联中，从通过对不确定时间的无限穿越而被重估的关联中'脱离出来'。"① 现代媒介技术加快了改变时空秩序的速度，其中空间构造的随意性更是重塑了这个时代的社交行为。基于交互媒体新技术而生产的文本越来越受到互联网用户的青睐，交互式的审美体验逐渐成为当代的一种文化症候。

当人们身处由互联网搭建的虚拟交流场时，其自身的物理坐标不再被关注。截至 2022 年 6 月，我国网民规模为 10.51 亿，互联网普及率达74.4%，其中手机网民规模占网民总人口的 99.6%。② 移动互联网能够最大限度地将人的物理时空与虚拟时空相连，在社交技术的裹挟下，人的物理空间在不同的移动端口丛中被隐藏，其身体或许在场，但意识早与身体分离。在极度虚拟的时空中，来自虚拟共生群体的情感需求与满足成为应对分离危机的心灵慰藉，因此，交互式的审美体验其本质是交互主体的情感体验，交互体验可以是在受众与传播者形成的双向交流，也可以是在受众与受众之间形成的网络交互性。

网络视频直播是互联网用户重要的应用选择，截至 2022 年 6 月，我国网络直播用户达 7.03 亿，占网民整体的 68.2%。③ 直播的强社交性是对传统媒介交互性弱的补偿，社交直播技术为互联网用户创造了交流的空间，

① 安东尼·吉登斯. 现代性的后果 ［M］. 田禾，译. 南京：译林出版社，2011：18.
② 中国互联网络信息中心. 第50次中国互联网络发展状况统计报告 ［R/OL］. 中国互联网络信息中心，2022-08-31.
③ 中国互联网络信息中心. 第50次中国互联网络发展状况统计报告 ［R/OL］. 中国互联网络信息中心，2022-08-31.

又为新的网络社交提出了社交需求。随着泛直播新业态的迅猛发展，直播+电商、直播+教育、直播+综艺等对直播行业的拓展性尝试激发出巨大商业奇迹，但直播内容的低区分度和直播间的用户存留率等问题掣肘直播产业的可持续发展。因而弹幕、点赞、打赏、即时评论等技术手段被先后应用于直播，让观看用户获得"第一人称"的主观视角，为其增强直播内容的代入感。对于以年轻人为主要用户群的直播应用来说，如何贴近他们的生活习惯和表达方式，迎合其审美旨趣和价值观念成为直播行业瞄准新生代网络直播消费的途径。因此强调"温暖"与"陪伴"，满足用户多元的情感诉求成为不同类型直播服务的内容生产重心，例如电商主播们格外重视与用户在直播间的每一次对话，他们为收看用户取昵称如"所有女生""宝宝""朋友们"等，他们不再疯狂地叫卖手中的产品而是"走心"地用语言架起与用户心灵沟通的桥梁。这时的直播间不只是带货空间，更被附加了引发情感共鸣、收获价值认同等社会功能。

在互联网深耕的"泛交流时代"里，网络短视频也被视作强化交互式体验的典型文本。短视频用户规模在持续几年的高速增长后，自 2019 年以来其增速放缓，但用户基数与用户使用时长仍增长强劲，截至 2022 年 6 月，我国短视频用户规模达 9.62 亿，较 2021 年 12 月增长 2805 万，占网民整体的 91.5%[①]短视频消费的多样化发展让短视频开始从传统的商品消费向服务消费转型，包括短视频+教育、短视频+电商等在内的新业态发展令短视频愈发强调用户的黏性，重视消费主体在视频消费实践中的情感体验。除技术专业化、内容精品化外，以提高用户的归属感为目的的情感营销是短视频生产力求维护的内容生态，以此强化用户交互性，提高用户的观看意愿。

受众与媒介之间的话语关系也发生了颠覆性改变。曾经的"沙发土

[①] 中国互联网络信息中心. 第 50 次中国互联网络发展状况统计报告 [R/OL]. 中国互联网络信息中心，2022-08-31.

豆"只有看与不看的选择权,但如今他们在看与不看之间多了一重受众权利。随着竞争日趋激烈,对受众的争夺已不再局限于平行的电视台之间,各大网络视频平台也加入了这场激烈的"生死较量",因此如何强化受众黏性成为网络时代的重要议题,文本的交互性情感生产就成为以留住年轻受众的"遥控器"以及依靠眼球经济实现资本增值的方式。

三、媒体融合进程中的"年轻化"形塑

美国学者伊契尔·索勒·普尔(Ithiel de Sola Pool)在其专著《自由的科技》中首先提出了"媒体融合"(Media Convergence)的学术概念,其本意是指在技术驱动下,各种媒体呈现出功能一体化的发展趋势。随着数字化技术的发展与全球性进步,媒体融合成为20世纪末以来全球媒介实践与学术研究的热点词汇,其含义极为驳杂,涉及经济、技术、文化等多个层面。"媒体融合"的概念于2006年前后被引入国内,那时正值国内互联网兴起、报纸新闻等传统媒体亟待转型的时期,围绕媒体融合的研究大都是沿着传统媒体的视角出发,探索在由互联网和数字技术推动的新媒体对传统媒体带来冲击与危机时的求变路径。移动性较差、交互性薄弱是大多传统媒体在新时期要面临的双重问题,因此"寒冬季"与"消亡论"的悲观论调层出不穷,在这样的语境下主动拥抱新媒体属无奈之举。从传播渠道来看,这时的媒体融合是一种单向融合,即传统媒体向互联网尤其是移动互联网的积极靠拢与屈从,这是我国融合进程开启的主要动机,也是造成电视剧、电视综艺等传统审美文本采取"年轻化"生产的关键性因素。

在中国对媒体融合的研究中,媒体所承载的"信息"往往被视作一个客观实体,它可以在不同空间之间迁移,也可以被人们购买或拥有。由于对这一概念的在早期的误导性使用,"信息"在媒体研究中成为与传播"内容"相同的概念。就目前国内融合的实践来看,媒体融合放大了传播

中介的物质实体性，比如平面媒体中的书刊、报纸，广播媒介中的收音机，电视媒介中的电视机，互联网媒介中的移动智能手机等。而媒体融合的改革思路则只在新闻领域中得到系统性发展，然而融媒的触角却未深入至以电视艺术与网络文艺主导的大众文化场域中，因此融媒的现状依旧是局部的、不完善的融合。① 这主要表现在媒体融合在文艺领域依旧是以技术融合为导向的接收终端的融合，例如移动智能手机将数码相机、个人电脑、影音播放器等不同媒体整合在一个综合性设备上，用以媒介产品的集中传播与生产，再通过移动手机用户可以实现在不同媒体间的自由穿行。这意味着传统媒体已经跨越以 PC 为端口的互联网渠道，入驻智能手机移动媒体，对于电视文艺的文本内容来说，它们通常被原封不动地搬进不同的互联网视频的播放平台里，以视频的形式予以呈现。现今，互联网是年轻观众们收看长视频的首选渠道，相同内容的节目若丢失了互联网的播放平台，其传播力便大打折扣。当传统大众传媒的文本进入到互联网领域接受受众检验时，其生产模式与内容方向往往会受到互联网逻辑的影响，"年轻化"审美也因此渗透进文本生产系统中。

第三节　多元文化语境中的"年轻化"审美生产

当前中国社会文化是在多元文化的驱动下，由不同文化协同发展而创造的文化生态局面。在本书中的"多元文化"概念侧重展示民族共同体内部不同文化间的特征殊异。从一般地学术共识来讲，中国的文化格局是由主导文化、精英文化、大众文化三种文化形态相互调和的结果，中国媒介的主导话语范式也是在上述三种文化形态的相互摩擦与相融下完成形塑

---

① 童清艳. 智媒时代我国媒体融合创新发展研究 ［J］. 人民论坛·学术前沿，2019（3）：60-65.

的。在中国的社会语境下，主导文化通常是以主流媒体为传声渠道的国家话语对社会文化格局的引导性文化形态。精英文化是指以社会知识分子为话语主导的文化形态，呈现出高雅的、严肃的人文精神，精英文化的社会主导话语在我国 20 世纪 80 年代表现明显。但随着精英文化在中国社会的式微，主导文化和具有多元文化内涵的大众文化成为全球化背景下主导中国文化话语的多元动力。这里有必要对本书论及的大众文化做一个界定：大众文化是以城市受众为主要对标人群的文化形态，是一种具有商业色彩的、在人群中有一定流行性的、运用新兴传媒技术生产出的文化。因此以电视艺术和网络文艺主导的审美文本作为本书的主要研究对象可被视作大众文化的艺术承载形态。多元文化语境带来的是社会话语空间的开放，并成就了以"年轻化"审美为深层所指的传媒文化生产。

一、作为话语汇合的结果：主导文化对大众文化的期待

随着全媒体时代的到来，媒体融合的底层逻辑是主流媒体在互联网语境中的渗透，也就是国家主导话语对以互联网主导的年轻文化体系的渗透。一方面是主流媒体对公众的舆论监督，另一方面寄托着主导文化对大众文化的期待。当传统主流媒体在电视媒体时代的优先性逐渐消退，在文化融合的指导下，电视剧的制播模式在发生自上而下的"年轻转向"。首先，传统媒体沿着新媒体的"年轻化"思维进行媒介内容的生产。2014 年国家新闻出版广电总局出台了"一剧两星"政策，即一部电视剧至多在两家上星频道同时播出。台网联动的播出方式成为传统电视剧制作需要考虑的重要因素，甚至部分电视剧采用先网后台的播出模式，为应对影视剧在网络平台播出而出现严峻的分众状况现象，观众审美品位的变化促使电视剧创作者进行迅速调整，以适应多元社会不同的审美要求。因此，电视剧的播出模式倒逼电视剧在类型、题材以及内容的选择上有意贴近互联网的年轻用户的收视偏好，这是互联网时代主流媒体和主导文化形态主动做出的"年轻化"改变。

（一）主旋律电视剧的新鲜感

随着《山海情》《功勋》《叛逆者》《觉醒年代》等剧集的热播，主旋律电视剧逐渐成为电视艺术和网络文艺文本中的主流类型。截至 2021 年 4 月 30 日，已有 14 部主旋律电视剧在电视台与网络视频平台播出，占上半年播出剧集总量的 10%。2021 年 11 月初，五大卫视与各网络视频平台先后发布 2022 年的播出片单，主旋律电视剧不但是各平台购剧的主流类型，而且是实现剧集精品化的重点打造类型。主旋律电视剧的热播与流行意味着主导文化与大众文化实现了话语融合，整体呈现出一种"年轻化"审美的生产趋向。从题材与类型来看，主旋律注重与其他类型剧的结合，例如与谍战剧汇合后的《隐秘而伟大》《叛逆者》《无间》；与刑侦剧融合后的《女刑警队长》；与伦理剧融合后的《大江大河》；与青春偶像剧杂糅后的《超越》《你是我的城池营垒》《爱上特种兵》等。较之前的主旋律电视剧相比，融合新鲜血液的电视剧打破曾经严肃与刻板的印象，题材也更加灵活，能够为观众带来一种新鲜感。

另外，主旋律的叙事方式也在力求新颖多变。主旋律电视剧的主角塑造正在向偶像化发展，成长的故事成为大部分主旋律电视剧的模式化叙事内核。2020 年底《大江大河 2》在东方卫视、浙江卫视首播，并在腾讯视频、优酷视频和爱奇艺同步网络播出，故事沿袭了第一部中的人物设置，将时代背景推回至 20 世纪 90 年代，描绘了 3 个年轻人踏着改革浪潮艰苦创业的故事。2021 年初以扶贫题材主旋律电视剧《山海情》在浙江、北京、东方、东南、宁夏 5 个电视台首播，并在腾讯视频、优酷视频、爱奇艺同步网络播出。故事同样将时代的重大变迁映射在人物身上，讲述了大学生村官马德富与年轻一辈在 1991 到 2016 年间振兴宁夏的脱贫故事。作为革命历史题材的主旋律电视剧《觉醒年代》与《理想照耀中国》在

2021 年先后播出，故事聚焦中国一代革命领袖，讲述青年时期的他们追求真理、为理想自我燃烧的故事。作为新一代的主旋律国产剧，剧中励志青年的个人表达与国家命运紧密相连，意在激起一种热血澎湃的励志精神，这种对叙事的新鲜感打造一方面实现了主旋律电视剧的主导文化职能，另一方面这种热血、奋斗的表达方式成功地吸引了年轻观众的注意，因此无论电视收视还是网络点击率都达到较高水平。

（二）传统文化类节目的"年轻态"

2021 年 8 月国家广播电视总局发布《国家广播电视总局办公厅关于公布 2021 年"中华文化广播电视传播工程"重点项目的通知》，北京广播电视台《中国有好戏》、长春广播电视台的《中华少年诗说（第二季）》、河南广播电视台的《"中国节日"系列节目》、广东广播电视台的《国乐大典（第四季）》《技惊四座（第二季）》等 16 个文化类节目入选 2021 年"中华文化广播电视传播工程"重点项目，得到国家的资金扶持，这是传统文化类节目即将走上流行道路的信号。面对泛娱乐化的传媒产业发展以及互联网流量经济的冲击下，传统文化类节目曾一度陷入制播危机。

以河南广播电视台的《"中国节日"系列节目》为代表的文化类节目探索出了一条"年轻化"的突围路径。2021 年初河南春晚舞台上，舞蹈节目《唐宫夜宴》引发了观众在互联网中的讨论。节目《唐宫夜宴》作为一个融媒产品，将舞台剧的沉浸式舞美设计带进演播大厅，并利用 5G+AR 技术让虚拟场景与真实舞台结合起来，使传统文化和现代科技相得益彰、相互成就。接下来河南广播电视台在之后的清明、端午、七夕、中秋等中国传统节日推出了《元宵奇妙夜》《清明时节奇妙游》《端午奇妙夜》《七夕奇妙游》等一系列文化类节目，用"奇妙"逻辑呈现的"年轻态"突破文化类综艺的内容瓶颈。《七夕奇妙夜》利用了时光穿梭的方式，讲述了 2035 年的女宇航员唐小天穿越回了唐朝的洛阳，并结识了医者唐小竹和说书人唐小可,唐小天在她们两人的带领下度过了一个特别的七夕的故事。节目将网络综艺的真人秀模式加入了网络剧的穿越叙事内核,将传统民俗、民间故事与现代流行元素结合,让观众的目光紧紧跟随由"奇幻"景观打造的视觉之旅,这种突出节目的"年轻态"的表达被许多网友称作"国潮"。

利用传统媒体优势制作的文化节目还有先前出现的《中国诗词大会》《上新了,故宫》《国家宝藏》等,他们都在试图打破以往文化类综艺节目的制作逻辑,加入真人秀、戏剧演出、文创消费品展示等"年轻态"内容,以顺应互联网"年轻化"的思维和传播习惯。然而一些节目利用平台与受众优势,使内容过度追求网感,侧重对年轻受众的依附而弱化了其内在的艺术价值,久而久之破坏了电视艺术以及网络文艺在内容导向与受众导向之间的平衡。

(三)主流媒体的"网红"① 主播

近两年来,国内主流媒体对主播尤其是新闻主播的"网红"打造是它们向"年轻化"审美和网络化叙事积极靠拢的风向标。例如以康辉、撒贝宁、尼格买提、朱广权为代表的"央视 boys",包括王冰冰、庄晓莹、张扬在内的央视及新华社网红记者,他们的出现快速激起年轻观众对新闻与社会实事的关注热情。对新闻主播的网红塑造是沿用打造"网红"IP 的方式拉近主导文化与年轻观众的距离,同时是主流媒体在新媒体环境下提升舆论引导力的创新方式。从 2019 年的新闻联播改版开始,新闻主播的播报语态与之前有较大改变,用生活化的语气、活泼的风格、通俗的用词快速吸引年轻受众。例如在《新闻联播》新增的《国际锐评》板块中,主播康辉用"荒唐得令人喷饭""怨妇心态""裸奔"等网络热词回怼美国政客,

---

① 网红是"网络红人"的简称,通常是在现实生活中或网络生活中因某个事件而备受网民关注,继而在网络中走红的人。

让网友直呼："太下饭了"① 并登上微博热搜。由于《新闻联播》的语态改革，新闻主播们纷纷脱去刻板、严肃的形象外壳，将新闻播报演变为新闻事件，吸引年轻群体主动回归新闻类节目。随着央视短视频栏目《主播说联播》在抖音、快手、哔哩哔哩、央视频等平台上线，主播们有别于官方播报的生活化一面被展现出来，主播的"网红"IP形象进一步深入人心。2021年1月央视新闻主播康辉、撒贝宁、尼格买提、朱广权一起登上央视一套的文化类节目《经典咏流传》的舞台，他们四人因幽默的主持风格和出色的业务能力被网友誉为央视主持天团的"央视boys"，受到众多粉丝的追捧。四人在随后五一国美小程序的直播带货中超5亿的带货量成为主播IP的塑造典范。2021年8月央视再次集结40余位主播和记者，在央视频独家推出才艺类综艺节目《央young之夏》，以"年轻态表达"为节目口号的《央young之夏》在节目形象的打造、节目内容设计和节目传播渠道都在以一种深度的"网感"来强化"年轻化"审美趋向。在8月21日的公演直播中，一众主播们在舞台上一一亮相展现绝活，采用女团舞、脱口秀、说唱等当今流行的表演形式，紧贴年轻用户的审美偏好与接受习惯。

二、作为经济收编的成果：大众文化对小众文化的驯服

当"年轻化"审美作为传媒文化的主流普遍而广泛地出现在各类审美文本中时，就说明了以"年轻化"审美为特征的审美文本所蕴含的文化大众性，但这种文化大众性的形成又是由不同的小众文化圈组成的，这让"年轻化"问题变得复杂起来。约翰·费斯克曾如此理解文化的大众性问题："如果我们考虑到，现在的资本主义社会是由大量不同的社会团体和亚文化组成的，所有一切都纠结在一张社会关系网之中，在这里最重要的

---

① 网络用语，通常指某行为令人心情愉悦，连饭也能多吃几口。

因素是权力的不同分布，这时，大众性就成了一个复杂得多的问题。"① 费斯克对大众性的衡量标准基于文化产品对消费能力的满足。换言之，满足消费者的欲望是判断文化产品具有大众性的基础。可见，若能从文化经济的视角思考今天"年轻化"审美的大众性，这个问题就会相对容易理解一些。"年轻化"审美之所以成为传媒文化的主流话语，是因为不同的文化集团都能够从此类文化产品中收获相应的文化利益与财富价值。在传媒资本的流通过程中，不同的文化群体在此也获得了相应的文化意义、审美快感以及社会身份。在大众传媒视域下，对大众文化或小众文化的界定并不以其固有的文化形态为标准，而是通过资本驱动的分众市场。由此可以证明，"年轻化"审美的文本生产是在大众文化驯服小众文化后的必然结果。

（一）草根文化的顺势迎合

草根文化在中国的出现伴随着互联网新技术的崛起以及视觉文化的发展。"草根"（grassroots）原本指草本植物的根部，在 2000 年之后进入到中国社会文化逐渐成为网络中的流行语。通常意义上的"草根文化"是由迥异于社会"精英"和"主流"人群创造的"非主流"文化，它也区别于传统的民间文化。今天的"草根文化"其实是"草根传媒文化"，文化生产者利用互联网的技术优先性通过微博、视频博客以及各种自媒体社交网站等媒体平台，依靠打造草根形象来获得社会身份和话语权。自下而上的传播主体决定了草根文化在诞生之初便具有文化的小众性特征。例如脱胎于吐槽文化的《奇葩说》在第一季节目开播之初便具有较强的天然草根性，从《奇葩说》节目设置上看，边缘化主持人以及导师团的控场角色，而将舞台的焦点让位于在场的"奇葩"辩手以及能够利用投票器与之互动的现场观众。节目的草根性便由这些"奇葩"形象建立起来。在前几季的

---

① 约翰·费斯克. 大众经济 [M] //陆扬，王毅. 大众文化研究. 上海：上海三联书店，2001：131.

节目中，辩论选手往往是节目组通过海选挑选出来的素人辩手，而挑选标准一改传统辩论型节目注重辩论技巧、修辞方式的传统，只要足够奇葩，敢于表达，就能够登上《奇葩说》的舞台。在节目初期奇葩辩手们多元化并具有差异性，有辩论经验丰富的黄执中、马薇薇等职业辩手搭建节目的辩论结构，但大多数还是像自由职业者肖骁、姜思达、全职妈妈傅首尔、哈佛才女詹青云等来自各行各业的草根群体。非职业草根群体的入驻将节目导向一条有别于精英主义的平民化道路，但在后续代际节目中能够明显地看到节目对草根辩手的选拔开始有门槛。大学教授、新闻主播、律师阶层等精英人群迅速占领绝大多数辩手席位，辩论发言开始强调逻辑性与层次性，选手们不再依靠感同身受的个人化叙事寻求观众认同，而是回归到对传统辩论技巧的揣摩与钻研。可见，当代主导草根文化的生产主体和传播主体并非社会的底层，而是"一群有文化、有闲暇时间、有一定经济能力和技术知识的公民。"① 传播主体的愈发小众化注定了草根文化缺少天然的文化流行基因，背离了节目对标的互联网年轻用户，这让草根文化在大众文化语境中忽然出现又迅速衰败。后期的《奇葩说》保留了吐槽辩论的草根文化形式，作为迎合时代流行风格的"年轻化"审美符号，其内容却不断向一般语言类节目靠拢。

《星光大道》和《中国达人秀》曾是中国最具草根性的综艺节目，将传统素人带到综艺舞台上表演才艺、展示绝活，但是单一的节目模式以及以电视台为唯一传播渠道的播出模式让达人秀的节目样式失去了节目大众化和流行化的可能。2021年10月，《点赞！达人秀》的开播让达人秀在"年轻化"审美孕育的短视频领域获得了重生。首先在节目中出现的草根形象的选择改变了大海捞针的海选模式，以本身抖音平台积聚一定流量的热门达人为主，例如粉丝数超百万的高雨田（抖音号：高雨田大魔王）、棉花哥（抖音号：棉花哥）、女版洪金宝（抖音号：大脸妹脸大）等迎合

---

① 周宪. 当代中国的视觉文化研究［M］. 南京：译林出版社，2017：194.

了"年轻化"的审美潮流。节目依托抖音平台设置了大众点赞环节，让舞台大屏与手机小屏联动起来，当手机里的抖音达人站在舞台上进行表演，这给观众带来了新鲜感并唤醒熟悉他们的年轻受众的记忆，通过互动体验强化节目在数字媒介时代的流行性。

草根文化降生于互联网时代，利用互联网的传播特性开拓文化的大众化传播是它实现复刻流行基因的底层逻辑。草根群体作为社会人像的缩影，在某种程度上代表了社会的时代情绪，节目围绕不同的主题选取草根形象，他们或在舞台上表演潮流魔术，或在绝活中展现励志精神，都能作为一种情绪感染到观众。再通过短视频的在自媒体平台上的分发，自然在迎合大众文化的过程中，强化"年轻化"审美的流行趋势。

（二）青年文化的抵抗消解

当提到以青年文化形态出现的艺术性文本时，不得不将其与英国文化研究中的"青年亚文化"进行一番比较与辨析。20世纪70年代，英国伯明翰大学当代文化研究中心将青年群体作为研究关切的对象，发现了在他们身上存在的一种区别于社会主流文化的"亚"文化形态。这些青年群体作为主流文化的从属阶级，他们不具有社会话语优势，无法主导社会意识形态，因而青年亚文化天生便具有斗争、谈判、抵抗主导阶层和统治秩序的特征与使命。社会身份的差异结构以及不同阶层之间的权力关系为青年亚文化撑起了与主流大众文化足够明晰的边界。如在赫伯迪格提到的泰迪男孩、摩登族以及光头党等文化形态，他们作为英国青年群体的一个局部，展现了特殊的风格、生活方式以及文化价值观念等，并由此构成了迥异于大众文化系统的亚文化系统。

本书在这里格外关注的问题是：在我国大众传媒语境中以青年文化形态出现的艺术性文本是否具有亚文化特征？特别是以乐队、说唱、脱口秀等溯源"亚"文化类型出现的电视综艺以及网络综艺节目是否呈现出源于阶层差异的抵抗意识？20世纪80年代，以摇滚乐主导的乐队文化在中国社会一直是"野蛮"生长的非主流文化，从他们对于主流文化的拒斥态度中流露出明显的亚文化的意识。尽管近些年来由资本推动的室内场馆演出（livehouse）与室外音乐节活动曾试图将乐队文化带向流行圈，但文化传播的渠道令他们始终无法摆脱边缘化的现状，同时乐队的小众精英气质与大众文化的平民意识之间依旧矛盾重重，但爱奇艺联手米未传媒透过节目《乐队的夏天》让沉积多年的小众音乐走入大众的视野。综艺节目《乐队的夏天》在2019年登上互联网视频平台，节目邀请国内不同风格的乐队来到节目中同台竞技，有交响乐格局配置的三胞胎少女乐队"福禄寿""95后"学院派组合"Mandrain"，也有善于营造戏剧感的空灵乐队"HAYA"等。节目和观众不会再苛求这些乐手们以曾经愤怒的、批判的姿态应对主流文化，而节目恰恰以迎合主流文化的方式对这些乐手进行包装，比如突出乐手们演奏器乐的精湛技艺，强调包含着冲突和悬念的节目叙事性，精心刻画乐队的风格以及乐手的个人魅力等。出现在综艺节目中的乐队文化让我们不能像青年亚文化一般来定义它，属于亚文化的抵抗性在节目生产的胚胎时期就被"阉割"掉了，因此节目本身便不具有对大众文化的抵抗力量，不断走上小众文化的大众化之路。同样的节目生产逻辑还出现在以说唱为文化来源的《中国新说唱》《中国有嘻哈》，以街舞为文化来源的《热血街舞团》《这！就是街舞》等。

节目制作方丢掉了节目的反抗性内核却万万不能丢掉表现反抗力量的形式，这是吸引观众眼球的根基，故而节目制作方赋予年轻观众以文化抵抗的假象，"年轻化"审美就是伪装的抵抗力量。2010年第二季的《乐队的夏天》出现了一支名叫"五条人"的乐队，沙滩裤、手风琴、人字拖，还操着一口并不流利的福建普通话，比起接受过规范音乐培训的乐队以及会使用电子合成器的乐手来说，这支两人乐队的确与夜晚大排档里的卖唱歌手无异。根据节目的规则设置他们几次三番被淘汰，但在每一次节目组公布的复活名单上又总是有他们的名字，有网友戏称这档节目应该改名为"捞五条人的夏天"。"捞"是节目为观众专门设置的复活乐队的投票方法，同时也强化了受众的"把关人"意识。执行"捞人"任务的不仅仅是他们的粉丝，更多的是被淘汰赛激起斗志的普通观众，他们以游戏的心态对节目组的规则发起挑战。2020年，以"又得去捞五条人了"命名的微博话题突破5.7亿阅读量，"被五条人笑死"的话题破9.32亿阅读量，"五条人又被淘汰了"破2.22亿阅读量，"五条人说自己不用捞"破2.2亿阅读量。每当五条人被节目赛制淘汰，观众们都会自觉地向五条人施救，这成为观众之间自行达成的默契与共识。当今综艺节目在电视台和网络平台并行的生产模式之下有深掘小众文化的实力，但它作为一件向市场兜售的文化产品，总以扩大消费需求为最终目的，因此，整合大众审美趣味的必要性、制造小众文化的大众化投影是其必然的走向与归路。

"五条人"乐队身上不仅流露出的是一种小众的、亚文化形态的乐队特征，同时他们也承载着观众日益兴盛的平民意识。在精英文化逐渐式微的今天，主导文化与大众文化相互制衡造就了当今社会文化的主要形态。互联网让受众的主体性意识愈加明确，对平民身份的认同与追捧体现出当代文化的大众属性。在《乐队的夏天》这档节目中，将"五条人"乐队一次次从淘汰的队伍中救回是受众借由平民意识为自己生产的抵抗式快感，这种来自年轻无处释放的活力以及挑战节目规则与权威的勇气在这种狂欢式的游戏刺激中被激活，而蕴涵着悬念、刺激以及快感的平民意识本身成为"年轻化"审美生产的一部分。作为文化经济的流通产品，内在的、自发的生产机制令参与游戏的主体不再局限于个别的青年粉丝，而是面向渴望在游戏中感受"年轻化"刺激的所有受众。

以"年轻化"审美为特征的青年文化是在网络文化、消费文化大环境中孕育出来的文化形态与审美范式，借着互联网技术的顺风车，"年轻化"表达的可见度越来越高。这种文化形态的本质在于向更广阔的社会群体传达少数人的审美观念以及思维习惯。当今语言类节目纷纷将脱口秀的语言形式运用在不同的文本当中,从网络初代语言类综艺《奇葩说》《吐槽大会》到初代女性励志语言节目《听姐说》再到如今的新喜剧《一年一度喜剧大会》,节目都大致沿用了以吐槽文化为特征的脱口秀形式,初期节目的内容大抵有过对主流文化的抵抗意识,在第一季《奇葩说》中辩手们穿着怪异、语言犀利、观点尖锐,出现了包括肖骁、颜如晶、范湉湉等个性鲜明的奇葩辩手,无数年轻观众沉浸在吐槽文化中感受被冒犯的快感。但在随后的季播节目里,《奇葩说》变得不再奇葩,越来越远离原初被节目奉上神坛的"奇葩"论,开始聚焦社会民生以及现实话题,当初反抗式的快感被超我的自我规训所接管,节目中的亚文化边界越来越模糊,这说明类亚文化节目存在着被收编的可能与风险。经历了七季的《奇葩说》,曾经作为收视主体的"90后"也已经步入社会,成为社会大众的一分子,综艺IP的打造不得不以拥抱大众文化以维持受众的存续。作为一个大众文化的文本,不但需要包含宰治力量,还要规避被反驳的可能。"年轻化"的审美特征是《奇葩说》拓宽其大众化之路的象征符号,也是走向流行的反抗性筹码。节目辩题虽然依旧以"年轻人"开头,然而节目辩题对年轻主体的适应性却越来越广。换言之,参与"年轻化"符号生产的主体不再局限于青年受众。随着网络视频平台对青年小众文化的持续深耕,"年轻化"审美的表达初具规模,其本质在于向更广阔的社会群体传达少数人的观念意志以及审美习惯。文化资本化则是使原本小众文化逐渐转战大众市场的直接原因,传媒产业对"年轻化"审美接受主体的再生产直接扩大了消费者的范围,自然而然能使更多消费者进入并参与"年轻化"审美的生产过程。有数据显示,随着第七季《奇葩说》的播出,收看该节目的受众年龄已有逐年递增的趋势,节目实现《奇葩说》老用户与节目进行捆绑的武器便是参与"年轻化"意义的生产,参与节目消费就是他们掩盖自身年轻焦虑的新筹码。不仅如此,以乐队、街舞、说唱、脱口秀等青年文化形式出现的综艺节目拥抱大众文化的逻辑也与上述案例类似，其本身的亚文化内涵在文本生产之初即被剥离，只在形式上退居为"年轻化"审美的表征风格，这在一方面规避了引起道德恐慌的风险，在另一方面成为保障节目收视率的醒目标签。原本的亚文化形态顺应"年轻化"的审美范式朝主流化的、大众化的审美文本发展，失去抵抗与颠覆的文化力量。

（三）粉丝文化的狂热追求

"年轻化"审美的生成语境离不开粉丝文化带动下的参与式生产。"参与式文化"在今天由互联网主导的传媒语境里并不陌生，亨利·詹金斯（Henry Jenkins）是首先使用这个概念的先驱，他认为"参与式文化"是数字时代里存在于虚拟社区的普遍现象，"参与式文化包含的是在人际交往中所体现出来的多元和民主的价值观，人们被认为能够单独或共同地进行决策，且拥有通过各种不同形式的实践进行自我表达的能力。"① 很明显，詹金斯是从粉丝立场阐释文化的参与性，粉丝对文化的参与力量的日益壮大是网络媒介时代最突出的特征，"年轻化"审美生成是粉丝文化中的一层重要表征。粉丝参与文化生产的流通与再生产环节是他们共享群体文化实践的一部分，但在传媒消费的语境中，粉丝对文艺产品的消费是他们介入文化的基础和前提。在消费偶像的带动下，粉丝文化主导并建构了一整套以某种话语方式、表征形态为标准，并在粉丝群体内部行使支配粉丝行为的规范。今天的"年轻化"审美便是这个行为规范的精神指导。詹金斯之所以认为参与式文化具有多元的民主价值，这是互联网赋权下新媒体所独具的特征与品质，新兴技术的赋权加剧了受众在"年轻化"审美生产中涉猎的纵深。

2005 年的综艺节目《超级女声》见证了中国电视选秀时代的开端，

---

① 亨利·詹金斯. 参与的胜利——网络时代的参与文化 [M]. 高芳芳，译. 杭州：浙江大学出版社，2017：44.

2005 年到 2015 年间《超级女声》《快乐男声》《我型我秀》《加油好男儿》等几十档选秀综艺登上电视屏幕，全民选秀时代的偶像具有大众化特征。2015 年偶像养成类真人秀综艺开始几乎同时在网台两端出现，通过《星动亚洲》《燃烧吧少年》《蜜蜂少女队》《加油，美少女》《夏日甜心》《明日之子》等节目，实现素人练习生到偶像的身份转变。经过 3 年的积累，《偶像练习生》与《创造 101》在 2018 年创造了前所未有的偶像热度，这一年被称作中国的"偶像元年"。与偶像同频出现的另一个概念是"流量"。从电视的"收视率"到今天的互联网"流量"，这意味着从前对一个明星长达十几年甚至几十年的孵化过程成为历史，流量经济将造星工程急剧缩短至数月，让"一夜成名"不再是夸张的隐喻。这是互联网技术所带来的时代性以及平台性特征，在技术赋权的时代，粉丝不仅能够影响年轻信息的传播，同时还能参与到年轻信息加工与重构的再生产过程当中，因此偶像养成类选秀注定是互网络时代的特殊产物。粉丝支持偶像的渠道也从电视时代的短信、电话投票到如今发达信息时代的互联网参与，如今的粉丝甚至能够改变偶像的"出厂设置"。技术手段的更迭不仅造成了选秀模式的改变，更造成了选秀审美的改变。随着互联网用户一再低龄化，传媒文化的参与性粉丝也呈现着年轻化趋势。这表现在养成类偶像选秀为粉丝提供了一种"陪伴式"的特殊参与视角。所谓"陪伴式"养成，意味着除了偶像要长大，一路相随的粉丝也要在节目中得到成长，然而这种成长却是以经济消费为成长资本的。这颠覆了传统选秀类真人秀的运作模式，节目的走向不再由节目制作单位全权决定，偶像彻底成为资本的产物。那么偶像作为独具魅力的商品注定要"落下神坛"，并融入虚拟社群，走入粉丝的造星工厂，接受"年轻化"审美的形塑。

首先，回溯中国偶像选秀 1.0 时代，选手均以个人战为主，譬如超女时代注重对单个偶像的打造，李宇春以中性形象示人，并以帅气的舞步见长；周笔畅具有磁性的女中音，以及略带忧郁的气质；张靓颖天籁般的声线以及唯美的少女形象是她能够脱颖而出的特点。选手之间的对抗性营造了节目的紧张氛围，比赛的结果总隐藏在两两白热化的对抗之后，而获胜者也总是能够激起观众的广泛认同，可见在电视时代对偶像审美具有一致性特征。然而日韩的流量造星方式改变了传统的审美形态。偶像养成类选秀以偶像团体的概念迭代了曾经的偶像个体。作为日本女团 AKB48 的延伸，中国本土女团 SNH48 在上海正式出道，48 位二次元风格的少女经过长时间的偶像训练以及数次小剧场公演最终脱颖而出，同时偶像团体选秀成为之后选秀节目竞相效仿的新模式。本土偶像养成类综艺将目标受众对准互联网中表现出众的年轻粉丝，然而这些年轻人也并非铁板一块，"90后""00 后"群体内部也有因社会性别、地区、阶层等不同维度造成的个体差异。按照粉丝的不同喜好，最后能够从众多练习生中脱颖而出的偶像不再具有审美一致性，取而代之的是八仙过海各显神通：甜美单纯的杨超越、古灵精怪的虞书欣轻而易举地获得百万粉丝的支持；肖战被粉丝奉为冷酷男神；皮肤黝黑的王菊以及颜值并不出众的上官喜爱也都能让各自的粉丝在她们身上找到闪光点。

综上，以多元、多变为特点的后现代主义的观念是解释当下年轻粉丝对偶像选秀的新时代要求，而这种多元化特征是以年轻为关键前提的。粉丝的"年轻化"认同诉求令当下偶像团体更加注重对自身团魂的打造，阳光、年轻、励志成为各偶像团体的公约数般的存在，然而突出阳光、励志、年轻的方式却让原本多元的年轻偶像趋于一致。前有电视时代的选秀明星张远和马雪阳登上了《创造营 2019》的舞台，后有付梦妮、陆翊勇敢面试《创造营 3》，他们虽百般努力但终不能改变陪跑的结局。作为选秀"老人"，丰富的选秀经验并没有为他们添砖加瓦，反而让他们成为轻龄化舞台上的"回锅肉"。在流量经济侵入偶像工业的今天，多元的风格必定遵循新自由主义思潮盛行下的一般规律以及集体标准。正如霍克海默与阿多诺曾对明星崇拜机制所做出的阐释："对明星的崇拜具有一种固有的社会机制，它可以把各行各业比较突出的人士夷平到同一水平。明星不过是一套完整的模式，整个世界的服饰都可以围绕着这个模式被剪裁出来，有了这个模式，便会有对法律和经济公正的修剪，这样，富有创造性的最后一个线头也就会被剪断了。"① 在今天，对颜值的低幼化审美成为粉丝崇拜偶像的冲动，是能够吸引粉丝眼球的"伪欲望引导结构"②，但也让年轻偶像彻底沦为批量化生产的影像。

其次，当代养成类偶像的运作机制让粉丝实现了从追星者到造星者的身份扭转。对于综艺节目来说，成长叙事成为最能吸引网生代眼球的结构模式，尤其是正值火热势头的偶像养成系综艺中，年轻的成长叙事是该类综艺最典型的运作机制。从无到有、从有到优是"养成"类综艺节目中最为明显的剧情逻辑线。养成类综艺改变了包括《超级女生》《我型我秀》等传统选秀节目才艺比拼的考核模式，而给予粉丝以及观众观察员的身份，考察偶像在一个养成周期内的表现，因此挖掘选手的无限潜力被当作增强养成类综艺节目观赏性的形式与策略。作为粉丝文化工业的其中一条生产线，偶像类综艺节目将偶像的培养过程寓于练习生们台上以及台下的成长叙事线中。被内置成长叙事的草根选秀与传统精英选秀不同，偶像与粉丝之间带着光环的神圣距离关系被朋友与家人的亲密关系所打破。从前评委、媒体与观众三足鼎立的偶像评选方式已经不在，粉丝的"PICK"成为偶像晋级以及出道的唯一甄别方式。这些年轻的粉丝受众创造了有别以往的"应援"方式，声援自己喜欢的偶像。这是这个时代偶像走向大众化的生产策略。粉丝们对待偶像的心态可能是闺蜜般的友谊、亲密的爱人、包容的长辈等，并在不同的粉丝圈内部建起了一个彼此连接的世界。本尼迪克特·安德森曾提出"想象的共同体"概念，他将民族视为一种在政治

---

① 马克斯·霍克海默，西奥多·阿道尔诺. 启蒙辩证法［M］. 渠敬东，曹卫东，译. 上海：上海世纪出版集团，2006：219.

② 居伊·德波. 景观社会［M］. 张新木，译. 南京：南京大学出版社，2017：2.

层面的"共同体"存在，共同体的成型基于内部成员一致的特征、标准或文化。偶像的粉丝后援会更多的是一种虚拟共同体，天南海北的粉丝跨越时空界限齐聚一堂，网络空间的虚拟性为他们隐匿了社会身份，对某个偶像的共同情感成为粉丝彼此确认共同体身份的通行证，而粉丝们为自己偶像的前进之路付出的是口袋里的真金白银。詹金斯曾如此形容粉丝的造星工程："参与式文化，将媒体消费变成了新文本的生产，或者毋宁说是新文化和新社群的生产。"① 从这个意义上来说，"年轻化"偶像的生产离不开粉丝的消费行为。这令我们不得不从工作与劳动框架中去思考传媒消费行为与年轻文化的形塑作用。受众作为年轻文化的消费者被强行拉入新一轮的文化生产里，即文化再生产过程：一方面，网络受众借着年轻偶像投射着心里对"年轻态"生命的渴望，期待寻找到社会认同，正非常积极地投身于互联网内容的消费、互动和生产活动之中，因此不仅仅是"男友粉"和"女友粉"，更多的"妈妈粉""阿姨粉"也凭空出世了。粉丝对文本流通与再生产是他们共享社会文化实践的一部分，而在消费社会的语境中，对审美文本的消费是他们介入社会文化的基础与前提。随着传媒产业的进一步扩张，传媒文本的需求量大幅提高，以消费为目的的传媒产品进入资本的链条，因此造成了前两年养成类综艺节目扎堆出现的现象。另一方面，粉丝成为"年轻化"再生产中的免费劳工。美国学者福克斯曾在2014 年提出"数字劳工"的概念，他认为互联网技术为数字资本提供了增值运作的空间，互联网用户的情感在数字资本的驱动下被日益劳动化以及商品化，互联网用户身份从商品产消者向数字劳工异化。当今由互联网催生的新媒体粉丝比传统电视时代的粉丝具有更强的主动性，在相对宽松的生产场域下进行相关的内容生产，但这种生产却始终以粉丝消费为前提，数字资本对粉丝的强迫性愈加凸显：除了在养成节目期间的不间断投票

---

① 亨利·詹金斯. 参与的胜利——网络时代的参与文化［M］. 高芳芳，译. 杭州：浙江大学出版社，2017：44.

外,在社交媒体平台上控评、刷榜;在线抢购偶像代言产品;利用信息优势为偶像的电影包场、锁场等,由消费力包裹着的劳动剩余价值被进一步压榨。从这个角度来看,年轻偶像这些年轻的粉丝自己培养而成的"数字劳工"为今天的粉丝文化提供了微观视角,随着劳工化趋势在传媒工业显露得越来越明显,"年轻化"审美的再生产对"年轻化"物质生产的支配作用愈加强烈。在数字资本的驱动下,粉丝承认"年轻化"审美的价值并心甘情愿受他们偶像的差遣,当偶像成为消费偶像再到专供粉丝的消费偶像,"年轻化"审美作为粉丝参与式文化的新图腾,是粉丝经济急剧膨胀的根本。

综上所述,"年轻化"审美是草根文化的流行基因,一方面将草根文化拉进大众文化的行列,另一方面弥合了其与高雅文化的缝隙,让艺术在日常生活中得以实践。"年轻化"审美是青年文化伪装的反抗力量,令脱口秀、街舞、说唱等亚文化间的文化差异性被缩短,均被收编为具有"年轻化"气质的大众化文本形态。"年轻化"审美还是粉丝文化的崇拜图腾,意在激起最广泛的对标受众进入真金白银筑起的偶像部落。当"年轻化"审美被逐渐塑造为一种媒介观的同时,它也在退化为一种时代的风格,在不同的文本生产中不断提高其风格的影响力。

第四章

大众传媒文本中"年轻化"审美的再生产研究

大众传媒的文本生产是一种特殊的物质生产活动，与一般物质生产共享相同的生产规律，主要表现在审美文本的市场潜力以是否能够实现再生产作为检验标准，而再生产过程作为生产、分配、交换、消费的统一系统，是不断重复、不断更新的生产过程。媒介思维向用户思维的转变推动了对受众的主体性认知，艺术快餐式消费的急切需要也被海量生产，"年轻化"审美的生产主体不再局限于某个文本生产的传媒机构或组织，越来越多的受众参与到对"年轻化"审美文本的再生产过程中，这包括对审美文本的生产、传播以及消费。然而，随着传媒资本化的进一步发展，"年轻化"审美的关注焦点被转移到一系列消费事件里，尤其是以粉丝为主体的年轻网络用户演变为数字媒体时代的"数字劳工"，进入劳动力再生产环节。可见，对"年轻化"审美的再生产研究需要一个更加广阔的生产视野。

第一节　霸权建立："年轻化"审美的受众解码

生产、流通、消费、再生产不仅是实现社会物质循环的关键环节，也在主导传媒文化传播与流通的复杂结构。马克思认为："艺术对象创造出众的艺术和具有审美能力的大众——任何其他产品也都是这样。因此，生产不仅为主体生产对象，而且也为对象生产主体。"① 因此，对"年轻化"审美主体的认识成为理解再生产环节的关键因素。

一、"年轻化"审美的主体性探寻

（一）从审美主体到消费主体的身份转变

主体性是马克思主义哲学与美学的关切命题，艺术作为审美创造，是人类特殊的社会实践活动，因此"人始终是主体。"马克思主义者普遍认为，艺术主体的能动性和独创性在艺术实践中形成，并在主客体的相互作用下得以体现。马克思曾批判黑格尔哲学中的唯心主义思想，黑格尔哲学虽承认人的主体性，却同时将其视作精神的本体，从而颠倒了物质与精神、存在与意识的关系，忽视了人在审美创造活动中的主体作用。② 马克思随后揭示了费尔巴哈旧唯物主义的理论局限性，他认为费尔巴哈虽承认人作为"感性形象"的主体功能，但却止步于抽象的人，僵硬地割裂主体与客体、表现与再现等的辩证关系，人的主体性作用在反映与创造实践中方能实现，否则必将主体视作精神的产物而使其绝对化，最终陷入机械唯物主义。③ 马克思在《1844 年经济学哲学手稿》中明确阐明了唯物主义的主体性原则以及主客二者之间的相互关系："劳动的对象是人类生活的对象化；人不像在意识中那样在精神中使自己二重化，而且能动地、现实地使自己二重化，从而在他所创造的世界中直观自身。"审美的艺术创造作为特殊的认识实践，同样应该体现着人的主体意识。马克思认为人的审美主体性是"以往世界全部历史的产物"，故而人与动物不同，人发挥主体

① 马克思，恩格斯. 马克思恩格斯全集：第 46 卷 ［M］. 中共中央马克思、恩格斯、列宁、斯大林著作编译局，译. 北京：人民出版社，1979：29.

② 马克思，恩格斯. 德意志意识形态 ［M］. 中共中央马克思、恩格斯、列宁、斯大林著作编译局，译. 北京：人民出版社，2018：83.

③ 马克思，恩格斯. 德意志意识形态 ［M］. 中共中央马克思、恩格斯、列宁、斯大林著作编译局，译. 北京：人民出版社，2018：22.

性而发现美的规律应是自然规律性与人的目的性的统一，他如此说道："动物只是按照它所属的那个中的尺度和需要来构造，而人却懂得按照任何一个种的尺度来进行生产，并且懂得处处都把内在的尺度运用于对象；因此，人也按照美的规律来构造。"① 然而，人的劳动不应是异化的劳动，审美活动也一样，它应是人自由自觉的对象性活动。存在于人和客体之间的审美关系，是以劳动为中介而发生的对象关系，只有当自然在实践中被人化，人自身在实践中被对象化了，体现了人本质力量的丰富性，那么自然才能够作为人的审美对象。可见，人的审美感受随着人类实践的发展而发展，反过来丰富其生活，推动其实践，并受实践的检验。在这样的过程中，实践上包括物质生产、精神生产以及艺术生产在内的不同生产形态都有人的改造痕迹。然而劳动异化导致的审美异化，驱离了人的主体性，摒弃了人的能动作用，令审美主体向消费主体转变。当代"年轻化"审美的主体就是一种典型的消费主体。

"消费主体"的概念产生可追溯至消费异化现象向文化领域的扩散。约翰·费斯克将艺术产品的流通置于两类平行运作的经济之下，即金融经济与文化经济。在金融经济系统中，文化产品作为能够直接流通的物质商品，由节目的制作方卖给发行者，同时节目也将受众作为商品卖给了广告商。文化产品同样会运作于文化经济的系统中，在这里用于交换与流通的商品不再是财富本身，而是"意义、快感与文化身份"②。约翰·费斯克用图 4.1 来表示电视的两种经济模式。

节目作为金融流通中的商品从生产者/演播室流通到了消费者/经销商那里，但作为一种特殊的商品，意义和快感成为生产与消费资料，并参与再生产过程。鉴于文化产品流通的特殊性，费斯克将文化经济的产生看作

---

① 马克思，恩格斯．马克思恩格斯全集：第 3 卷［M］．中共中央马克思、恩格斯、列宁、斯大林著作编译局，译．北京：人民出版社，2002：274.

② 约翰·费斯克．电视文化［M］．祁阿红，张鲲，译．北京：商务印书馆，2005：448.

是大众经济中的对立力量，当消费者作为消费主体出现时，受众便能够摆脱被动局面。

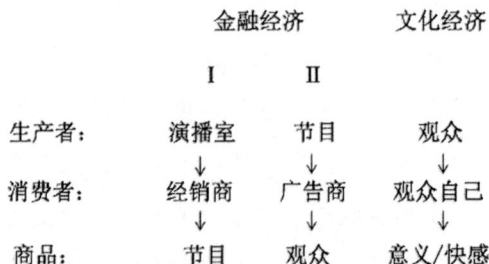

<pre>
                        金融经济   文化经济

                     I   II

生产者：   演播室   节目   观众
                ↓   ↓   ↓
消费者：   经销商   广告商   观众自己
                ↓   ↓   ↓
商品：   节目   观众   意义/快感
</pre>

图4.1 电视的两种经济模式

（二）作为"年轻化"审美的受众

在传统电视时代，电视媒介作为"一对多"模式中的绝对主角，受众较为被动地接受主体的叙事话语规则。也正因如此，电视媒介具有绝对的话语权威。伴随着国内市场经济的进一步发展，特别是基于互联网技术的新型媒体蓬勃兴起，大众传媒日趋市场化的发展促进了受众主体意识的提升，强化了受众的独立人格，同时赋予他们更多的媒介权利。这时的受众既是叙述接受者，又是叙述施动方，两个角色因受众的普遍参与实现了相互渗透。他们不仅参与到电视媒介的意义建构当中，甚至能够利用新媒体主导文本叙事的演进方向，并改变文本的生产内容。这同样构成当今"年轻化"审美受众的形成语境，他们也在经历着由被动向主动的身份改造过程，其显著特征为：今天的受众已经成为积极主动的内容传播者、消费者以及文本与意义的再生产者。

丹尼斯·麦奎尔（Denis McQuail）曾认为现代媒介技术成为受众获得主体性的强大后盾。"从遥控器、录像机、有线电视、卫星电视，以及各种新的储存和播放技术，到如今覆盖全球的信息网络，新的传播技术的出现与普及，扭转了受众被动接受的角色身份，并使受众朝探寻者、交流者、对话者的角色发展。"① 当网络技术介入传统媒介，不仅增加了受众对文本内容的多样化选择，模糊了"传—受"主体的边界，更让观众直接成为内容的生产者，使媒介中心论的固有模式被进一步打破，促使受众向用户快速转变。在传统电视时代，电视剧以及综艺节目的主要受众是来自电视机前的观众，他们被动地接受电视节目的内容传播，看与不看成为大部分受众的媒介权利。即便在《超级女声》《快乐男声》《我型我秀》《星光大道》等选秀节目出现后，以观众热线与短信投票等方式增加了受众对节目的参与权，但受电视渠道播放的时空限制，受众被动旁观的接受者身份仍未得到明显改善。随着《青春有你》《创造营101》《点赞达人秀》《乐队的夏天》等网络综艺节目的腾空出世，受众不但得到了参与节目叙事的投票权，并且随着微博、微信、抖音等媒体平台的快速发展掌握了信息发布权，真正实现了从受众到用户、从接受者到传播者的角色转变。随着受众身份的改变，节目自然会将受众需求作为内容生产的首要考量标准，以实现其受众价值，此处的受众价值主要体现在其作为顾客的消费价值。童艳清教授认为"媒体顾客价值"的时代已经到来："新的媒体在受众消费中逐渐形塑。受众在不断经历演变的同时，再造媒体间的关系。"② 在此发展背景之下，包括电视媒体主导的传统媒体在内的多元化媒介形式开始接受受众演变与分化的现实，尤其关注年轻受众对媒体的接受习惯、消费习惯，并以此作为媒体资源分配、文本生产以及传播策略的实践指引，"年轻化"审美在此逐渐被形塑。网络综艺节目《点赞！达人秀》从内容生产到文本传播将"年轻化"受众的媒体顾客价值得到最大化利用。《点赞！达人秀》改变了以往《达人秀》节目倚重长视频的传统，而将内容生产与输出的中心向短视频转移，首先将甄选舞台达人的窗口开在擅长短视频运

---

① 丹尼斯·麦奎尔. 受众分析 [M]. 刘燕南等，译. 北京：中国人民大学出版社，2006：10.

② 童清艳. 智媒时代我国媒体融合创新发展研究 [J]. 人民论坛·学术前沿，2019（3）：60-65.

作的抖音平台，更贴近被短视频培养出观看习性的年轻受众，因此从短视频中走出的达人也更符合当前"年轻化"审美的趋向。在达人出场前，节目现场播放达人们在抖音平台上传的原生视频资料，现场导师模拟短视频用户在 30 秒内决定达人的去留，符合年轻观众对移动短视频软件的接触习惯，同时起到唤醒受众记忆的作用。在后期的内容传播环节，节目将精彩片段与节目花絮归还短视频平台，在节目的抖音官方账号里进行投放，借着节目热度获得短视频用户的二次转发与后续传播，"让谢霆锋现场崩溃的鱿鱼哥""悬空呼啦圈挑战的健身哥""大脸妹舞动了谢霆锋的 DNA""邓紫棋为 79 岁广场舞奶奶爆哭"等短视频均获得短视频用户的高关注度与高转发量。

艺术再生产过程是生产、分配、交换、消费达成统一的系统。再生产环节的顺利进行以完成生产到分配到交换以及消费环节作为前提。正如马克思所言："没有生产就没有消费，没有消费也就没有生产，因为如果这样，生产就没有目的。"① 作为再生产的活力，消费如此重要，而"年轻化"审美对资本增值最大的目的也在于此，意在激起最广泛的文本消费欲望。可见，培养"年轻化"审美的受众成为当今文本生产的目标。在今天，这些受众不仅是"年轻化"审美文本的消费者，同时是文本生产者，具有独立的主体人格，需要完成"年轻化"意义的再生产使命，这再次证明了"年轻化"审美的生产兼具物质生产与精神生产的双重属性。

二、产消者的文化参与："年轻化"审美的互动式生产

20 世纪 80 年代，西方学者阿尔文·托夫勒在《第三次浪潮》中提出"产消者"的概念，可以被狭义地理解为参与生产活动的消费者。新媒体时代，文化消费者搭乘网络高速列车成为文化信息的主动分享者、传递者

---

① 马克思，恩格斯 . 马克思恩格斯全集：第 46 卷（上）[M]. 中共中央马克思、恩格斯、列宁、斯大林著作编译局，译 . 北京：人民出版社，1979：28.

以及创造者。产消者的概念颠覆了从前电视媒介时代的"沙发土豆"。在 20 世纪末的美国曾流行用"沙发土豆"来形容整天无所事事只埋在沙发里看电视的人。"沙发土豆"的存在见证了观众被电视媒介驯化的时代，正如尼尔·波兹曼在《娱乐至死》中所担忧的那样，电视主导的娱乐工业令观众丧失了自身的主体意志。当数字时代来临，受众的主体性开始随着新兴媒体的活跃而觉醒，以互联网整合后的大众媒体被激活了以互动性为特征的技术基因。"'互动'（interactive）的字面含义是积极而主动的相互性。"① 由此说明互动行为只有在两者之间才有可能发生，在传者与受者之间形成可彼此流动的双向回路。

就文艺作品的生产来说，只有尽可能地让观众参与到文本中来，并尽量多地赋予观众"内容主动权"，才能够形成真正的文本互动叙事。"参与式文化"是产生于互联网语境中的新概念，作为使用这个概念的学者，亨利·詹金斯认为"参与式文化"是数字时代里存于虚拟社区的普遍现象，他说："参与式文化包含的是在人际交往中所体现出来的多元和民主的价值观，人们被认为能够单独或共同地进行决策，且拥有通过各种不同形式的实践进行自我表达的能力。"② 数字时代的新媒体具有多元化的技术特征，这为受众提供了便利的文化参与空间，这是数字技术所带来的时代性以及平台性特征，在技术赋权的时代，受众不但能够影响"年轻化"审美文本的传播，同时也能参与到"年轻化"信息加工与重构的再生产过程当中。他们利用互动平台行使着产消者的媒介权利，这催化了"年轻化"审美的快速传播，甚至可以说，交互式的文化生产方式本身代表了一种"年轻化"的审美趋向。

---

① 童清艳. 智媒时代我国媒体融合创新发展研究 [J]. 人民论坛·学术前沿, 2019, (3): 60-65.

② 亨利·詹金斯. 参与的胜利——网络时代的参与文化 [M]. 高芳芳, 译. 杭州: 浙江大学出版社, 2017: 44.

（一）弹幕中的"年轻化"社交

弹幕自出现以来便作为视频网站中特殊的互动模式，它满足了互联网语境中年轻人的社交需求。弹幕快速替代传统评论功能的关键优势是用户收发信息的瞬间性。观看电视剧或综艺节目的观众不但能够借弹幕抒发他们观看时的情绪，更重要的是弹幕功能实现了与其他观众即时交流的诉求。随着弹幕匿名性成为媒介权利下沉的象征，弹幕操作也日益简单化，大大激发了年轻用户的参与弹幕行为的欲望与热情，他们乐于在观看的同时随心所欲地分享的自己的心情动态。如，在电视剧《都很好》中有这样一场生活戏，内容是朱丽与丈夫在卧室里谈论如何赡养父亲。苏民成的妻子朱丽是个年轻、时尚，并格外注意自己外表的女性。她端坐在化妆台前，一只手拿起一罐护肤品，另一只手娴熟地蘸取产品轻拍自己脖子上的颈纹。当镜头快速扫过桌面上一罐罐包装精美的名牌护肤品时，原本略显空白的弹幕显示区忽然变得热闹起来，观众们在弹幕中丝毫没有对剧情表达关切，而是纷纷关心起摆在朱丽身前的护肤品来。有不少网友透过化妆品的包装一眼看出了该产品的品牌，接着有网友开始科普该产品的抗老功效，有的网友从高档护肤品的价格来揣测朱丽的月薪，有的网友对朱丽的奢侈生活表示羡慕等。弹幕功能让更多的互联网平台的消费者转换为网络内容的生产者，弹幕所赋予的新身份令他们乐于分享自己的感受，并且享受这种交互式的弹幕体验，他们在弹幕生产中能够刺激更多的观众一同参与进来。

产消者的弹幕行为实现的社交往往是靠对某一文本的集体吐槽、调侃来实现的，通过解构文本的原意实现对文本话语规则的消解与颠覆。2021年年初的大型古装连续剧《上阳赋》被网友们调侃为"夕阳赋"以及"老年古装偶像剧"，主要演员的年龄普遍偏大成为电视剧被诟病的主要原因，7位主要女演员的平均年龄有37岁，39岁的章子怡与41岁的左小青都是能独当一面的实力派演员，却都要从及笄少女开始演起。围绕这部电视剧的"年龄梗"引来网友们的群嘲，他们火速攻下优酷平台播放主页的弹幕。2021 年开播的电视剧《大宋宫词》中，演员刘涛饰演宋真宗的第三任皇后刘娥，从青年时期的刘娥出场开始演起，网友立刻在弹幕中再度开启吐槽模式。除了"太老了哪有少女感""太显老了""四十岁的人了，真别装嫩"这一类直接而犀利的批评言论外，也不乏略带调侃、讽刺的弹幕评论，如"哎呦，这肌肉线条太赞了""女主估计健身了，有点壮""一看就是阿姨级别""四十多岁的小姑娘"都在对演员所饰演的少女形象表示不满。弹幕的建构创造了虚拟互动的社交空间，对于弹幕的使用者来说，实现他们意义共享的主要来源并不是共同的观看经验，而是他们控制着的弹幕互动，在弹幕社交中他们获得了在现实空间感受不到的快乐与刺激。

（二）直播打赏里的互动叙事

电视媒介与观众之间的不平等关系表现在电视节目演什么观众就要看什么。当然，现实中的观众可以使用手中的遥控器转换频道或关掉电视机，表现自己仍具有选择权，但这种行为仅仅算是一种反应，而不是回应。传统电视媒体只为观众预留了看与不看的选择权，观众的主体位置是由电视文本虚构的。在法兰克福学派眼里，电视观众的主体性是由传媒文化从外部建构的"自我"，故而他们没有参与文本叙事的条件与能力。这种情况在新媒体时代被改变了，受众不断地主动参与到媒介叙事中，使群体传播使评价和反馈机制成为可能。受众既是叙述接受者，又是叙述施动方，两个角色因受众的普遍参与而实现了互相渗透。受众不仅参与到电视媒介的意义建构当中，甚至能够利用新媒体资源主导文本叙事的演进方向，从而改变其内容生产。网络视频直播作为新媒体时代的文本新形态，为视觉消费创造了新的载体。

从意义的传受角度看来，直播可以被理解为"一种机构、技术、用户（观众）之间互动产物的建构"，① 网络用户在直播过程中与主播的互动回路，共同参与并重构文本叙事。网名为"阿毛不是耶毛哥"的抖音用户是一位搞笑主播，他依靠抖音平台销售海南芒果。在直播滤镜功能开启时，该主播的出镜形象就像一个几岁的孩童，然而一旦有网友在直播间"刷礼物"，耶毛哥的童颜滤镜就会消失。该主播抓住网友们的好奇心与乐于窥视的心理激起了网友们的消费热情，他显得越慌张，网友们越要为他"刷礼物"，因此他常常露出躲在芒果后面的窘态。打赏网友与主播的互动引得几万网友一度在他的直播中齐声哈哈大笑。根据飞瓜数据显示，"阿毛不是耶毛哥"在海南地区抖音排行榜（日榜）中曾冲进前 12 位。② 在互动叙事中用户收获了意义与快感，但他们却付出了真金白银作为"年轻化"快感的代价。

三、"年轻化"审美生产的角力场

文化产品的消费是依靠话语形式参与到意义的流通中的，产品的文本编码一旦完成就必须要接受话语形式的意义转译，确保文化产品顺利被消费。将发送者、信息、接受者形成的大众传播线性特征就转变为一个由生产、流通、分配/消费、再生产等环节构成的复杂关系结构，使文化产品各环节顺利循环的关键环节在于接受者顺利接收发送者传递的信息。这就是说，被编码的文本只有从意义上被解码后才能满足受众需求，或取悦于人或产生能够引导和影响他人行为的认知情感甚至是意识形态。然而，艺术作品只对掌握其编码方式的人释放文本意义与旨趣的特征为"年轻化"审美的文本生产造就了不同程度的空间。受众一方面因阶层、身份、性别

---

① 王建磊，冯楷. 2020 年网络视频直播发展研究报告［M］//唐绪军等. 中国新媒体发展报告（2021）. 北京：社会科学文献出版社，2020：217.

② 数据来自飞瓜数据抖音版，数据截取日期为 2021 年 12 月 18 日晚 7 时左右。参见：https://dy.feigua.cn/rank/area/21/0/day/20201218.html

等方面的不同显露出文本解码的个体接受差异，另一方面在产消者概念形成后获得了更多消费主体性，这种文本编码与解码意义始终不能完全对称的传受特征反被传媒机构利用，透过受众的多元化解码，制造新的文本消费需求。

本书曾在第三章论述过"年轻化"审美生产是利用强刺激的感性经验满足受众追求新鲜感的文化消费需求。本小结将这类感性经验放置在更为复杂的受众环境中继续深入探讨，受众日益积极的消费主体性为本小结的论述提供了丰富的解读与阐释语境，尤其在传媒消费主义思潮下，审美意识形态愈发依赖再生产环节发挥意义共识的推动作用。现如今大众传媒对"年轻化"审美的霸权建构透过受众的话语认同而实现，一方面他们作为接受主体被放置在了需要崇拜年轻的位置上，另一方面他们从"年轻化"审美的文本消费者摇身一变，成为年轻快感与意义的再生产者，他们的主体地位在此升格。斯图亚特·霍尔曾依据编码与解码的不对称结构提供了三种话语解码过程，即主导—霸权地位、协调地位和对抗性地位。① 这意味着让受众的解码身份从被文本询唤的角色转变为更积极的受众，甚至进入反抗与颠覆文本的角色中去。这同时是当今"年轻化"审美实现霸权的文本运作机制。

（一）认同与沉迷：授权式的受众误认

正如斯图亚特·霍尔为受众提出的以主导—霸权地位的解码方式，受众在编码者占主导地位的文本信息中进行意义生成操作，其意义解码与编码意识形态无限接近，甚至趋于一致。在"年轻化"审美的文本生产中，受众对文本编码的接受和认同是以对想象性关系的误认为前提的，对欲望与憧憬的文本编码是这层想象性关系蕴含的内在本质，这无疑造就了意识

---

① 斯图亚特·霍尔. 编码，解码［M］.∥罗钢，刘象愚. 文化研究读本. 北京：中国社会科学出版社，2000：356-368.

形态的无意识内化特征。以身体或脑力冲突为编码内容的文本，在视觉和听觉为主导的审美文本中构成了"年轻化"审美为典型的强刺激。以"PK""battle"为标签的比拼类文本为受众提供了励志表达的平台与窗口，同时也为他们创造了想象性的认同空间。在国家新闻出版广电总局对偶像养成类综艺节目下禁制令之前，数十档同质类节目在短短几年间轮番上映，在不断升级的节目赛制中同台竞技，一批批少男少女偶像在 PK 中诞生，从团体挑战赛到个人实力的对决，节目文本不断升级编码的对抗意识。节目用对抗的编码方式不断向正在解码的受众释放询唤信号，激发他们的自我投射意识。接受询唤的受众借由节目嘉宾让幻想中的自己参与到激烈的身体对抗中去，以此获得欲望和快感的满足。同类以身体对抗激发刺激体验的节目还有《奔跑吧》《哈哈哈哈哈》（第二季）、《极限挑战》等，以及以脑力对抗引发观众认同的节目《一站到底》《为她而战》《最强大脑》等，通过文本编码为解码受众创造了理想的主体询唤位置和一个最能感受到强烈冲突的想象空间，受众作为被文本生产机构授权的代理人，不断沉迷并深陷其中。

随着"年轻化"审美文本的对标受众愈发多元化的社会身份，这让对抗编码的方式也逐渐呈现出意义多样性。例如在不同性别间的对抗、代际间的对抗等，能够最大限度地扩大文化产品的消费市场。近几年出现的女性题材成为电视剧和综艺市场竞相追逐的热点项目，例如女性励志题材电视剧《三十而已》《二十不惑》《下一站幸福》《理智派生活》等，"她"综艺式真人秀《女儿们的恋爱》《妻子的浪漫旅行》《新生日记》《怦然再心动》等。在由女性主导的电视剧里，男性与女性通常被放置在同一画框中，但男性的行动力是被强行削弱的，在社会地位以及情感关系上皆以女性为主导。这种女强男弱的叙事模式迎合了当代都市女性主义的励志思潮，无论在生活还是在职场，女性总能设法突围，成为勇敢、励志、自信的社会标杆。女性受众在电视剧创造的想象性空间中得到释放，她们通过主体误认参与激烈的性别对抗，并且沉浸在由虚拟的胜利而制造的幻象中。以女性为主的真人秀节目试图将女性受众从传统的男性凝视中摆脱出来。《女儿们的恋爱》《怦然再心动》将不同年龄段女明星们的恋爱故事搬上荧幕，在与男性友人的相处过程中输出节目为当代女性编码的择偶标准、生活方式、婚姻观念等。观众在这类节目收到的性别对抗信号较之前明显减弱不少，但节目通过剪辑突出了男女嘉宾间和嘉宾个体的心理对抗。《女儿们的恋爱》将女方的家人、朋友请到节目现场作为情感观察员监督恋爱全过程，他们便以女性的节目视角去审视同在节目中的男性嘉宾。节目中的编码视角与其对标的女性观众高度一致，为观众的认同式意义生产创造良好的解码环境。女性观众在接受节目意识形态的质询时，她们在对抗的刺激之下或兴奋狂欢或感动落泪抑或悲伤哭泣，但她们也渐渐在真实生活与虚幻的影像中迷失自己。

在以代际竞争的刺激体验中，观众被编码进另一层想象性幻觉中。银发网红在互联网语境下被快速催生，老年网红以年轻群体为学习的对象，不断以他们的生理状态、行为习惯、价值观念对屏幕里的银发达人形象进行重构。网名为"只穿高跟鞋的汪奶奶"的网红是从中国达人秀舞台上走红的银发网红，她直言自己享受年轻人的生活状态，愿意做年轻人喜欢做的事。在她的抖音账号里经常与真正的年轻人比拼时尚穿搭，分享自己的"年轻化"生活。正如梅洛·庞蒂（Maurice Merleau-Ponty）所言："幻觉不是一种知觉，但幻觉能被当作现实，幻觉只是在幻觉者看来是重要的。"① 银发网红要吸引的并不单单是老年受众，这是一种更符合当今互联网年轻群体的审美编码方式，年轻人们愿意看到竞争，也乐于接受挑战，励志的银发网红缓解了年轻人的焦虑情绪，并满足以他们为消费主体的"年轻化"审美欲望与主体误认。

---

① 梅洛·庞蒂. 知觉现象学 [M]. 姜志辉，译. 北京：商务印书馆，2001：432.

（二）协商与游击：文本间性的受众利用

大众传媒文本是意义解码的潜在载体，因此多义与灵活的文本才能为受众提供适当的解读信息，这体现在对艺术审美文本的开放性要求，让受众利用文本间性产生一种"权且利用"的刺激体验。约翰·费斯克曾提出"生产者式文本"的概念，这是一种介于"读者式"和"作者式"之间的文本形态。由于文本形态的特殊性，受众在后两种文本形态中的解码位置发生改变，他们不再要求以消极的、被规训的、接受式的位置解码，也不被要求创造新的先锋式作品。约翰·费斯克用"生产式"文本范畴来描述当代大众文化中普遍的文本形态。受众对生产者式文本的利用能够获得一种协商与游击式的主体性，这也是霍尔提出的第二种文本解码方式——协商地位，受众在此类解码中获得了类似游击战的刺激体验。"这场斗争的一边是有着意识形态实践权、霸权或策略权的一方，一边是这样的一方，他们就像意识形态的主体一样永远都不会完成其建构，他们的抵制意味着霸权永远不会最终在胜利中削弱，他们的策略使另一方的战略权遭受了一连串的打击。"① 从约翰·费斯克的视角来看，这是一种冒犯式的游击战，战役虽未能改变整个战争胜负的格局，但却能够激发受众在入侵中产生兴奋的情感体验。

"CP 粉"② 是在互联网时代形成的文化现象，影视剧靠制造"CP"打造热点话题成为调动收视率、强化粉丝黏性的关键。剧迷们也乐于在"磕CP"③ 中感受仿佛过山车般的刺激。"磕 CP"的刺激不是简单地从剧方提供的电视剧中情侣形象中获得的，而是在不同文本的蛛丝马迹中发现的，

---

① 约翰·费斯克. 解读大众文化［M］. 杨全强，译. 南京：南京大学出版社，2001：14.

② CP 粉：网络流行词，主要指痴迷地陷入电视剧或网络剧、综艺节目中的某一对情侣关系中的粉丝，在粉丝心中他们在现实里也是一对。

③ 嗑 CP，是指粉丝为支持自己喜欢的 CP 不断刷剧、刷综艺以及关注与他们有关的一切信息。

文本间性的特征在此处显现。所谓文本间性是指两个或两个以上文本之间的互文关系。茱莉亚·克里斯蒂娃认为本书的互文关系既受到历时性的文本制约也受到共识性的文本制约，因此文本间性在同时水平和垂直两条不同的文本轴上显现。"磕 CP"的刺激也产生于横、纵两条文本轴。接受主体首先会在若干个初级文本群的互相指涉中寻找剧方设置的官方 CP 形象，甜宠剧就是依靠捆绑 CP 来吸引观众眼球的剧集新类型。在近几年的热播剧中大多数都是靠组 CP 的方式进行的，例如 2019 年《亲爱的，热爱的》中的韩商言与佟年、2020 年《山河令》中的周子舒与温客行。2021 年官方 CP 更是层出不穷，例如《司藤》中的司藤和秦放、《你是我的荣耀》里于途和乔晶晶，甚至在同一部电视剧中出现了多线"CP"等待观众认领，如《斛珠夫人》中方诸和方海市、旭帝和提兰、方卓英和拓榴。观众对 CP 的追捧不仅限于男女之间的互动，还包括女性之间以及男性之间。受众热衷于 CP 磕糖①是一种"感情投射"的需求，《斛珠夫人》是一部以虐恋为标签的古装网络剧，剧中三对 CP 的情感线均充满坎坷，从此剧开播之时观众对三组 CP 的情感线讨论和联想成为这部剧最大收视亮点，有网友戏称这是"在玻璃碴里抠糖吃"，观众总希望透过剧集的细枝末节获得 CP 发糖的场面，他们情绪就在"玻璃碴"与"糖"之间轮番起落。

表 4.1　部分热播剧中的官配 CP 形象

序　号	剧　名	年　份	官配 CP 名
1	亲爱的，热爱的	2019	韩商言、佟年（主线） 米邵飞、孙亚亚（副线）
2	山河令	2020	周子舒、温客行
3	司　藤	2021	司藤、秦放

---

① CP 嗑糖：粉丝一旦感到他们喜欢的 CP 在一起很般配便不能自拔，能够感到一种由 CP 带来的幸福感。

续　表

序　号	剧　名	年　份	官配 CP 名
4	你是我的荣耀	2021	于途、乔晶晶
5	斛珠夫人	2021	方诸和方海市（主线） 旭帝和提兰（副线） 方卓英和拓榴（副线）

观众"CP 磕糖"的行为更多发生在垂直文本间性中，表现在接受主体与初级文本及其相关联的次级文本、第三级文本之间的互动关系。约翰·费斯克认为观众对意义的获取和解读是借助垂直文本实现的："电视之所以在我们的文化中普遍存在，并不是因为它的播放很普及，而是因为它已经遍及到我们文化生活的其他方面——报纸、杂志、广告、谈话、无线电广播、服装时尚、化妆样式、舞步风格等。所有这些都与电视有交集关系。重要的是探讨它们与电视的种种关系而不是把这些关系描述为电视的副产品，因为影响都是双向的。它们的意义又以生产者的方式被反馈到电视上，就像电视决定它们的意义时一样。"① 观众借助垂直文本间性对文本意义与电视剧进行协商与对抗。在《斛珠夫人》正在播出时，不断引发观众对结局"HE"（HAppy ending）或"BE"（Bad ending）的预测，有年轻网友将后者称为"BE 美学"。一旦有 CP 被情节拆分的迹象，网友们便快速找到网络小说原著希望得到与真实剧情走向相反的答案，也有不少网友在剧中演员以及编剧的自媒体账号下方留言求助。亨利·詹金斯将剧迷称作"游牧的盗猎者"，视他们为文本意义的积极参与者。② 他们建构意义往往是利用初级文本与三级文本的互文关系。当网络剧《亲爱的，热

---

① 约翰·费斯克. 电视文化［M］. 祁阿红，张鲲，译. 北京：商务印书馆，2005：70.

② 亨利·詹金斯. 文本盗猎者：电视粉丝与参与式文化［M］. 郑熙青，译. 北京：北京大学出版社，2016：23.

爱的》播出结束后，不少网友"洗劫"了剧情内容，顺着原文本中男女主角的情感脉络，模仿他们人物性格续写该剧的"番外篇"，一位网名为"菜菜干R"的网友因续写了剧中男女主角婚后的故事而意外收获了极高的阅读量，她在微博对读者写道："快一个半月，番外写了该有十万字。我真的特别特别高兴，很多姐妹和我说，因为生活各种不开心但是看了番外能找到真善美，就觉得生活依然有期盼。真的让我觉得特别荣幸，特别有存在的意义。我没有办法照亮很多人，但假如我的文字能温暖你们，那我就算没有白费时间。写到后来，变成一种责任和使命，希望那些孤独的星星，都能找到回家的路。"在原文本基础上虚构的次级、三级文本能够被绝大多数磕CP的粉丝接受，但却不一定能够受到版权方的认可，然而为了尽可能延长CP粉们的消费欲望，此类文本间性就成为剧方与受众之间妥协的产物，同时让参与文本互动的受众感受到刺激的情绪。而这种对以文本主导的物质资料的再生产构成了"年轻化"审美再生产过程中的关键一环。

（三）抵抗与颠覆：受众的操纵游戏

随着受众越来越深地介入文本生产，他们被文本赋予越来越明显的主体性，体现在受众能够直接干预初级文本的生产，他们以一种游戏的心态去操控剧中人物或综艺嘉宾。网络互动剧的形成体现出明显的创作游戏性，而在综艺节目中类似形式出现得更加频繁与密集。近几年的真人秀综艺节目总将现场观众打分环节作为节目的一部分，例如音乐比拼类综艺《我是歌手》《乐队的夏天》《我是唱作人》《说唱新世代》《中国好声音（2020）》，明星选秀类综艺《乘风破浪的姐姐》《披荆斩棘的哥哥》，语言类综艺《奇葩说》《一年一度喜剧大会》等。掌握选手们生杀大权的评委从曾经的专业评审、媒体评审到现在的大众评审，随着节目对平民意识的重视，受众也享受着操控节目的刺激感。

表 4.2 部分热门综艺节目的评审设置列表

热门综艺节目的评审设置			
节 目			评审设置
乐队的夏天	大众评审，每人 1 票	Livehouse 主理人、乐评人、媒体人，每人 2 票	明星，每人 10 票
说唱新世代	大众评审	Up 主观察团	明星，每人 5 票
中国好声音 2020	大众评审	专业评审、媒体人	明星
一年一度喜剧大会	82 位大众评审	专业创排老师，每人 100 分	明星，每人 100 分
奇葩说	大众评审	明星与专家学者	
我是唱作人	101 位大众评审		
我是歌手	500 位大众评审（按年龄分区）		
乘风破浪的姐姐	500 位大众评审（按年龄分区）		
披荆斩棘的哥哥	500 位大众评审（按年龄分区）		

养成类偶像选秀节目干脆将所有观看节目的网友当作现场观众，有节目直接亲切地将其称为"青春制作人"，充分肯定了他们的在文本生产过程中的重要性。节目将决定偶像是否有机会出道的权力交给参与投票的观众，观众们借助节目这种特殊的应援机制，直接介入节目文本的生产环节并有权决定这些年轻偶像在节目中的成长走向。依照此般偶像生产机制，这类选秀节目是将投票的用户平移进一场由受众充当玩家的养成游戏里，他们操控游戏中的人物，为它们消费置办装配，并借此获得游戏的刺激与快乐。观众之所以能够感受到游戏的刺激是因为这份快乐必须是赢得的，那么他们在感受刺激的同时要为游戏中的人物责任。从这个角度来看，受众不仅仅是文化资源的"猎盗者"以及偶像出道的"守护者"，他们已经成为角色扮演游戏中的"操纵者"。在节目为其提供的全能视角里，他们

有权力主导偶像的每一次晋级、淘汰、复活甚至决定他们最后的出道。偶像们成长的每一步都是事先设定好的游戏程序，屏幕另一端的偶像需要代替这些操纵鼠标的玩家按照预设完成节目叙事，由此激起的是受众的操纵快感以及他们对偶像的保护欲望，因此他们也更愿意为屏幕里的"自己"买单。从微观政治的角度看大众文化的领导权问题时便能够发现，大众文化的消费者正是通过对文本的消费间接控制其文本生产。"让我喜欢的人出道"成为新一代年轻观众对偶像的评判标准，使原本的选秀节目掀起一场由年轻形象符号领导的精神狂欢，他们在对"年轻化"审美的狂欢式参与背后表达了一种对年轻现状的抵抗。在巴赫·金的狂欢理论中，狂欢者对国王的加冕与脱冕成为狂欢节最重要的象征环节。被狂欢百姓脱掉的皇冠象征着对国王权力的褫夺，把皇冠为小丑戴上似乎分享了国王的权力与财富。在网络世界中隐身的接受主体也具有狂欢者的权力，他们享受着这种操控偶像的快感。因此粉丝赋权背后是粉丝观察偶像视角的变化，从仰视到俯视，整个节目被游戏狂欢化了。

观众获得的刺激感一方面来自游戏获胜后的兴奋，另一方面则通过对抵抗与颠覆接管现有的游戏秩序获得。正如费斯克所说："大众快乐是授权给受支配者的快乐，向他们提供了政治上的抵制，即便这种抵制只是暂时的，或者只是局限在某些领域。"① 在年轻观众看来，中规中矩的偶像并不能激起他们的游戏快感，也无法令他们感受到游戏带来的刺激，只有出其不意地送黑马出道才能成为他们寻找刺激的源泉。随着皮肤黝黑、体型微胖、业务不精的选手通过节目出圈，受众参与到年轻一代的话语争夺中。约翰·费斯克将快感看作对等级秩序以及权威控制进行抵抗的重要资源，作为"青春制作人"的观众们接管并控制既定的游戏秩序，这体现在他们正在以一种有别于传统选秀的偶像标准看待当今节目中准备出道的偶

---

① 约翰·费斯克. 电视文化［M］. 祁阿红，张鲲，译. 北京：商务印书馆，2005：333.

像，誓与老一代偶像选秀的审美观念割席。他们介入并操控选秀文本，获得挑战以及抵抗传统偶像标准的权力，并获得颠覆权威时的意义与刺激。然而电视节目的悖论性在于，电视节目迎合受众的过程正是他们的品味位商品化的过程。① 那么，像王菊、上官喜爱等"另类"选手出现在节目中时，便是制作机构在评估不同受众的基础上，一早为他们的文本游戏所准备的商业策略。

观众从游戏中获得的刺激感还来源于打破既有规则。游戏的精神是探讨规则与自由之间的关系，游戏的秩序维护是以自由和自愿为前提的，打破游戏规则能够让受支配者感受到由冲突所引发的刺激感。许多综艺节目利用互联网信息流通的即时性，让屏幕外的观众与正在录制节目的嘉宾产生互动，为观众制造掌控节嘉宾命运的机会。在综艺节目《哈哈哈哈哈》第二季里，节目组为嘉宾们的行动提供无数道选择的关卡，但剥夺了嘉宾对游戏的选择权，他们在节目游戏中的所有行动要按照线上观众替他们做出的选择来进行，例如起床后穿便装还是穿正装，出门后向左走还是向右走，早饭吃中餐还是吃西餐等。

节目将现实中的桌游搬上了综艺屏幕，观众成为拥有操控权的玩家，然而他们对关卡的选择却不是以让节目嘉宾能够快速到达终点为依据的，因此他们的选择充满任意性。由于他们的自由选择让嘉宾在游戏中的通关困难重重，需要频繁回到游戏起点重新开始。玩家并不秉承对嘉宾负责的心态去操控游戏，反而刻意为他们制造了困难，以此获得意料之外的刺激。规则作为一种霸权力量，观众试图通过抵抗霸权来获得话语权利，然而这同样也被节目反身利用了。

---

① 亨利·詹金斯. 融合文化：新媒体和就媒体的冲突地带 [M]. 杜永明，译. 北京：商务印书馆，2012：112.

第二节　文化区隔："年轻化"审美的趣味判断

当代大众传媒在互联网技术的推波助澜下纵容了"年轻化"的小众娱乐，使年轻化圈层的封闭性越来越明显。不仅如此，由"年轻化"趣味引起的文化区隔也在互联网场域愈加明显地被激发出来。法国社会学家布尔迪厄曾将符号消费从物质领域的商品消费延伸至精神领域的文化消费，并称其为"趣味消费"。① 当今"年轻化"的大众传媒文本作为典型的文化趣味消费掩盖了由信息鸿沟导致的代际冲突，具有"年轻化"审美特征的文本产品表面上彰显了文化反哺中代际教化的互动意愿，然而其实质却是普世价值观的"年轻化"撒播。由"年轻人"们缔结的"年轻化"共同体，确立年轻社群的门槛，排斥"非年轻"的群体与个人，这便是"大众"趣味时代由"年轻化"审美而导致的文化区隔。

一、"年轻化"审美的趣味建构：实现文化区隔的标志

（一）"年轻化"审美的趣味判断

雷蒙·威廉斯曾考古"趣味"（taste）的概念起源。这个词的出现最早可追溯至 13 世纪，它指以身体为中介的触摸（touch）或感觉（feel），也有"以嘴辨味"的词语意涵。出现在 15 世纪的词汇"good taste"指的是"好的理解力"（good understanding），在这之后人们开始用"趣味"来表示感受、体会等意思。在 17 世纪之后，趣味的含义变得复杂起来，人们

---

① 皮埃尔·布尔迪厄. 区分：判断力的社会批判：上册［M］. 刘晖，译. 北京：商务印书馆，2015：15.

用大写首字母"Taste"表达人的兴趣、爱好以及写作风格。① 至此，趣味开始衍生出与鉴赏力（discrimination）、辨识力相同的词义。当趣味作为一个抽象化的概念来表达一种优雅的特质时，它便与道德联系起来，"Taste……在读者的心灵里，如果不存在同理心，情感上就没有足够的认同；如果没有这种辅助的力量，崇高与深刻的感受就不可能存在。"② 至此，趣味从一个描述感觉的词语转变为一个审美判断的术语。

趣味是康德理解审美的一个关键性概念。他认为审美是能够实现普遍认同的且无功利目的的共同感，而美是一种趣味。故康德将对美的鉴赏力称作趣味，在他看来，审美判断就是鉴赏力判断以及趣味判断。然而康德强调趣味美学的纯粹性和无功利性，他将趣味视作先验的判断力，那么其作为与生俱来的能力自然就悬空于社会和经济。布尔迪厄认为康德的纯粹趣味是个体审美鉴赏经验的理想化结果，但他忽视了导致特定审美趣味的社会环境因素，看似纯粹的趣味身后隐藏着社会区隔的功能。因此在布尔迪厄那里，趣味不仅仅是个体的兴趣爱好、娱乐方式、价值偏向，更是不同权力集团斗争后的文化结果，他这样说道："趣味是某些斗争的最重要的赌注之一，统治阶级的场和文化生产场是这些斗争的地点。这不仅因为趣味判断是判断力的最高表现，它通过判断力协调知性与感性，协调理解却无法感受的学究与享乐却不理解的社交家，从而为完整的人下定义。"③ 由此，他开始将趣味从美学领域带向社会学领域。

在布尔迪厄的理论中，趣味是能够产生社会区隔的审美偏好，强调了趣味在区隔中的关键作用，反过来，一种审美判断是否能够产生社会区隔

---

① 雷蒙·威廉斯. 关键词：文化与社会的词汇［M］. 刘建基，译. 北京：生活·读书·新知三联书店，2005：480.

② 雷蒙·威廉斯. 关键词：文化与社会的词汇［M］. 刘建基，译. 北京：生活·读书·新知三联书店，2005：481.

③ 皮埃尔·布尔迪厄. 区分：判断力的社会批判：上册［M］. 刘晖，译. 北京：商务印书馆，2015：15.

与定义趣味形成互证关系。"年轻化"审美是当代社会中普遍存在的趣味，在大众传媒领域之中趣味表现得更加明显，其判断依据在于以"年轻化"审美为特征的大众传媒文本以不同的文本形态折射出当今年轻世代与中老年群体（特别是老年群体）之间的文化区隔，由区隔而造成的社会身份和话语权的代际矛盾也在此显现。随着互联网不断向中老年群体渗透，他们作为新一代的"互联网移民"也有意愿接受并开启新的生活方式，但大众传媒语境中"年轻化"的审美趣味却不断排斥并边缘化还不熟悉互联网思维的他们。强行的文化区隔行为违背了"后喻文化"中信息与知识的传递规律。当中老年群体刚刚进入互联网空间，生存危机令他们主动拥抱"年轻化"的生活习惯、逻辑思维、审美价值，但作为互联网"原住民"的年轻群体却以"年轻化"趣味增加了中老年群体接受新认知的难度，由此引发的代际矛盾便在"年轻化"审美中产生。

（二）"年轻化"审美的趣味消费

从布尔迪厄的趣味理论出发，他认为趣味有文化区隔的功能，还具有排他的属性和内涵，这是布尔迪厄批判康德纯粹美学的立论基础，他认为："趣味（也就是表现出来的偏好）是一种不可避免的差别的实践证明。当趣味要为自己提供充足的理由时，它就以全然否定的方式通过对其他趣味的拒绝表现出来，这并非偶然：在趣味方面，超过任何方面，一切决定都是否定性的；而且趣味无疑首先是对其他趣味、别人趣味的厌恶，这种厌恶由讨厌或发自内心的无法忍受（'这令人作呕'）构成。"① 由审美趣味产生的价值优劣判断让当代的趣味概念不仅就此远离康德美学中的趣味观念，同时也与中国古典美学中的鉴赏经验割席。在中国古典美学范畴中，作为鉴赏形式的趣味判断是建立在对审美对象的直觉性的主观感受之

---

① 皮埃尔·布尔迪厄. 区分：判断力的社会批判：上册［M］. 刘晖，译. 北京：商务印书馆，2015：93.

上的，正所谓："大抵禅道为在妙悟，诗道亦在妙悟。且孟襄阳学力下韩退之远甚，而其诗读出退之之上者，一味妙悟而已"。① 严羽所说的"妙悟"便是在感性基础上产生的审美趣味。

康德的趣味观念是由天才构成纯粹而普遍的形式，无功利的静观美学与"令人作呕"的感官趣味恰恰相反。布尔迪厄认为康德的审美趣味显然不符合现代社会的大众"美学"。当代的趣味是一种以消费为目的的实践活动，审美的功利性恰恰是主导趣味产生的内在精神和气质。区隔产生于生活方式，即人们的消费行为系统，人们通过这个系统区分并获取那些更加值得向往的、值得认可的、有价值的消费品。但凡不能产生实用价值的东西便会被人们打上无用的标签加以拒绝，那么这些东西也就不具有趣味，由此可见趣味是一种价值判断。"年轻化"审美首先一种趣味判断，同时也是一种价值判断。传媒机构通过对趣味的优劣、高下施以区分拉动文化产品的消费。"年轻化"审美之所以能够形成一定的文本规模是因为认同"年轻化"趣味的年轻人是当今传媒消费的主体，而被趣味区隔的中老年群体却不是文化消费主要的对标人群。趣味作为一种象征符号，它与群体的社会身份相联系，通过对文化产品的趣味消费，凸显了该群体的社会话语权。

二、"年轻化"审美场的形成

布尔迪厄在趣味的理论建构中提出"场"（场域）的概念，所谓"场"是生成趣味的空间以及客观条件。趣味的合法性建构需要依托客观化的文化活动，文化产品包含的客观化生产为趣味提供了正当化、合法化的表现内涵。文化产品的生产场向趣味的客观化生产提供了"真诚"的空间平台，以至于文化消费者无法看穿趣味的建构秘密。大众传媒作为审美趣味的艺术场，它影响了"年轻化"审美趣味的养成与表现，但它同时也

① 叶朗. 中国美学史大纲 [M]. 上海：上海人民出版社，1985：316.

是一个由各方相互制衡形成的权力场,在构成要素相互斗争和竞争中形成输出较为稳定的"年轻化"趣味观念。

(一)播出平台的"年轻化"布局

随着以电视剧、综艺节目为主的文本内容在台网间的差距不断缩小,头部视频平台自制内容不断崛起,传媒产业化生产向网络平台倾斜的趋势愈加明显。纵观 2020 年四大网络视频平台从不同维度所布局的"年轻化"审美矩阵,剧场化的成功打造离不开爱奇艺对"迷雾剧场"的以身试法,2020 年爱奇艺平台接连推出了包括《隐秘的角落》《沉默的真相》《唐人街探案》《我是余欢水》等风格较为统一的悬疑剧,并将他们投放在平台的迷雾剧场中轮番上线。悬疑剧是网络剧时代的典型类型,其中悬疑短剧的出现更符合当下年轻人碎片化的观影习惯。迷雾剧场对网剧类型的清晰划分,为悬疑题材的类型化打造营造出了鲜明的"年轻化"的播放空间。优酷视频也相继推出"宠爱剧场"和"悬疑剧场",尤其悬疑剧场对女性题材的倾向更加明显,将悬疑剧清晰对位年轻的女性观众,例如《白月光》《刺》《女孩们在那年夏天》等。以"天生青春 Young"为平台标签的芒果 TV,在紧紧抓住年轻女性观众的同时以"季风计划"继续拓宽平台"小而美"的甜宠之路,《琉璃》《三千鸦杀》《离人心上》等古装甜宠剧的播出精准对标年轻受众。

表 4.3 头部视频播放网站的剧场化布局

视频播放网站名	爱奇艺		优酷视频		芒果 TV	腾讯视频
播送剧场名	迷雾剧场	恋恋剧场	宠爱剧场	悬疑剧场	季风计划	十分剧场

视频播放网站名	爱奇艺		优酷视频	芒果 TV	腾讯视频
热播剧	《隐秘的角落》《沉默的真相》《唐人街探案》《我是余欢水》	《月光变奏曲》《变成你的那一天》《喵，请许愿》《世界微尘里》	《冰糖炖雪梨》《约定期间爱上你》《绝世千金（完结篇）》	《白月光》《刺》《女孩们在那年夏天》	《琉璃》《三千鸦杀》《离人心上》	《师兄请按剧本来》《妻子的反攻》《池塘怪谈》《给你我的独家宠爱》

在网络综艺方面，爱奇艺依旧秉持"青春、阳光、正能量"的内容宗旨，深耕青年文化的内容输出，以小众文化为切口，将《青春有你》《中国新说唱 2020》《乐队的夏天》《奇葩说》《潮流合伙人》等热门综艺包揽囊中，让年轻人接触更新鲜的生活方式，建构青年群体价值观，而《我的街舞时代》《Vlog 营业中 2》更是将青春主题风格发挥到极致。腾讯与爱奇艺呈对垒局势，因此节目类型与内容较为相近，《创造营》《我是唱作人》《奇葩说》凸显"年轻化"的话语权。芒果 TV 主攻婚恋情感类型，年轻态依旧是其节目底色。《妻子的浪漫旅行》《婚前 21 天》《我家那闺女》皆以观察视角对引发对社会年轻男女情感生活的思考。芒果 TV 也成为代际综艺主要的孵化基地，从 2016 年推出的代际户外真人秀《旋风孝子》到红极一时的"小而美"的观察类真人秀《我家那小子》《我家那闺女》《女儿们的恋爱》再到 2021 年播出的银发选秀类综艺《妈妈，你真好看》。代际在婚姻观、消费观、道德观等方面产生的思维冲突与矛盾不但是节目制作的底层逻辑，同时也是吸引观众的亮点。然而大多数在屏幕中出现的父母们并没有来自长辈的权威话语，明星子女们所展现的言行方式

与生活方式反而起到了影响并整合父母行为的作用。优酷《花花万物》《beauty 小姐》将节目与消费商品相连，为现代年轻人的生活方式与流行消费列出清单。此外，哔哩哔哩与抖音视频也加入"年轻化"审美的内容布局当中，自制青春剧《风犬少年的天空》和自制综艺《说唱新世代》的成功试水突破了平台二次元的自我定位。

（二）主创人员的"年轻化"血液

"年轻化"趣味的再生产离不开艺术主创的带动作用，在传媒行业里，包括演员、摄制组、后期制作等全行业链都呈现出由年龄主导的"年轻化"态势，其中艺人的轻龄化趋势尤为明显。由演员、明星、主持人为主的演艺人员的演艺价值总是随着艺人热度和商业价值随时更新，根据骨朵数据出具的艺人热力年榜显示，年龄在 20—40 岁的中青代艺人是演艺界的热度明星，占娱乐圈总人数的 96%，其中 21—30 岁的青年热力艺人占艺人总数的 50%。能够进入热力年榜前十的艺人均是有强大粉丝基础、流量较为稳定的演员及歌手，并且绝大多数是 90 后艺人。① 虽然由《乘风破浪的姐姐》《披荆斩棘的哥哥》等一系列以中年明星为主的综艺节目让更多中年艺人翻红并获得更多的商业价值，但艺人市场并未突破年轻艺人创造的"年轻化"格局。

表 4.4 2020 骨朵热力年榜艺人 TOP10 数据汇总

排　名	艺　人	年　龄	领　域	热　度
1	肖战	"90 后"	演员/歌手	79.62
2	王一博	95 后	演员/歌手	76.08
3	朱一龙	85 后	演员	73.33
4	迪丽热巴	90 后	演员	70.50

① 骨朵数据. 2020 艺人演艺市场白皮书［EB/OL］. 骨朵网络影视，2021-04.

排 名	艺 人	年 龄	领 域	热 度
5	杨洋	90后	演员	70.20
6	李现	90后	演员	69.55
7	杨紫	90后	演员	69.46
8	易烊千玺	00后	演员/歌手	69.31
9	邓伦	90后	演员	68.47
10	蔡徐坤	95后	歌手	68.09

包括艺术场在内的文化生产场其实质是不同利益集团的斗争场，在场域中的趣味区隔的一致性与该集团积聚的文化资本呈正相关。媒体与专业评审在绝大多数综艺节目中是话语权的象征，作为节目的主创人员，他们本身的年轻化趋势为"年轻化"趣味的生产提供了一定的合法性基础。综艺节目《乐队的夏天》里，由专业唱片企划组成的专业乐评人手中握有多数表决权，当承载着一代人青春记忆的老牌知名乐队"水木年华"出现在第二期节目中时，显然无法令大多数专业乐评人买账，"四十多岁的人还唱青春再见没什么新意，这个舞台应该留给一些新乐队""作为二十三岁的年轻人，他们这种中年人的油腻根本打动不了我，我没有获得一丝感动。"但他们在面对年轻一代乐手时态度却急剧变化，言语中透露出更多与他们的情感共鸣。正如布尔迪厄所说"每个生产场都是竞争斗争的场所，竞争斗争是这些产品不断变化的根源，而需求是在主观上或客观上对立的关系中建立的，或者更确切地说，是在竞争斗争中建立的，不同阶级和阶层由物质的或文化的保持这种对立关系，竞争斗争使他们由于这些产品相互对立并成为趣味变化的根源。"① 文化趣味的生产与文化资本的增值具有一致性，在文化资本相互较量的同时也实现了文化资本的增值。在以

---

① 皮埃尔·布尔迪厄. 区分：判断力的社会批判：上册［M］. 刘晖，译. 北京：商务印书馆，2015：357.

乐评人执掌节目话语权的艺术场中，"年轻化"审美趣味可以是热情的、勤快的、聪明的，但同时也可以是叛逆的、颓废的、冲动的。那么"年轻化"的审美范畴就被一再拓宽，被建构的"年轻化"趣味成为节目打造的艺术知识，并由节目主创为其筑立起权威的轮廓，这也是文化资本积聚的过程。

专业的导演评委、影评人也作为节目主创在艺术场的斗争中参与"年轻化"的趣味建构。在演技类比拼综艺《演员请就位》的节目设置中，导演评委们手中的S卡在成为决定演员学员的去留。有导演为"S"别出心裁地赋予三重意义："Student（学生）、Seed（种子）、Special（特别的）"，在节目中他力排众议，两次将宝贵的S卡发给了毫无表演经历的新人偶像，将其顺利送入决赛。这张极具重量的晋级卡在竞演艺术场中诉尽了对新人演员的包容与鼓励，无论作为求知若渴的学生、有待萌发的种子，抑或是具有某种特殊潜力，"天赋"与"潜力"成为节目为"年轻化"审美提供的一种修辞，作为在演技比拼规则设立时的新知识，在导演、制作人，以及专业评审三方的保驾护航下成为合法化的趣味，更展现了审美趣味的"年轻化"区隔。

然而传媒产业也是一种制造业，年轻的演员们则成为传媒工厂里被资本雇佣的劳动者，成为再生产过程中的关键一环。正如马克思所认为的那样："把资本主义生产过程联系起来考察，或作为再生产过程来考察，它不仅生产商品，不仅生产剩余价值，而且还生产和再生产资本关系本身：一方面是资本家，另一方面是雇佣工人。作为年轻的演员，他们能够为资本谋得的收益远大于他们自身已不菲的收入，而维持自身年轻成为他们获取流量和关注最便捷的途径。演员作为影视产业生产出的商品，年轻演员的商品价值受社会承认本身就会带来价值观的再生产，说明"年轻化"审美作为绝对的社会价值追求已经深入传媒产业的再生产领域，幼态化的、低龄的演员成为再生产领域中的生产资料。维持年轻的血液是资本再生产的条件，拥有年轻的演员们无疑成为能够快速积蓄资本的剩余价值。同时，作为一种文化资本，"年轻化"审美从生产传播机制中融入文化心理、情感与经验，已经演变为一种新的审美体验形式。在当代社会，这种审美体验形式正越来越发挥重要的作用，同时也让审美趣味及其文化区隔的作用更加明显，二者之间的关系是双向连接的，体现出当代社会审美消费与再生产过程中的新变化。

第三节　现代焦虑："年轻化"审美的泛化机制

一、纾解当代年龄焦虑："年轻化"审美的消费追求

在人类社会发展的历史长河中，对年龄的焦虑感始终是限制个体发展与社会交往的关键因素。绝大多数情况下，人对年龄的焦虑是以身体为载体的生理焦虑，从朴素时期对旺盛生命力的生殖崇拜到"身体不朽而灵魂不死"的古埃及文明，它们在应对年龄焦虑的问题上达成了历史同构性。

现代社会的年龄焦虑一般由年龄歧视导致，主要聚焦在两类社会群体中：第一，现代社会改变了传统社会以经验阅历支配族群生活的教化体系，这让人的生物年龄失去其统治标签和社会权威，老年人成为生理和文化方面的双重弱者，并由此引发了社会厌老的审美意识形态。老年人作为社会"年轻化"审美的他者，陷入了年龄焦虑。第二，社会对女性的年龄歧视在父权制余威的弥散下，成为性别不平等外的另一层不平等体现。故而，年龄焦虑在中老年女性身上能够被无限放大，并有向年龄轴的另一端不断缩进的趋势。

但从某种角度来看，现代启蒙之光被开启后，当代人对年龄的畏惧感有所减弱，主要表现为他们有拒绝身体衰老的充分理由和绝对自信。消费

主义时代责令现代医学与视觉传媒技术充当救赎年龄焦虑的急先锋。正如鲍德里亚做出的判断:"把本属于女性的提供给女人们消费,把本属于青年的提供给年轻人消费。"① 当代大众传媒的文本生产对消费主义思潮起到了推波助澜的作用,在真人秀综艺《幸福三重奏》中,模特有艺人在收到旁人对自己年轻的暗示信息时,她捧着自己的脸略带骄傲地说:"我这张脸可是花了钱的。"言外之意,金钱作为缓解年龄焦虑的代价已不再是秘密,而消费是当代人迎合"年轻态"能够掏出的最容易、也是成本最低廉的代价。《Beauty 小姐》《口红王子》《所有女生的 offer》等美妆类综艺和微综艺节目便是当代女性年龄焦虑的制造机。在节目中,有明星坦言每个月需支付高达七位数的美容保养费用维持身体的年轻态;有的则每隔一星期奔赴国外实施美容医疗,共在脸上注射过 900 余支美容针;还有自称美容专家的明星尝试服用抗凝血剂为维持皮肤的年轻状态。也有节目联合专业检测机构出具美妆护肤产品的功效检测报告,用医学的科学数据为"年轻化"审美的理性发展提供佐证,然而节目中的"年轻化"审美却是被精确算计过的,带货综艺的消费逻辑让观众在面对年轻焦虑时,习惯性地用金钱去纾解。

在全球化消费语境下,女性群体不仅是物质商品消费的主力,传媒文化工业市场也将当代中青年女性视作传媒文本消费的主力军,"年轻化"审美同时是文本生产的目标及其文化消费的需求。可见,聚焦身体的"年轻化"审美消费是实现年龄自信的前提。正如费瑟斯通在《消费文化中的身体》中对其他学者观点的转引:"我们的时代是一个痴迷于青春、健康和肉体之美的时代。电视、电影、占主导地位的可视媒体坚持不懈地昭告人们要铭记于心:优雅自然的身体和美丽四射的面庞上露出的带酒窝的微

---

① 让·鲍德里亚. 消费社会 [M]. 刘成富、全志钢,译. 南京:南京大学出版社,2015:131.

笑是开启幸福，甚至是开启幸福实质的钥匙。"① 在女性主义思潮下，具备平权意识的"年轻化"审美文本成为打开这扇幸福之门的钥匙。自 2019 年以来，一系列以女性为题材的电视剧和综艺节目均以女性中心视角作为文本生产的核心立场，当"励志""涅槃""奋斗""勇敢"成为女性题材节目的话语逻辑，"年轻化"审美的消费遂成为确认女性社会身份的象征，这也是平权意识时代成就"内涵话语"主导观众思维的底层逻辑。约翰·费斯克认为所谓"内涵话语"是意识形态对观众图式的引导过程。在"年轻化"审美视阈下，新女性价值体系重新定义了社会性别间的依附关系和从属关系，逐步撬动父权统治下的传统审美观念，女性的焦虑感便由此被暂时缓解。当"年轻化"审美成为"年轻化"消费的代理人，那么年龄焦虑便成为以资本增值为逻辑，以自我矫正为依据的"年轻化"自觉。

二、回应现代心理危机："年轻化"审美的自我防御

"年轻化"审美趋向与流变的时代语境密切相关。英国思想家齐格蒙·鲍曼认为"流动的现代性"是现代社会的主要特征。这意味着构成世界本质的不再是从前的固体结构，取而代之的是变动不居的流体。"固体"与"流体"的区别是前者为社会与人提供了稳定而坚硬的落脚点，而后者瓦解了传统社会的稳定秩序，平添了把握世界实质的难度。面对传统秩序的终结和当今文化意义的复杂多变，"年轻化"审美是当代人缓解自身心理焦虑的解压阀。

（一）"年轻化"审美的保护机制：社会身份的自我矫正

全球化的历史背景愈发加快了现代社会的流动性，城市生活的变奏、信息技术的更迭、虚拟时空的挤压造成了生活方式的改变，连续性的历史

---

① 迈克·费瑟斯通. 消费文化中的身体［M］//汪民安，陈永国. 后身体：文化、权力和生命政治学. 长春：吉林人民出版社，2011：331.

图景随之被打破，由社会现代性带来的断裂造成了主体认同的身份危机。最明显的表现是社会中老年群体在以互联网主导的生活场景中找不到适合自己的位置，由此引起他们的心理焦虑。在这时，以"旧时光"为话语表征的"年轻化"审美成为缝合精神裂痕的栖息地，引得他们对此无限留恋。只有在怀旧的时空里，他们才能够暂且获得乡土社会应有的社会身份与宗族权威，以及回到他们曾经熟悉的慢节奏生活里，可见怀旧是"年轻化"审美的一种表现体。另一方面，他们作为"数字移民"的一代，需要通过文化的代际反哺来获得"数字原住民"的认可，所以他们主动向"年轻化"审美靠拢。

时空分离作为社会现代性的内在动力，让曾经历时的空间汇聚当下，然而当过去、现在甚至未来都被整合呈现于同一时空平面时，以青年为主力的社会人群作为这个社会的"新来者"，他们失去了寻找文化确定性的途径，这同样造成了他们的身份危机，并触发了他们认同失败后的应激焦虑。因此他们求助于启动"年轻化"审美的保护机制，建构足够清晰边界的"年轻话语"应对主体的惶恐与不安。权力话语的目的在于拉拢一些人，同时排斥和控制一些人。互联网时代的"数字贫民"成为年轻一代采取文化区隔的对象，代表"年轻化"审美的生活方式、语言表达、行为实践在个性、流行、风格的指导下逐渐在多样性中建立统一的"年轻化"审美标准。年轻一代利用对电子信息的捕捉便利执掌社会教化的权力，以此争夺自身的社会话语权。可见，在"年轻化"审美的保护机制下，不同群体都能够通过自我矫正实现社会身份认同。

（二）"年轻化"审美的防御机制：叛离反思的心理体验

现代艺术在社会理性的统摄下曾流露出对工具理性与审美同一性的拒斥，可以说现代艺术的审美现代性以批判与反思社会现状为自身的内在逻辑。阿多诺认为艺术应该通过批判意识抵抗商品经济的侵蚀与工具理性的物化，他指出："……如果说艺术要从现实强加给它的同一性模式中解放出来，那么，它就通过展示和现实相像的形象来抗拒可替代性。基于同样的理由，艺术——不可交换的形象——和意识形态相连，因为它使我们相信，世界上存在着不可交换的事物。为了这种不可交换性，艺术必须唤起一种可交换事物的批判意识。"① 正因为现代艺术的这种反思意识才能够引导社会通往"美丽的新世界"。周宪教授曾将审美反思性视作社会现代化过程中的领航员，他这样说："倘若说社会的现代化是一个急匆匆地赶路的人，那么，审美的现代性就好比是那个不断提醒方向和路径的人。审美现代性在相当程度上是承担了这种反思的角色。"② 然而当代的"年轻化"审美却剥离了艺术审美的反思性内核、卸下了自身的反抗意识，继而退化为一种防御现代焦虑的虚意抵抗，这种抵抗就表现在对感性体验麻木地深陷和沉迷。当代年轻人们碎片化的观看习惯令大多数试听体验成为破碎式的感性体验，"年轻化"审美以冲动刺激、快乐有趣、自由失控等沉浸式体验为目的，希冀以沉醉于当下的体验感和新感性抵御时空异化后的碎片式失落，这种感性体验是以忽视理性的反思能力为内核的，其本质是一种童稚化的心理经验，大众传媒文本中的海量信息、毫无顾忌的大笑都能够快速吸引年轻人们深度沉浸。

弗洛伊德认为人的心理结构由本我、自我和超我三部分构成，包含着本能的本我遵循快乐原则而释放原始冲动，是生命能量的内动力。超我作为主体的自我理想，呈现为由社会道德教化而形成的良知。介于二者之间的自我按照现实原则控制自我并压制快乐冲动。被剥夺反思能力的"年轻化"审美以"白日梦"的非理性存在，成为人们各自幼年经验的代替性满足，在文本虚构的空间里尽情释放被压抑已久的原始冲动，宣泄个体焦虑

---

① 西奥多·阿道尔顿. 美学理论［M］. 王柯平，译. 成都：四川人民出版社，1998：167.
② 周宪. 审美现代性批判［M］. 北京：商务印书馆，2005：175.

的情绪，故"年轻化"审美是一种心理防御机制，以退缩与回避的审美立场，单纯感受童稚化体验中的快乐与刺激，激发治愈心灵的潜能。

"年轻化"审美的生产趋向是这个时代总体的意识与精神的特殊表征。现代社会的大多数群体在生理上与心理上经历着双重倒错，这反映在人们在生物特征和心理体验都具有一种"年轻化"的倾向性和焦虑感，在现代理性的裹挟下成为时代性的审美意识形态。

结　语

　　本书是针对当代大众传媒文本中"年轻化"审美的生产系统所做出的辨证性思考。近年来，"年轻化"作为一种审美趋向与风格范式在大众传媒的文本生产、传播以及消费领域呈现出愈演愈烈的泛化趋势。以"年轻化"审美为特征和价值取向的表征系统在电视艺术以及网络文艺的诸多文本中尤为突出，并在社会文化语境中发挥审美意识形态的作用。在电视（网络）剧、综艺节目的主导下，"年轻化"审美的形塑与编码经历了多元而复杂的表征生产过程，其中包含着"萌"元素的文本形象以及消解性别后的人物特征，是"年轻化"审美在形象创作中较为突出的生产偏好，并透露出童稚化的审美症候。作为一种审美实践，"年轻化"审美通过文本中的身体语言、口头言语和舞台配置合力打造出圈层化的语言生产趋势，令"年轻化"的审美话语在表意系统中尽显张力。同时，"年轻化"叙事正在演变为文本叙事主流，它利用叙事结构的二元编码实现了对"年轻"价值的推崇。

　　大众传媒的文本生产对"年轻化"审美的整合作用，是基于视觉性转向的时代审美要求，依托互联网技术与多元文化语境得以形塑的。首先，在视觉文化的主导下，"年轻化"审美符号将自身寄托于生动逼真的图像以及色彩斑斓的影像之中。视觉的直观性与形式性特征在"年轻化"审美文本生产中具有锚定受众的功能。在寻求刺激体验的过程中，激起了受众的视觉消费欲望。拒绝深度、拒斥理性的通感刺激成为能够引发年轻受众投射情感、收获快乐、得到慰藉的感性体验，这强化了"年轻化"审美文本生产向深度娱乐化和消费化方向发展。此外，"年轻化"审美文本生产趋势与"年轻化"符号拟像生产趋势高度重合，让受众对"年轻化"景观的审美渴望超越了本真需求，由此引发的表征危机在这时得以显现。其次，互联网信息产业与新媒体技术正在不断整合社会既存的审美认知，时空的压缩改写了构建社会文化的坐标，人的审美观念就此呈现出现代性特征，集中表现在年轻受众对以当下性、多变性、流行性和时尚性为特征的审美秩序的强调。第三，"年轻化"审美得以发展离不开社会多元文化语境的共同塑造，作为主导文化对大众文化的话语期待，也作为大众文化对小众文化的经济驯服，在"抵制""僭越""收编""认同"中最终实现对"年轻化"审美趋势的合力助推。

就目前文本生产的策略而言，怀旧情结、励志精神和偶像崇拜构筑了"年轻化"审美的观念认知。作为具有共识性功能的审美认知，"年轻化"审美已沁入大众文化的肌理，携带"年轻化"审美因子的文本无处不在，在人际交流间起到了身份认同的作用。随着审美范式的大众化发展，获得文化霸权的"年轻化"审美，已经超越了仅仅吸纳青年人的初衷，开始向泛"年轻人"扩散，并为人们的日常生活及其审美实践制定秩序和规则。

受众在"年轻化"审美的接受与再生产环节中起到举足轻重的作用。他们作为文化参与者，是文本的接受与消费的主体，在文本制造的审美幻象中接受"年轻化"审美的询唤，不断在凝视中获得想象性满足，并不断陷入"年轻化"审美的消费逻辑。然而，新媒体与智媒体时代的媒介赋权为受众创造了产消一体化的文化空间，同时受众作为审美与生产的主体，也加入"年轻化"审美文本的生产与意义的再生产之中。值得注意的是，"年轻化"审美作为一种审美意识形态，既受到支配，又具对抗色彩。当代大众传媒的文化语境为受众赢得了一份审美对话的空间。而对于"年轻化"审美的受众而言，他们却从文本资源的"猎盗者"、偶像出道的"守护者",向沉浸于文本游戏的"操纵者"转变,以期从"年轻化"审美中汲取充分的快感与刺激。

本书对大众传媒视域下"年轻化"审美的文本生产现状及其审美发展趋向的忧虑便由此展开。

第一,"年轻化"的视觉符号过剩引发了现代社会对"年轻化"审美的物化倾向,这不仅导致"年轻化"审美现状本身的异化,更加剧了人与人之间关系的异化。从马克思在《资本论》中提出的"商品拜物教"概念可知,当人错误地把包括商品、消费以及量化的生活标准等同于自己真正的生活需求时,造成的结果是,人的主体性因逐渐受到物质的控制而异化。鲍德里亚在此基础上提出的"符号政治经济学",将物化的特征直接与符号的象征功能联系在一起,造成了"年轻化"审美形式的大量剩余,在资本的助推下被快速合理化和日常化。当文本生产促使"年轻化"文本构成一个庞大的符号表征体系时,"年轻化"视觉符号的能指远超其所指,不断被景观化,形成了社会审美和价值层面"厌老媚轻"的返魅浪潮。"年轻化"审美违背了作为松动固化阶层、弥合代际鸿沟、缓解现代焦虑的减压剂的初衷,对"年轻化"审美的过度推崇会加剧人们对年龄的焦虑与恐惧,其背后是对"非年轻化"审美及其文化价值的排斥与区隔。如此看来,当代大众传媒文本中"年轻化"审美的生产便带上了乌托邦特征。

第二,在流量经济的充斥下,由"年轻化"主导的审美观念令传媒资本布局愈加扭曲。从电视剧中追求年轻扮相的演员、各类综艺里频繁出现的年轻偶像,到直播间和各社交平台中人为设置的年轻博主与主播,均按照"年轻化"审美的风格去发展。在观众收视率和互联网用户点击率的协同作用下,出现了"年轻化"文本生产与传播模式的重复、泛滥甚至恶性竞争的状况。从小众文化入场而后到大众文化传播,不仅是当前综艺文本生产的突破口,也最容易实现传媒资本的收编,这让"年轻化"审美文本的同质化现象愈发严重,极大地阻碍了审美异质性的发展。

第三，"年轻化"审美代表着新的社会文化权力，其背后是公共话语权的代际反向更替。产生于"数字精英"与"数字贫民"间的信息鸿沟是"年轻化"审美强化其合法性的依据，这无疑在向世人宣告，能跟得上审美流变的人都能够称得上数字时代的"年轻人"。如今，越来越多的中老年人开始通过"代际反哺"追赶当今正在流行的审美潮流，然而面对断裂的文化，"年轻化"审美的本质却并不致力于对不同时代文化经验的融合，而是在资本驱使下侧重在文化断裂中对作为消费主力的单向度依附。

当"年轻化"审美逐渐演化成一种由资本逻辑推动的、被现代技术形塑的、首先在大众传媒语境中被形塑的审美意识形态时，我们对"年轻化"审美的研究并不能到此结束，对大众传媒文本中"年轻化"审美生产系统的探究也不会就此终止。在"年轻化"审美不断泛化"年轻人"这个概念的同时，由"年轻化"审美主导的大众传媒文本必定显露出更多新类型、新形式以及新特征，这将为我们继续前行提供源源不断的动力。

参考文献

一、专著

[1] 陈嘉明. 现代性与后现代性十五讲 [M]. 北京: 北京大学出版社, 2006.

[2] 戴锦华. 隐形书写——90 年代中国文化研究 [M]. 南京: 江苏人民出版社, 1999.

[3] 戴清. 中国电视剧理论批评发展流变 [M]. 北京: 中国电影出版社, 2013.

[4] 邓志勇. 修辞理论与修辞哲学——关于修辞学泰斗肯尼斯·伯克研究 [M]. 上海: 学林出版社, 2011.

[5] 段吉方. 意识形态与审美话语: 伊格尔顿文学批评理论研究 [M]. 北京: 人民文学出版社, 2010.

[6] 费孝通. 乡土中国 [M]. 北京: 北京大学出版社, 2012.

[7] 宫承波. 媒介融合概论 [M]. 北京: 中国广播影视出版社, 2016.

[8] 郝建. 中国电视剧文化研究与类型研究 [M]. 北京: 中国电影出版社, 2008.

[9] 胡经之. 文艺美学 [M]. 北京: 北京大学出版社, 1999.

[10] 胡智锋. 电视美学大纲 [M]. 北京: 北京广播学院出版社, 2003.

［11］鞠玉梅．社会认知修辞学：理论与实践［M］．北京：外语教学与研究出版社，2011.

［12］李胜利．电视剧叙事情节［M］．北京：中国广播电视出版社，2006.

［13］李益荪．马克思《艺术生产》理论研究［M］．成都：巴蜀书社，2010.

［14］李勇．媒介时代的审美问题［M］．郑州：河南人民出版社，2009.

［15］刘小枫．现代性社会理论［M］．上海：上海三联书店，1998.

［16］陆扬，王毅．文化研究导论［M］．上海：复旦大学出版社，2015.

［17］罗钢，刘象愚．文化研究读本［M］．北京：中国社会科学出版社，2000.

［18］隋岩．当代中国电视文化格局［M］．北京：北京大学出版社，2004.

［19］陶东风．粉丝文化读本［M］．北京：北京大学出版社，2009.

［20］陶东风．文化研究导论［M］．北京：高等教育出版社，2004.

［21］汪民安，陈永国．后身体：文化、权力和生命政治学［M］．长春：吉林出版社，2003.

［22］汪民安．文化研究关键词［M］．南京：江苏人民出版社，2007.

［23］汪民安．现代性［M］．南京：南京大学出版社，2012.

［24］王一川．审美体验论［M］．天津：百花文艺出版社，1992.

［25］王一川．美学教程［M］．上海：复旦大学出版社，2004.

［26］姚文放．当代审美文化批判［M］．济南：山东文艺出版社，1999.

［27］叶朗．美学原理［M］．北京：北京大学出版社，2009.

［28］叶朗．中国美学史大纲［M］．上海：上海人民出版社，1985.

［29］叶舒宪．结构主义神话学［M］．西安：陕西师范大学出版总社有限公司，2011.

［30］余虹．审美文化导论［M］．北京：高等教育出版社，2006.

［31］余英时．士与中国文化［M］．上海：上海人民出版社，2013.

［32］张凤阳．现代性的谱系［M］．南京：南京大学出版社，2004.

［33］张凤铸，关玲主编．中国当代广播电视文艺学［M］．北京：中国传媒大学出版社，2016.

［34］张慧瑜．当代中国的文化想象与社会重构［M］．广州：中山大学出版社，2015.

［35］张金尧，仲呈祥．新世纪电视剧史论［M］．北京：中国电影出版社，2013.

［36］张智华．电视剧类型［M］．北京：北京师范大学出版社，2012.

［37］赵静蓉．怀旧——永恒的文化的乡［M］．北京：商务印书馆，2009.

［38］赵毅衡．符号学原理与推演［M］．南京：南京大学出版社，2016.

［39］赵勇．法兰克福学派内外［M］．北京：北京大学出版社，2016.

［40］赵勇．整合与颠覆：大众文化的辩证法［M］．北京：北京大学出版社，2005.

［41］仲呈祥．审美之旅［M］．北京：中国青年出版社，2008.

［42］周宪．当代中国的视觉文化研究［M］．南京：译林出版社，2017.

［43］周宪．审美现代性批判［M］．北京：商务印书馆，2005.

［44］周宪．视觉文化的转向［M］．北京：北京大学出版社，2008.

［45］朱光潜．西方美学史［M］．南京：江苏人民出版社，2015.

[46] 朱立元. 西方美学范畴史（第三卷）[M]. 太原：山西教育出版社, 2006.

[47] 西格蒙特·弗洛伊德. 精神分析引论 [M]. 高觉敷, 译. 北京：商务印书馆, 1984.

[48] 康德. 判断力批判 [M]. 宗白华, 译. 北京：商务印书馆, 1986.

[49] 莱辛. 拉奥孔 [M]. 朱光潜, 译. 北京：商务印书馆, 2016.

[50] 卡尔·曼海姆. 意识形态与乌托邦 [M]. 黎鸣, 李书崇, 译. 北京：商务印书馆, 2002.

[51] 西奥多·阿道尔顿. 美学理论 [M]. 王柯平, 译. 成都：四川人民出版社, 1998.

[52] 马克思, 恩格斯. 马克思恩格斯全集：第 1 卷：黑格尔法哲学批判 [M]. 中共中央马克思、恩格斯、列宁、斯大林著作编译局, 译. 北京：人民出版社, 1956.

[53] 马克思, 恩格斯. 马克思恩格斯全集：第 3 卷：德意志意识形态 [M]. 中共中央马克思、恩格斯、列宁、斯大林著作编译局, 译. 北京：人民出版社, 1956.

[54] 马克思, 恩格斯. 马克思恩格斯全集：第 23 卷：资本论 [M]. 中共中央马克思、恩格斯、列宁、斯大林著作编译局, 译. 北京：人民出版社, 1972.

[55] 马克思, 恩格斯. 马克思恩格斯全集：第 33 卷：经济学手稿（1861~1863 年）[M]. 中共中央马克思、恩格斯、列宁、斯大林著作编译局, 译. 北京：人民出版社, 2004.

[56] 马克思, 恩格斯. 马克思恩格斯全集：第 42 卷：1844 年经济学哲学手稿 [M]. 中共中央马克思、恩格斯、列宁、斯大林著作编译局, 译. 北京：人民出版社, 1979.

[57] 马克思·韦伯. 新教伦理与资本主义精神 [M]. 马奇炎, 陈婧, 译. 北京: 北京大学出版社, 2012.

[58] 马克斯·霍克海默, 西奥多·阿道尔顿. 启蒙辩证法 [M]. 曹卫东, 译. 上海: 上海人民出版社, 2006.

[59] 马丁·海德格尔. 形而上学导论 [M]. 熊伟, 王庆节, 译. 北京: 商务印书馆, 1996.

[60] 马丁·海德格尔. 林中路 [M]. 孙周兴, 译. 北京: 商务印书馆, 2018.

[61] 尼采. 悲剧的诞生 [M]. 周国平, 译. 北京: 三联书店, 1987.

[62] 齐奥尔格·西美尔. 时尚的哲学 [M]. 费勇, 译. 北京: 文化艺术出版社, 2001.

[63] 瓦尔特·本雅明. 发达资本主义时代的抒情诗人 [M]. 王才勇, 译. 南京: 江苏人民出版社, 2005.

[64] 瓦尔特·本雅明. 机械复制时代的艺术作品 [M]. 王才勇, 译. 杭州: 浙江摄影出版社, 1993.

[65] 维尔特·桑巴特. 奢侈与资本主义 [M]. 王燕平, 侯小河, 译. 上海: 上海人民出版社, 2000.

[66] 米哈伊尔·巴赫金. 拉伯雷研究 [M]. 李兆林, 夏忠宪, 等译. 石家庄: 河北教育出版社, 1998.

[67] 居伊·德波. 景观社会 [M]. 张新木, 译. 南京: 南京大学出版社, 2017.

[68] 路易·阿尔都塞. 保卫马克思 [M]. 顾良, 译. 北京: 商务印书馆, 2010.

[69] 罗兰·巴特. 符号学原理 [M]. 李幼蒸, 译. 北京: 中国人民大学出版社, 2008.

[70] 罗兰·巴特. 神话——大众文化诠释 [M]. 许蔷蔷, 许绮玲,

译．上海：上海人民出版社，1999.

[71] 罗兰·巴特．神话修辞术［M］．屠友祥，译．上海：上海人民出版社，2016.

[72] 梅洛·庞蒂．知觉现象学［M］．姜志辉，译．北京：商务印书馆，2001.

[73] 皮埃尔·布尔迪厄．关于电视［M］．许钧，译．沈阳：辽宁教育出版社，2000.

[74] 皮埃尔·布尔迪厄．区分：判断力的社会批判［M］．刘晖，译．北京：商务印书馆，2015.

[75] 让·鲍德里亚．符号政治经济学批判［M］．夏莹，译．南京：南京大学出版社，2015.

[76] 让·鲍德里亚．物体系［M］．林志明，译．上海：上海人民出版社，2019.

[77] 让·鲍德里亚．消费社会［M］．刘成富，全志钢，译．南京：南京大学出版社，2015.

[78] 西蒙·波伏娃．第二性［M］．陶铁柱，译．北京：中国书籍出版社，1998.

[79] 马歇尔·麦克卢汉．理解媒介［M］．何道宽，译．南京：译林出版社，2011.

[80] 阿尔文·托夫勒．第三次浪潮［M］．黄明坚，译．北京：中信出版集团，2018.

[81] 艾瑞克·弗洛姆．精神分析与宗教［M］．孙向晨，译．上海：上海人民出版社，2006.

[82] 安东尼·吉登斯．现代性的后果［M］．田禾，译．南京：译林出版社，2011.

[83] 保罗·F.拉扎斯菲尔德，伯纳德·贝雷尔森，黑兹尔·高德

特. 人民的选择［M］. 唐茜，译. 北京：中国人民大学出版社，2012.

［84］本尼迪克特·安德森. 想象的共同体：民族主义的起源与散布［M］. 吴叡人，译. 上海：上海人民出版社，2016.

［85］丹尼尔·贝尔. 资本主义文化矛盾［M］. 严蓓雯，译. 南京：江苏人民出版社，2010.

［86］道格拉斯·凯尔纳. 媒体奇观——当代美国社会文化透视［M］. 史安斌，译. 北京：清华大学出版社，2003.

［87］道格拉斯·凯尔纳. 媒体奇文化［M］. 丁宁，译. 北京：商务印书馆，2004.

［88］弗雷德里克·詹姆逊. 晚期资本主义的文化逻辑——詹明信批评理论文选［M］. 陈清桥，等译. 北京：生活·读书·新知三联书店，1997.

［89］弗雷德里克·詹姆逊. 文化转向［M］. 胡亚敏，等译. 北京：中国人民大学出版社，2018.

［90］弗雷德里克·詹姆逊. 现代性、后现代性和全球化［M］. 王丽亚，译. 北京：中国人民大学出版社，2004.

［91］亨利·詹金斯. 参与的胜利——网络时代的参与文化［M］. 高芳芳，译. 杭州：浙江大学出版社，2017.

［92］亨利·詹金斯. 融合文化——新媒体和旧媒体的冲突地带［M］. 杜永明，译. 北京：商务印书馆，2012.

［93］亨利·詹金斯. 文本盗猎者——电视粉丝与参与式文化［M］. 郑熙青，译. 北京：北京大学出版社，2016.

［94］鲁道夫·阿恩海姆. 视觉思维［M］. 滕守尧，译. 成都：四川人民出版社，2019.

［95］罗伯特·波格·哈里森. 我们为何膜拜青春：年龄的文化史［M］. 梁永安，译. 上海：三联书店，2018.

[96] 玛格丽特·米德. 代沟 [M]. 曾胡, 译. 北京: 光明日报出版社, 1988.

[97] 马尔库塞. 审美之维 [M]. 李小兵, 译. 桂林: 广西师范大学出版社, 2001.

[98] 曼纽尔·卡斯特. 认同的力量 [M]. 曹荣湘, 译. 北京: 社会科学文献出版社, 2001.

[99] 曼纽尔·卡斯特. 网络社会的崛起 [M]. 夏铸九, 王志弘, 等译. 北京: 社会科学文献出版社, 2001.

[100] 马尔库塞. 单向度的人: 发达工业社会意识形态研究 [M]. 刘继, 译. 上海: 上海译文出版社, 2008.

[101] 尼尔·波兹曼. 娱乐至死 [M]. 章艳, 译. 桂林: 广西师范大学出版社, 2004.

[102] 尼尔·波兹曼. 童年的消逝 [M]. 吴燕莛, 译. 桂林: 广西师范大学出版社, 2011.

[103] 欧文·戈夫曼. 日常生活中的自我呈现 [M]. 冯钢, 译. 北京: 北京大学出版社, 2008.

[104] 乔治·桑塔耶纳. 美感 [M]. 杨向荣, 译. 北京: 人民出版社, 2013.

[105] 让·弗·利奥塔. 后现代主义 [M]. 赵一凡, 等译. 北京: 社会科学文献出版社, 1999.

[106] 斯维特兰娜·博伊姆. 怀旧的未来 [M]. 杨德友, 译. 南京: 译林出版社, 2010.

[107] 伊哈布·哈桑. 后现代转向: 后现代理论与文化论文集 [M]. 刘象愚, 译. 上海: 上海人民出版社, 2015.

[108] 约翰·费克斯. 关键概念: 传播与文化研究辞典 [M]. 李彬, 译. 北京: 新华出版社, 2004.

[109] 约翰·费斯克. 电视文化 [M]. 祁阿红, 张鲲, 译. 北京: 商务印书馆, 2005.

[110] 约翰·费斯克. 解读大众文化 [M]. 杨全强, 译. 南京: 南京大学出版社, 2006.

[111] 约翰·费斯克. 理解大众文化 [M]. 王晓钰, 宋伟杰, 译. 北京: 中央编译局出版社, 2006.

[112] J. G. 弗雷泽. 金枝 [M]. 耿丽, 译. 重庆: 重庆出版社, 2017.

[113] 安东尼·吉登斯. 现代性的后果 [M]. 田禾, 译. 南京: 译林出版社, 2011.

[114] 安东尼·吉登斯. 现代性与自我认同: 现代晚期的自我与社会 [M]. 赵旭东, 译. 北京: 三联书店出版社, 1998.

[115] 安吉拉·默克罗比. 后现代与大众文化 [M]. 田晓菲, 译. 北京: 中央编译局出版社, 2001.

[116] 戴维·莫利. 传媒、现代性和科技: "新"的地理学 [M]. 郭大为, 等译. 北京: 中国传媒大学出版社, 2010.

[117] 戴维·莫利. 电视, 观众与文化研究 [M]. 冯建三, 译. 台北: 台湾远流出版公司, 1995.

[118] 丹尼斯·麦奎尔. 受众分析 [M]. 刘燕南, 等译. 北京: 中国人民大学出版社, 2006.

[119] 迪克·赫伯迪克. 亚文化: 风格的意义 [M]. 陆道夫, 胡疆锋, 译. 北京: 北京大学出版社, 2009.

[120] 雷蒙·威廉斯. 关键词——文化与社会的词汇 [M]. 刘建基, 译. 北京: 生活·读书·新知三联书店, 2005.

[121] 雷蒙·威廉斯. 文化与社会 [M]. 吴松江, 张文定, 译. 北京: 北京大学出版社, 1991.

[122] 迈克·费瑟斯通. 消费文化与后现代主义 [M]. 刘精明, 译.

南京：译林出版社，2000.

［123］齐格蒙特·鲍曼. 立法者与阐释者——论现代性、后现代性与知识分子［M］. 洪涛，译. 上海：上海人民出版社，2000.

［124］齐格蒙特·鲍曼. 流动的现代性［M］. 欧阳景根，译. 北京：中国人民大学出版社，2018.

［125］斯图尔特·霍尔，托尼·杰斐逊. 通过仪式抵抗：战后英国的青年亚文化［M］. 孟登迎，胡疆锋，译. 北京：中国青年出版社，2015.

［126］斯图尔特·霍尔. 表征——文化表征与意指实践［M］. 徐亮，陆兴华，译. 北京：商务印书馆，2013.

［127］特里·伊格尔顿. 审美意识形态［M］. 王杰，傅德根，麦勇雄，译. 桂林：广西师范大学出版社，2001.

［128］约翰·伯格. 观看之道［M］. 戴行钺，译. 桂林：广西师范大学出版社，2005.

［129］约翰·斯道雷. 文化理论与通俗文化导论［M］. 杨竹山，译. 南京：南京大学出版社，2006.

［130］FISKE J. The cultural economy of fandom［M］. London：Psychology Press，1992.

［131］JEAN BAUDRILLARD. Simulacra and Simulation［M］. translated by Sheila Faria Glaser. Detroit：University of Michigan Press，1994.

［132］JENWEBB, TONY SEHIRATO, GEOFF DANAHER. Understanding Bouedieu［M］. London：Thoussand Oaks and New and Delhi：SAGE Publications，2002.

二、期刊

［1］鲍士将. 文化记忆、凝聚性结构与影像的互文性建构［J］. 文化研究，2019（02）：301-314.

[2] 苍粟. 年轻态纪录片:《水果传》的叙事策略与传播模式 [J]. 新视界, 2018 (09):81-83.

[3] 曾一果,肖英. 从"年龄焦虑"到"姐圈文化"——《乘风破浪的姐姐》的中年女性困境及其解围之路 [J]. 中国图书评论, 2021 (11):17-26.

[4] 陈守湖. IP 出版的考察——流行文化、粉丝经济与媒介融合 [J]. 出版发行研究, 2016 (04):19-22.

[5] 陈月罡. 年轻态:广播老年节目的新诉求 [J]. 新视界, 2012 (05):103-104.

[6] 陈卓贤. 融媒互动,创造老年广播的"年轻态"——以老年广播品牌《老友记》为例 [J]. 视听, 2019 (08):32-33.

[7] 封亚南. 2020 年第一季度网络综艺调研报告:从云系列到技术流,网综创新的多样态与焦点化 [J]. 电视指南, 2020 (07):46-51.

[8] 封亚南. 专访贺晓曦:做正确的事情,年轻态喜剧一直是坚守的赛道 [J]. 电视指南, 2020 (11):58-61.

[9] 攻兆恩. 主播说联播——短视频时代《新闻联播》的年轻化创新之径 [J]. 西部广播电视, 2020 (06):70-71.

[10] 关峰,柳亚兰. 从"受众"到"用户":社会化传播下的"主体性"研究 [J]. 记者摇篮, 2019 (01):10-12.

[11] 郭沛沛,杨石华. "萌"的表现性实践:社交媒体中 90 后女性青年的身体表演和媒介使用 [J]. 中国青年研究, 2020 (07):87-95.

[12] 何天平,王晓培. "正剧"的年轻化传播:一种考察受众解码电视剧的新视角 [J]. 中国电视, 2018 (07):66-70.

[13] 何天平. 建构与重构:中国青春剧三十年变迁及其文化反思 [J]. 中国电视, 2019 (09):51-55.

[14] 侯莉敏. 童年的"消逝"与大众媒介对儿童生活的影响 [J].

广西师范大学学报（哲学社会科学版），2007（01）：101-104.

[15] 胡启明. 工具与政治之间：网络媒介意识形态传播的日常生活化转向研究［J］. 重庆邮电大学学报（社会科学版），2017，29（03）：66-70.

[16] 雷开春，林海超. "《后浪》事件"中的青年心态［J］. 当代青年研究，2021（05）：12-19.

[17] 李兰英. 青春·怀旧·消费：女性导演的青春类型片［J］. 电影文学，2020（21）：69-72.

[18] 李琦，周亦琪. 身体奇观·符号神话·消费狂欢——关于网络直播热的多维解读［J］. 徐州工程学院学报（社会科学版），2019，34（05）：78-83.

[19] 李晓云. 媒介技术的变迁及其隐喻功能的实现［J］. 新闻界，2010（03）：15-17.

[20] 梁岩. 网络综艺的"年轻化"叙事及审美趋向的思考［J］. 当代电视. 2020（09）：94-99.

[21] 刘建明. 符号消费理论的认知边界与假命题［J］. 新闻爱好者，2019（08）：4-8.

[22] 刘涛. 视觉修辞何为？——视觉议题研究的三种"修辞观"［J］. 中国地质大学学报（社会科学版），2018，18（02）：155-165.

[23] 刘涛. 仪式抗争：表演式抗争的视觉意象与修辞原理［J］. 中外文化与文论，2017（01）：63-73.

[24] 罗华琛. 浅议《快乐老人报》的五种年轻态［J］. 出版参考，2015（01）：34-35.

[25] 罗武，梁永诗. 媒体深度融合背景下广播形态年轻化的探索——以大湾区之声《揾食大湾区》为例［J］. 海河传媒，2020（12）：60-63.

[26] 孟庆艳. 符号消费观念的当代价值 [J]. 哲学动态, 2011 (11): 68-73.

[27] 米华. 日常生活视觉化: 新媒介景观下 Vlog 传播的隐喻性 [J]. 中国编辑, 2021 (01): 26-30, 36.

[28] 牛梦迪, 刘慧. 从《月上重火》看新武侠剧的创新与年轻化表达 [J]. 中国电视, 2020 (12): 33-36.

[29] 牛梦迪. 从《青春斗》看年轻态现实题材电视剧的三大要素 [J]. 中国电视, 2019 (07): 35-38.

[30] 彭兰. 媒介融合时代的合与分 [J]. 中国记者, 2007 (02): 87-88.

[31] 彭文祥, 王万玲. 年轻态: 艺术创作生产的风格趋向和价值取向评析 [J]. 中国文艺评论, 2021 (04): 74-83.

[32] 彭文祥, 王万玲. 年轻态: 艺术创作生产的风格趋向和价值取向评析 [J]. 中国文艺评论, 2021 (04): 74-83.

[33] 曲升刚. 主流媒体媒介融合的结构性矛盾思考 [J]. 青年记者, 2019 (05): 55-56.

[34] 宋盼盼. 从《如果国宝会说话》看纪录片"年轻化"发展路径 [J]. 视听, 2019 (12): 47-48.

[35] 陶东风. 去精英化时代的大众娱乐文化 [J]. 学术月刊, 2009, 41 (05): 21-28.

[36] 童艳清. 智媒时代我国媒体融合创新发展研究 [J]. 人民论坛·学术前沿, 2019 (03): 60-65.

[37] 王黑特.《人在囧途之泰囧》现象的审美文化思辨 [J]. 当代电影, 2013 (02): 13-16.

[38] 王黑特. 阶层·身份·意识形态——几部电视剧再解读 [J]. 当代电影, 2005 (01): 51.

［39］吴畅畅．浅议当前普通群众参与的（电视）真人秀节目的生存现状与发展趋势［J］．新闻大学，2016（04）：51-59，150-151.

［40］吴畅畅．中国电视综艺的二律背反（1997—2017）：基于政治经济与社会转型的视角［J］．现代传播（中国传媒大学学报），2020，42（11）：98-104.

［41］吴明．萌：当代视觉文化中的柔性政治［J］．文艺理论研究，2015，34（03）：61-68.

［42］吴亭静．本雅明"灵韵"消失的当代回应［J］．淮北师范大学学报（哲学社会科学版），2019（06）：16-18.

［43］徐国源．知识分子"传媒化"及价值悖论［J］．南方文坛，2015（02）：20-24.

［44］徐肖楠，施军．身体叙事的仿真假象［J］．南京师范大学文学院学报，2007（02）：119-122.

［45］闫爽．共情 共振 共识——总台疫情报道传播年轻化策略分析［J］．电视研究，2020（03）：41-44.

［46］张国涛，纪君．新构、新变、新向：全媒体时代的中国电视剧［J］．艺术评论，2020（04）：24-34.

［47］张品良．网络传播的后现代性解析［J］．当代传播，2004（05）：53-56.

［48］张一兵．伪消费背后的需求幻象——鲍德里亚《符号政治经济学批判》解读［J］．马克思主义与现实，2009（03）：102-107.

［49］张云飞．消费社会视野下的传媒文化研究［J］．江南论坛，2016（12）：29-30.

［50］张正清．图像转向中的图像问题——从技术现象学的角度再看图像意识［J］．科学技术哲学研究，2019，36（05）：80-86.

［51］张智华，宋斌．论垂直类网络直播平台的兴起逻辑和圈层传播

[J]. 现代传播（中国传媒大学学报），2019，41（09）：89-93.

[52] 赵炎秋，姚尧. 21世纪国内图像理论与视觉文化研究述评 [J]. 衡阳师范学院学报，2019，40（04）：118-126.

[53] 赵勇. 从知识分子文化到知道分子文化——大众媒介在文化转型中的作用 [J]. 当代文坛，2009（02）：8-17.

[54] 周宪. 艺术史的二元叙事 [J]. 美术研究，2018（05）：43-50.

[55] 邹鹏. 康辉的Vlog：主流媒体的年轻化表达 [J]. 新媒体研究，2020（12）：103-104.

三、学位论文

[1] 陈茜. 选秀类综艺节目中的"粉丝文化"研究 [D]. 济南：山东师范大学，2019.

[2] 郭程. 居伊·德波景观社会理论研究 [D]. 济南：山东师范大学，2014.

[3] 胡慧华. 符号化：当代消费社会批判的一个维度 [D]. 北京：首都师范大学，2011.

[4] 刘玢. 中国大陆老年题材电视剧中的老年人形象研究 [D]. 长沙：湖南师范大学，2019.

[5] 刘轶. 青年亚文化视域下的《奇葩说》研究 [D]. 武汉：华中师范大学，2020.

[6] 申雨辰. 20世纪90年代以来家庭伦理中老年人形象的变迁 [D]. 重庆：西南政法大学，2018.

[7] 陶冬雪. 消费社会批判：从马克思到鲍德里亚 [D]. 哈尔滨：东北林业大学，2017.

[8] 王静怡. 传播学视野下的青春励志电视剧研究 [D]. 郑州：郑州大学，2010.